現代日本の少年院教育

質的調査を通して

広田照幸・古賀正義・伊藤茂樹——【編】
Teruyuki Hirota　Masayoshi Koga　Shigeki Ito

名古屋大学出版会

はじめに

後藤弘子

少年法研究者としての疑問

少年院で行われている「矯正教育」は、教育という一般的な語彙で語ることができる営みである――私が一番知りたかったこのことを、本書にまとめられた六年間の共同研究の成果は余すところなく明らかにしている。

共同研究者の一員として研究に参加しながら、教育学の分析フレームワークを持たない門外漢の私にとって、他の共同研究者がどのような視点で同じ現場を見ているのか、なかなかわからなかった。

少年院においては矯正教育を行うと少年院法で規定されており、少年院で行われていることが「教育」であることを前提に、少年司法制度は構築され運用されてきていることからすれば、少年院は教育施設であるということは誰の目から見ても明らかである。私も制度としてはそうなっていることは、十分に理解しているが、「教育」という言葉を使うたびに、一呼吸置かなければいけない自分がいることもまた事実だった。少年院での矯正教育は、いかなる意味で「教育的営み」といえるのか、そして、実際にそういうものとして機能しているのか。その確信を長いこと持てないでいた。

少年院での教育は、家庭裁判所の保護処分として、健全育成、つまり再非行防止、を目指して行われるという固有の目的を有する強制的な教育である。それゆえ、学校教育や生涯学習などとはかなり異なる面があるのではないか。にもかかわらず、同じ「教育」という言葉を使っていいのだろうか。

少年院における矯正教育は、収容している少年のプライバシーの問題もあり、長い間その教育内容について外部から検証されることなく独自の発展をしてきた。そのため、最新の教育学の視点から見たとき、どこまでその外部からの批判的まなざしに耐えることができるのだろうか。本当に「教育」と呼べるレベルの営みが行われているのだろうか。

本書は私がこれまで抱いてきたそうした疑問に答えてくれるものである。

本書では、「教育とは他者を変容させようとする営み」(第2章)であることを前提にして、少年院がどのような形で被収容少年を変容させていくのかをさまざまな角度から検証している。

もちろん、少年院に収容されている少年たちには非行があることが前提となっていることからすれば、社会に再適応させるために何らかの変容が予定されているのは当然のことである。矯正教育とは、「少年院が保護処分の執行として、在院者を社会生活に適応させるために行う意図的、計画的、組織的な教育活動」であり、そのことからすれば、矯正教育は教育であり、「他者を変容させようとする営み」であることに疑いはない。

しかし、その営みがどのようなものかについて、これまで外部の視点から考察されることはほとんどなかった。それが今回、外部の視点、しかも教育学の視点で考察されて、少年院での矯正教育は教育であったことが、あらためて確認されたのである。少年院法の改正が国会に上程されており、少年院が変革期を迎えている今、このような研究の意義はとても大きい。

少年院法の改正は、これまで少年院が矯正教育として行ってきた営みをより明確にする形で行われようとしている。けれども、制度が変わるときには、これまでの自分の営みが否定されたように感じることも少なくないだろう。場合によっては、矯正教育が教育であることについても、疑問を持つこともあるかもしれない。

その場合に、本書はとても役に立つ。これまで少年院が行ってきた矯正教育は、まぎれもなく教育である。本書を読むことで、少年院の矯正教育に関係する人たちはそのことを再確認し、失いかけた自信を取り戻すことができるはずである。

少年院教育の特殊性をどう考えるか──「自由の制限」

今回、少年院の矯正教育が教育であることが確認されたことで、新たな疑問が生じてくる。つまり、矯正教育の、そして、矯正教育の場としての少年院には、特殊性などないのではないかということである。少年院において教育の営みが行われているということ、言い換えれば、少年院でも教育の営みが可能であるとすると、少年院には矯正教育であるがゆえの特殊性などないのではないか。あるとすれば、四月に一斉にスタートするわけではない、といった点ぐらいなのではないか。

この新たな疑問についての私の答えは、「そうであるとも、そうではないともいえる」というものである。つまり、少年院の教育は、他の多様な場での教育と共通の側面を持ちつつ、同時に、その目的や機能によって、特殊な性格も有している、ということである。ここでは、三つの点について検討してみたい。

第一に、よく指摘されることであるが、「自由の制限」のあり方が少年院における矯正教育においては、かなり特殊だということである。少年院での教育の営みは、保護処分という制裁として行われている。制裁であるということは、少年院というその場所から離脱することができないこと、そして一定の自由の制限を受け入れる必要があることを意味する。

家庭裁判所は、保護処分として、「少年院送致決定」を行う。このことは、少年の身柄が少年院に一定期間収容されることが必要であることを示している。したがって、その場所から離脱するためには一定の手続きを経なければならず、その手続きに本人の意思は反映されない。また、「逃走」という形で離脱を図る場合には、逃走自体は犯罪にはならないものの、連れ戻す努力が場合によっては警察を巻き込んで展開され、少年院に少年が戻った際には、懲戒の対象となる。

しかし、それでも学校などの他の教育の場と少年院とはそんなに大きな差が果たしてあるのだろうか。

義務教育でも、教育の場所（行く学校）はある程度制限されているし、行動の自由の制限もなされている。今でこそ不登校についての理解は進んできて、学校に行かないで家にいることについては、一定の理解がなされてきたものの、学校に行かないで繁華街を徘徊する自由までは認められておらず、そのことは補導の対象（怠学）となる。住む場所についても、親権者には居所指定権（民法八二一条）があり、家出は不良行為として補導の対象になるという意味では、居場所についても子どもには選択権がない。

もちろん、少年院の場合には、友だちと携帯電話で話したり、買い物に行ったり、好きなお菓子やケーキを食べたりできない、という意味では、二四時間単位で見た場合に、行動の制約の度合いは異なるかもしれない。けれども、少年院の外でも、貧困や親の方針によって、これらが存在することからすれば、これらの制約の違いは決定的な差だとはいえないかもしれない。

一般に、教育であることによる自由の制限よりも、制裁であることによる自由の制限の方が問題視されやすい。少年院には、法務教官による暴力が特別公務員暴行陵虐罪となる仕組みだけではなく、同罪で五人が有罪となった二〇一〇年の広島少年院事件をきっかけとして、不服申立等の制度が導入され、今回の法改正で「少年院視察委員会」が発足することが予定されている。制裁として自由を制限する少年院には、「自由の制限」を無限定なものにしない仕組みが用意されている。それと対比すると、学校教育法による明文の禁止にもかかわらず、時に暴力が容認されるだけではなく、不祥事が起きても外部監視体制がとられない学校という場の方が、かえって特殊なものに見えてくる。

「教育には自由の制限が常に伴う」という言説は、制裁として教育を行う少年院においては見えやすい。見えやすいがゆえに、どれだけ厳しい「自由の制限」が行われようとも、それが過剰にならない仕組みが用意されている。けれども、同じ「自由の制限」でも、制裁として行われているのか、教育として行われているのかの区別は、少年院ではできにくい。その区別の困難さが少年院における矯正教育の特殊性であるといえる。

教育という営みに随伴する評価のまなざしの相互性

第二に、少年院においては、教育という営みに常に「評価のまなざし」が付きまとうだけではなく、その評価が相互に行われているという特徴がある。

少年院では、個別的処遇計画に基づいて、進級という装置を利用しながら、目標達成を促している。目標とするのは、九九ができるようになることではなく、「自己の物語の書き換え」(第2章)、「社会の成員としての自己の獲得」(第6章)である。そのために、担任や寮主任、学科・実科の担当などが、処遇審査会を通じて進級を決めていく。

もちろん、少年たちは、このような教育という営みに随伴する評価のまなざしに初めて接するわけではない。少年法は、少年たちを評価することや少年たちに教育的働きかけを行うことを、すべての関係する機関に求めている。

少年法においては、捜査の段階から、「少年の健全育成」(少年法一条)に配慮することが求められている。「少年の健全育成」とは、将来犯罪者に成長させないことを意味し、そのための教育的働きかけを捜査機関である警察・検察も、事実認定や処分決定を行う司法機関である家庭裁判所も行うことが予定されている。

たとえば、警察には、少年警察活動規則三条一号において示されているように、少年警察活動を行うに際しては「少年の健全な育成を期する精神をもって当たるとともに、その規範意識の向上及び立直りに資するよう配意すること」が求められている。少年警察活動規則は、主に触法少年や虞犯少年に対して重要な意味を持ち、犯罪少年に対しては、刑事訴訟法や犯罪捜査規範に依拠して捜査活動を行うことが求められる。しかし、その犯罪捜査規範でさえも少年の健全育成の精神が重要だとしているのである（二〇三条）。

また、家庭裁判所においては、家庭裁判所調査官による保護的措置という形で教育的働きかけを積極的に行うことが推奨されている。審判の場も、処分決定の場所であると同時に教育の場であることが求められている。

このように考えると、教育的働きかけと評価とが密接に結びついた少年院の矯正教育のシステムは、警察・検察、家庭裁判所などとも共通するシステムであるといえるし、さらには学校教育とも大きな差はないともいえる。学校教育において、生徒の自己変容を促す教師の努力やそれを評価するまなざしは、少年院の教育と似た性質を持っているということもできる。しかし、学校教育で求められる「自己変容」は、門外漢からは常に教科の知識習得に向けた変容と結びついているように見える。そのため、評価は努力ではなく、結果に向けられる。それに対して、少年院における矯正教育では、「自己変容」そのものが評価の対象となる。

さらに、少年院では「自己変容」に対する評価のまなざしは、少年から教官に対しても向けられる。離脱を許さない毎日の密度の濃いかかわりの中で、少年も常に評価のまなざしを向けている。「ちゃんと全人格的に向き合ってくれているのか」という、評価する者に向けられる評価のまなざしは、学校教育においても教育が有効に機能するためには必要なことである。

このような評価のせめぎあいの中で行われている少年院教育は、「矯正教育共同体」（終章）と形容できるものである。濃密で緊張感に満ちた教育と評価の相互性が展開している少年院という場は、ある意味で、学校教育以上に教育的な空間だということができる。

少年に対する豊富な情報の深化と流動性

第三に、評価とも関連しているが、情報の扱いの特殊性も指摘できる。少年院という場は、情報を収集する場であるだけではなく、通常であれば得られることのない情報が蓄積されていく場所でもある。そのために、外部からのアクセスが容易ではなく、これまで研究対象からも孤立してきた。少年法は、審判を非公開としており、それには一定の合理的な理由があるために、少年に関する個人情報が外部に漏れることを、審判結果の執行機関である少年院もとても恐れてきた。

少年に関する情報には、主に捜査機関が集めた非行事実に関する情報と、主に家庭裁判所調査官や少年鑑別所技官が収集した要保護性に関する情報の二種類がある。要保護性とは、「国家がその少年に対して強制的に介入して再教育をする必要性」を意味し、その要保護性判断のために、家庭裁判所では、審判に先立ち、その少年の現在抱えている問題、非行に至った原因、家族の問題、親や本人の生育歴、学校・職場での状況などできる限りの情報を収集する。通常は他人に開示する種類の情報ではない、プライバシーに属する情報を収集して、それらをもとに家庭裁判所は、最終的な処分を決定する。

要保護性を適切に判断するには、できるだけ豊富な、少年や家族の情報が不可欠となる。このような種類の情報の収集は、収集された情報が、家庭裁判所における審判や、その後の少年院の矯正教育のみに利用され、家庭裁判所や少年院の外には出ないことが保証されて初めて可能となる。これらの情報の中には、少年には知らせたくない家族の問題（親の死因であったり、離婚の理由等）もあることから、取り扱いには慎重さが求められる。実際に要保護性判断のために特別に収集されたデータは、「社会調査記録」として、少年が少年院送致になった場合には、少年とともに少年院に送られ、少年が少年院を仮退院した場合には、家庭裁判所に戻されるという仕組みになっている。

加えて、少年院では、毎日のように少年に関する新しい情報が追加される。少年が毎日書く日記や読書感想文などの少年が実際に書いたもの、少年の行動の記録や成績評価のための資料など、家庭裁判所が収集したデータとは異なって、「いまそこにいる少年」に関する情報がいろいろな形で収集される。

少年事件についての注目は潜在的には常に存在する。しかし、少年法六一条の存在があるために、誰がその少年かを特定することのできる情報は原則的には社会に流通していない。そのため、少年事件について知りたいという社会の要請はかなり制限されることになる。このことゆえに、これまで外部に少年院が開かれなかったといえる。

ちなみに本書の調査研究では、収集した情報の取り扱いに関して、極めて詳細な取り決めを行っており、管理方法や取得した情報へのアクセス権者の特定、原稿として公表する際のチェック体制まで、決められている。それは、研究が行われることで矯正教育に生じるマイナスをできるだけ最小化する必要性について、研究者も少年院側も同じ思いを持っていたからである。

このように少年院においては、他とは比較にならないほどに情報が集まるだけではなく、少年についての個人情報が日々付け加わっていくことになる。一般の教育の場では、被教育者に関する情報は必ずしも十分に蓄積されておらず、その中で教育する者は手探りで教育を展開する。それに対して、少年院では、当の少年に関するあふれるほどの情報のもとで、教育が展開されている。このような情報の豊富さと流動性と深化という性質を持つ教育現場は、ほかにはないであろう。だとすれば、この点でも少年院はほかの教育現場とは異なるということができる。

しかし、問題は、これだけの情報を少年院が矯正教育でどこまで生かしきれているのかにある。もし、生かしきれていないとすれば、そもそもこれだけの情報を収集する必要があるのか、といった少年司法制度における情報収集のあり方を再検討する必要という新たな問題が生じる。

私がとりあえず本書に関連して抱いたのは、以上三つの疑問であるが、少年院の矯正教育に関心を持てば持つほど、いろいろな疑問が生じてくる。少年院が教育の場として、どこまで特殊なのかについては、読者にも一緒に考えていただきたい。本書を読めばすぐにわかることだが、少年院の教育について世間が持っているイメージは、しばしば現実の少年院教育と大きくちがっている。本書の読者として主に想定されている、これまで少年院での教育に関心をあまり持ってこなかった人たちが、少しでも関心を持ち、少年院とそこでの教育について理解することで、少しでも少年院の実際の姿を伝えてくれることを心から期待している。

なお、現在開催中の第一八〇回国会（常会）に、少年院法の改正案が上程されている。広島少年院事件を契機として設置された「少年矯正を考える有識者会議」の提言に基づいて、条文数が極めて少ないために通達で対応していた少年院法を改正し、少年院法と少年鑑別所法に分けて規定することとなった。法律案自体に反対する動きはないものの、今国会での成立は不透明である。どちらにせよ施行は公布から一年六ヶ月以内の政令で定める日（附則第一条）となっているため、しばらくは現状が続くことになる。

新しい少年院法では、初等少年院と中等少年院の区別が廃止されたり、少年の外部交通権（面会や信書の発受など）がいっそう保障されるなど、かなりの変更が予定される。しかし、処遇の原則（第一五条）には、少年の最善の利益を考慮して少年の特性に応じた処遇を行うことが明記されているなど、基本的な少年院の処遇の変更は予定されていない。

このように、少年院は大変革の時期を迎えているが、本書における少年院の制度や運用に関する説明は、調査時の少年院法を前提としていることをはじめにお断りしておきたい。

目次

第II部　少年院教育の構造

第III部　少年の語りと内面

第IV部　指導の過程

調査結果の提示方法とその凡例

本書では、M男子少年院とP女子少年院での内部観察調査を二〇〇六年一一月から開始し、二〇〇八年一月まで実施した。そこで収集した質的データ――主にICレコーダーやVTRに記録し文字化・トランスクリプトしたもの――を、分析に用いる。その際、以下のようなデータの提示方法をとっているので、読者には、ここでの凡例に従って読みとっていただきたい。

〈調査対象者の表記〉

本文中の少年、教官名は、すべてアルファベットで表記した。例えば、A少年とN教官のように表記する。役職などに応じて、O統括専門官、P首席専門官、Q寮担任教官なども適宜使用した。ただし、それ以外の仮名は一切使っていない。各章ごとに、少年を、A、B、C……順としたら、教官は、N、O、P……順で表記した。逆に少年を、N、O、P……順としたら、教官は、A、B、C……順で表記している。

異なる章で同一のアルファベット名を用いていても、同一人物ではないことをご理解いただきたい。また、アルファベットの用い方も、本名等とは、一切無関係である。少年院名も、男子少年院をM（エム）少年院、女子少年院をP（ピー）少年院と表記している。なお、IとRは、調査者――インタビュアーあるいはリサーチャー――を示す。

〈トランスクリプトの表記〉

質的データを提示するときは、必ず表題を【　】で囲んでつけた。また、表題左に状況説明の文を適宜入れた。必要に応じて、年月を入れた場合や行番号を入れた場合がある。

対話型（やりとりの会話型）のデータの場合。例えば、

表題【インタビュー（あるいは、断片など）1】

説明（A少年とN教官の面談時の対話）

01　A：どうしてやったか、わかりません。わかりません。わかりませんよね。ほんとうに。
02　N：そうです。
03　A：深く考えてみたい。
04　N：ええ。

また、エピソード型（モノローグ型）のデータの場合。途中省略があるときは、六点リーダーに挟んで、（略）と記した。例えば、

【エピソード（あるいは、教官の話など）1】

（N教官の少年の変化についての話）

いったいなぜそのように感じるのか、わかりませんね。私たちもその時々に考えるようにしています。……（略）……

だからといって無視はしません。


〈個人情報の保護と表記〉

法務省矯正局と締結した調査ガイドラインに基づき、本書で紹介するデータの教官名や少年名はすべて仮名であり、個人情報に関わるものは修正を加えていることをお断りしておきたい。また、教官や少年の発言は、個人情報保護の観点から発言内容の趣旨を損ねないように、生データを修正して掲載していることもご理解いただきたい。

第Ⅰ部　少年院における矯正教育と教育学

第1章　教育学研究と矯正教育

広田照幸

一　教育学研究と矯正教育

（1）教育学研究と矯正教育の実務との間の距離

教育学研究と矯正教育の実務との間には、これまで長い間、相互の関係が薄い状態が続いてきた。本書は、その長い空白を埋めようとする共同研究の成果である。社会学者の助力を得ながら教育学者が少年院の教育を質的調査の手法で多様な側面から考察している。

さかのぼってみると、一九五〇～六〇年代には、少年矯正がさまざまな面で教育学の知見を吸収し、そこから理論や技法を学んでいた。当時の論文や記事を読むと、「教育とは何か」といった原理レベルの議論だけでなく、リーダーづくりのような集団主義的手法や綴り方指導などが教育学から矯正教育へと導入されていった様子がわかる。ところが、その後、一九七〇年代以降は、矯正教育の諸議論の中で同時代の教育学の影響を見ることがなくなってしまう。

教育学研究と矯正教育実務家との間の関係が疎遠になったことの理由自体は、深く検討してみる必要がある。

推測で述べると、おそらく一つには、少年矯正の現場職員の自主的な研究が活発化していき、独自の改善工夫を積み重ねる方向に向かった、という点が挙げられるだろう。全国の施設ごとにそれぞれ独自の特色ある技法が開発・試行され、成果をあげたものが他の施設に広まっていく、といったプロセスが、矯正教育の改善の主たる経路となっていった。学校という場を前提とした教育学の知見が、少年矯正の日々の現場では使いにくかったということも影響しているかもしれない。あるいは、少年矯正の施設が外部者の受け入れに対して徐々に警戒的になっていったことが、教育学者を遠ざける結果になったのかもしれない。

教育者の側の無関心を考えると、文部省と法務省との行政の縦割り性がそのまま教育学者の関心に反映して、文部省の施策関連の教育にのみ関心が集中して、少年矯正に目を向ける研究者が育たなかったとも考えられる。また、一九六〇年代後半から凶悪非行が減少するとともに、非行少年中の「生徒」の割合が大半を占めるようになると、教育学者の側も、少年非行の問題を「学校問題・生徒問題」というまなざしで見るようになり（松本、一九八五、一九九四）、少年矯正の施設内処遇などへの関心が喚起されなかったのかもしれない。

というふうに、いろいろと考えられる理由はあるが、いずれも推測にすぎず、今後きちんと振り返って吟味される必要はある。

本書の共同研究のねらいを語るためには、私が本書執筆陣の研究グループを組織することになった経緯を少し説明しておく必要がある。なぜ本書のような研究が必要なのかを説明するときに有益だと思うからである。

私が矯正教育に関わることとなった契機は、一九九八年六月までさかのぼる。たまたま知り合いの教育学者から、法務省矯正局の私的研究会に参加をしないかと奨められた。当時の局長・坂井一郎氏が、中堅の各分野の研究者を招いて「矯正処遇研究会」という研究会を組織した。法学者が主要メンバーであったが、「教育学者も」ということで、私も参加させてもらうことになった。「自分が知らない世界で、ちょっと面白そうだ」といった程度の関心にすぎなかった。

ところが、矯正処遇研究会に数年間出席している間に、「矯正教育をちゃんとわかった教育学研究者を育てないといけない」ということを、私は強く思うようになった。そこには二つの理由があった。

一つは、教育学が矯正教育に関してあまりにも無関心であったからである。『刑政』(矯正協会刊)という雑誌が全国の大学図書館のどこに入っているかを調べてみたり、あるいは「矯正教育」というキーワードで大学の図書のデータベースを引いてみるとすぐわかる。矯正教育に関連するものはたいてい法学部の図書館に所蔵されており、教育学部の図書館にはあまり置かれていない。いわば、教育学者は家庭や学校で非行をくり返す子どもには強い関心を持っているけれども、実際に事件を起こしてしまったあとの子どもにはもう関心がないようなのである。それが長らく教育学の実情であった。

特殊教育(特別支援教育)系の分野に少し研究をしている人もいるけれども、そうした学会でも、教育学専攻の研究者が矯正教育に踏みこんで関わるというよりも、むしろ矯正の実務家がそれら教育学系の学会に参加してきている、といった側面の方が強いようである。個別の施設で矯正教育の実践を支援している教育学者は少なくないのかもしれないが、教育学の中心的な研究の流れに位置しつつ矯正教育をきちんと研究している人は、ほとんどいなかった(例外は田中智志氏ぐらいか)。矯正教育を理論的・実証的に論じられる教育学研究者がいなかったわけである。二〇〇〇年代初頭ごろの状況は、そのような感じであった。

もう一つの理由は、矯正処遇研究会に数年間出席している間に、矯正教育の「閉鎖的な現場主義」とでも呼べる雰囲気に対して、教育学者としての心配が強まっていったことである。

ある程度資料や文献を読み、矯正の現場に足を運ぶうちに、私は「日本の矯正教育はそれなりにうまくやっている」と思うようになった。しかし、そのことは世間にも学術の分野にもあまり理解されていない。

二〇〇〇年前後の日本社会では、犯罪者や非行少年に対するもっと厳しい処遇や「社会からの放逐」を求める声が強まっていた。そこには、勝手な偏見や思い込みで矯正の現場に対する不信や批判をぶつけるようなまなざしも含まれており、矯正の実際の様子に対する無理解が存在していた。矯正の実践が何をやっているのか、世間は十分理解しないまま、ステレオタイプの矯正不信に基づいた批判がなされているように思われた。

と同時に、矯正教育の実務家の側もまた、施設の教育を学術的な観点から説明する十分な理論もデータも持っていないように、私には映った。確かに、矯正職員を主体にした学会（日本矯正教育学会）や矯正職員向けの雑誌などでは、たくさんの研究論文が書かれている。しかし、実践的な関心が強いことに制約されて、外部に対して発信しにくい、限定された知見や議論にとどまっているように感じられた。

行政全般がアカウンタビリティを厳しく求められるようになってきており、刑務所や少年院も同じであるとすると、「矯正教育は何をやっているのだ」というようなことをきっと問われることになる。それゆえ、施設内の教育の内実について教育学がきちんと実証的に研究をし、理論的に説明できるものを明確にしておく必要がある。もちろん、これまでの矯正のあり方に問題がないわけではないだろうから、研究を進めていく中でそれについてもいずれ直言できるように、考察を深めておくことが必要であろう――このように私は考えた。

こうした関心から、二〇〇五年の秋に教育社会学、教育方法学、教育心理学、社会学、文化人類学など、いろいろな分野の中堅・若手を集めて二〇人ぐらいで研究チームをつくった。その後、何ヶ月もかけて矯正局の担当者の人と対話を重ね、研究上のルールを取り決めたガイドラインを締結したうえで、刑務所と少年院の質的調査を開始した。本書は、調査対象となった二つの少年院をフィールドとしてこのチームが数年間進めてきた、質的研究の成果をまとめたものである。

以下、本章では、われわれが進めてきた研究について、方法論的な点に触れた後、研究チームのメンバーが研究を進めていく中で緩やかに共有していた「三つの謎」、すなわち、質的調査の分析にあたって留意してきた点を、後の章の知見の一部を紹介しながら説明する。それは、第Ⅱ部以降の具体的な分析の章全体を束ねる研究枠組みの説明の代わりになるだろう。

（2） 質的調査という手法

教育とは他者を変容させようとする営みである。ある教育的働きかけがどのようになされているかについては観察可能だが、それによっていかなる結果がもたらされたのかを把握することは難しい。それゆえ、それを調査によって実証的に把握しようとすることには、固有の不確実性や不可視性がつきまとっている。

質問紙調査や心理検査などの量的手法で教育の結果を把握できる部分もなくはないが、そこには限界がある。たとえば、質問紙調査では、回答者が戦略的に答えることができる。だから、こう答えておけばいいだろうと○をつけるようなことができてしまう。特に、心の微妙な動きを質問紙調査でどこまでたどれるかというのは難しいところがある。もしも自分の評価や今後の処遇に直結しているかもしれないと考えたりすると、わざと戦略的に答えてみたりすることが当然ありうる。また、回答者の内面の微妙な襞に分け入って考察することも困難である。少年院に収容された少年の「変容」を、彼らに映る世界の見え方に寄り添って考えていこうとすると、標準化された心理尺度などではどうしても限界がある。

また、量的調査で欠落するのは、具体的な「過程」の側面である。少年院のように、被教育者を二四時間、長期にわたって収容し、多様なプログラムを同時並行的に展開し、さまざまな教育活動を有機的に組み合わせているような場では、インプット（実施された教育）—アウトプット（教育の成果）という単純なモデルでは重要なことが抜け落ちてしまう。

もちろん質問紙調査など量的手法は無意味ではないけれども、質的調査法には量的手法にはない固有の強みがある。たとえば当事者の意識構造にまで踏み込んで解釈ができる。あるいは微妙な社会関係や相互作用の場面で起きていることの分析が可能なわけである。

そうした質的調査の場合、研究者がフィールドに入る際には、事前に確固とした仮説を構築してそれを検証するために入ることは多くない。むしろ、フィールド調査を行う過程で、観察やインタビューの中から立ち上がってくる課題やトピックを焦点化して、明確にしていくという手続きをとるのが一般的である。質的調査は「現行の理論を検証するというよりは、むしろ抽象物や概念や仮説や理論をつくり上げる」のであり、「質的調査のデザインは、創出的（emergent）で柔軟であり、進展中の研究の状況変化に対して応答的であるべき」だからである（メリアム、二〇〇四、一一—一二頁）。

われわれも、「少年院においてどのような教育が展開され、それによってどのように少年が変容しているのか」という、あいまいな問題意識だけをとりあえず持ってフィールドでの調査を始めた。そして、その調査の過程で浮かび上がってきた課題やトピックをチーム内で議論しながら個別の研究成果へと練り上げていく、という手続きをとった。

フィールドに出向いて観察やインタビューを続けているうちに、われわれは、教育学的な関心が喚起されるような興味深い三つの謎を見出すことになった。特定の対象や主題を扱う本書の各論文は、そうした謎を必ずしも正面から研究課題に据えて考察しているわけではないが、対象や主題の選定や、データ群からのデータの切り取り方、データの解釈の仕方などにおいて、多かれ少なかれ、以下に述べるような三つの謎と関連した議論になっている（図1-1参照）。

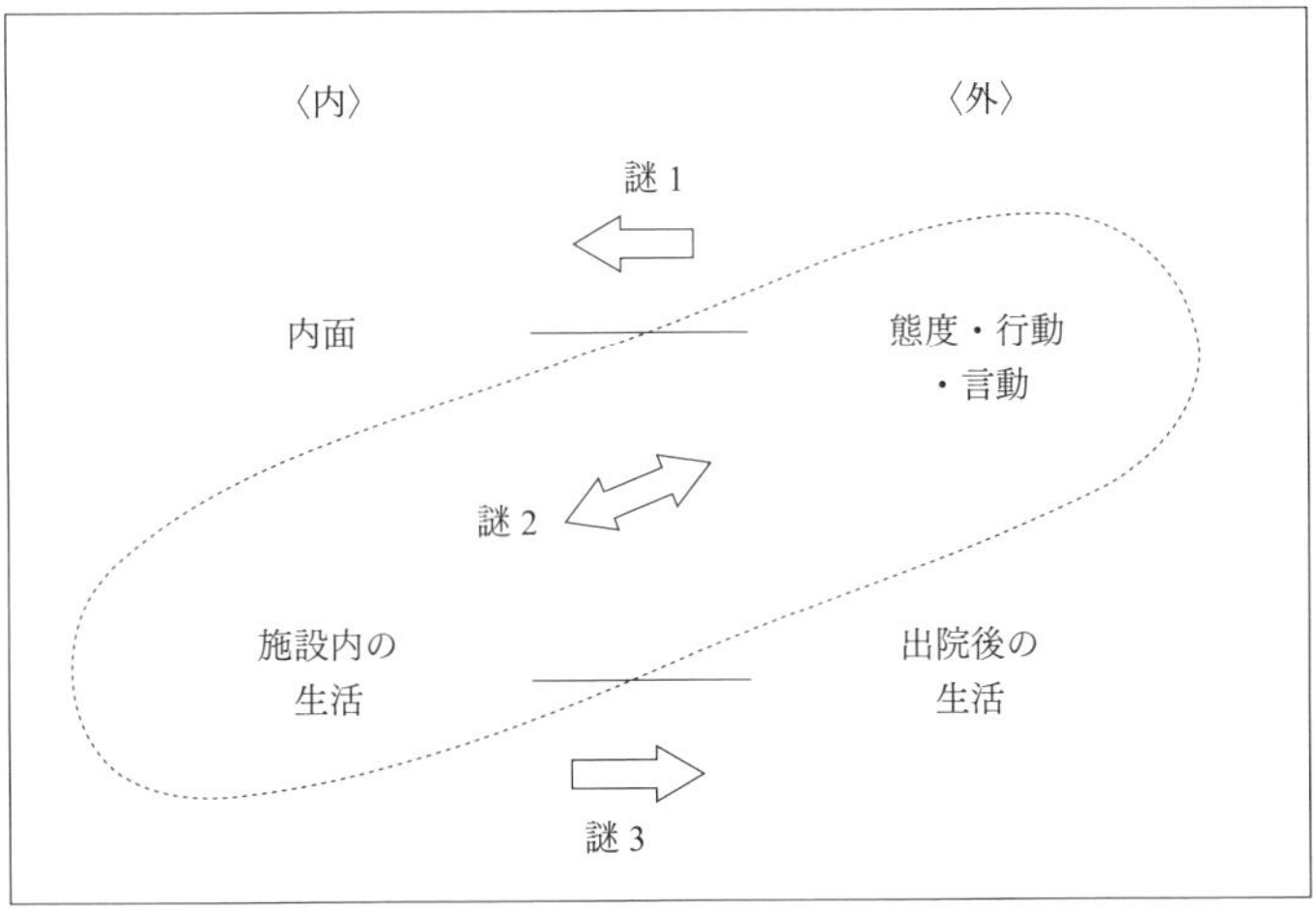

図1-1　少年院の教育の構造

二　謎1――態度・行動・言動と内面の関係

まず、謎の一つ目は、少年院教育において教える側がいかにして少年の内面に迫りうるのか、という疑問である（本書第5〜8・13章等参照）。図1-1において点線で描いてあるのは、実際に少年院でできる教育の範囲である。施設内の生活の中での教育は、少年の態度・行動や言動に関して、それを観察して働きかけをするところまでしかできないはずなのである。しかし、謎1の矢印のように、少年院の教育では、態度や行動や言動のレベルでの指導を通じながら、実際には少年の内面を読み取り、その書き換えまで進んでいく。これがもし成功している部分があるとするなら、どうして可能なのか。いかにして教官は態度・行動・言動を超えて少年たちの内面に迫りうるのか、という問題である。

この問題は、とりあえず二つのサブ・クエスチョンに分けることができる。一つは、「いかにして教官は少年たちの内面を読み取っているのか」という課題である。教育の手法という観点から見て、教育学者にとって興味をそそられる課題である。施設に収容された少年はしばしば防御的であり、彼らの内面とは関わりなく態度や言動を施設の秩序に合わせようとする。施設内の生活ルールを守るとか、もっともらしい受け答えをするとか、行儀のよい反省の弁を述べるというふうに。もしもそれが一般的であれば、少年たちの態度がどこまで本音なのかは、教える側にはわからないはずである。ところが、少年院の教官の人たちは、どこまでがうわべだけで、どこからがそうではないかを見きわめているように見える。そこでは、たとえば、「私は変わりました」と少年が言うのに対して、「いや、君はまだ変わっていない」というふうに教官が判断している。そのように、少年の内面の深部を読み取っていく技術がきっとあるはずである。そういう教官の人たちの実践的な知の部分を考察する必要があるように思われた。

たとえば、本書第6章（稲葉浩一）は、少年の「深まりのなさ」を読み取る教官の言葉を紹介している。少年が「場当たり的に上手なことを言っても、その後の生活態度などを見ればそれが「深まった」言動かどうか判断できる」というのである。また第7章（山口毅）は、少年院の教官が、少年たちに意図的な演技を推奨しながら、同時に、内面を伴わない少年の演技を発見する技術を持っていることを見出している。

少年院の教育がいかにして少年の内面に迫りえているのかという問いのもう一つのサブクエスチョンは、より積極的なものであり、「少年の内面の物語の書き換えに教官がどういう役割を果たしているのか」という課題である。少年院に収容されている少年の多くは、自分自身を語る言語資源を十分持ち合わせておらず、「言葉にならない」自己を抱え続けている。あるいは、自分に都合の良い理屈で自分の行為を正当化し続けてきた少年もいる。それゆえ、施設での規律正しい生活が、少年たちの内面の物語の書き直しを自動的に生むわけではない。そこには、教官が少年たちの内面の物語の書き換えに積極的な役割を果たす部分が、教育の一部として存在している。

たとえば、第5章（仲野由佳理）は、少年に対して、教官が物語のプロットを提示してみるという積極的な役割を果たしていることを明らかにしている。「少年のストーリーの変容は自然発生的に生じるものではない。少年が気づいていないさまざまなプロットを提供する教官、言い換えれば協同制作者の存在があればこそ達成されるのである。更生へ向けた「望ましい変容」は、少年らが語るさまざまなリソースと、教官の提示する〝社会化へ向けたプロット〟をめぐって行われる協同作業としての語りなおしによって生じる」と仲野は言う。また、第8章（越川葉子）は、少年を（素直に親に謝罪するという意味での）「子ども」役割に没頭させ、それを承認する様子を描き出している。

三　謎2――複数の指導活動がいかにして相互関連しているのか

教育学者にとっての二つ目の謎は、複数の指導活動が相互にどう関連しているのか、という疑問である。少年院内の生活は多様な活動から成り立っている。学習や訓練の場面もあれば、食事や休憩の場面もある。目的や方法が異なり、担当者も異なる複数の指導活動が、複雑に組み合わされて、少年院の教育は構成されている。それゆえ、指導活動の相互関係がどうなっているのかは、問うてみるべき謎といえる。特に、集団指導と個別指導とがいかにして相互関連しうるのか、という点には関心がそそられる。これは、複数の指導が同時並行的に展開される様子を観察する質的研究だからこそ考察しうる課題である（第9・10・12章等）。

少年院は長い間、集団指導が中心であったし、それは今でもそうである。しかしながら、この三〇年ほどの間に、個別指導の体制を充実させてきた。「処遇の個別化」は一九七七年に正式に掲げられて以来、少年院教育の主導理念の一つとして推進されてきており、二〇〇七年の少年法等の改正で法律上でも明文化されている。個々の少年ごとに「個別的処遇計画」が策定され、少年たちは個別に設定された課題と作業に取り組んでいる。

だが、個別化というのは理念としては美しいが、とても手間がかかり、現実的な制約もある。たとえば人手の問題がどうしても関わってくるし、保安の問題とも関わる。「個別化」というのはある意味で集団としての一律の秩序を乱すことであり、そこには微妙な問題がはらまれている。要するに、処遇の個別化にはそれなりの実践的な限界やバランスがある。

したがって、保安や生活規律の問題や集団指導の部分と、個別指導の部分とがどうかみ合っているのかという点が、重要な研究の主題となってくる（第9・11・12章等）。

これもいくつかの研究視点へと細分化してとらえることができる。一つは、教官の役割に注目して考察する視点である。たとえば、担任と少年との間に強い情緒的な絆が存在しており、そのパーソナルな信頼感が、教育的なコミュニケーションや多様な指導の展開を可能にしている。そのことが、われわれの研究ではさまざまな場面で観察された。担任制のもとで「監督者」でありながら同時に「信頼できる他者」でもある教官が存在することで、集団指導の中での個別指導や、個別指導から集団指導へのフィードバックなど、柔軟な指導過程の展開が可能になっている（第9章）。また、第11章（高井良健一）が描いているように、授業や寮生活とか、場面場面の特性に応じて、少年院の教官は統制のやり方を変えているという点も確認された。施設や教官の側で、集団的な厳格な統制が必要な場面と、自由度を与えて少年たちを「主体化」させる場面とで、メリハリをつけて日常生活を組織している。

二つ目は、多様な指導の方法や、さまざまな日常場面をつなぐ装置として、成績評価が重要な役割を果たしている、という発見もあった。成績予備調整会議や処遇審査会とか、あるいはもっと日常的な引き継ぎの打ち合わせや記録などを通じて、ある少年が今どういう状況にあって、どこに問題があるのかということの情報が教官の間で共有されていっていることが明確になった。そのことが日常の指導にどういう意味を持つのかが、第12章（古賀正義）や第13章（南保輔）などで論じられている。

三つ目は、集団実践が常に個別指導に関わりを持つように組み立てられている、ということである。集団指導と個別指導が重なったり、相互循環的な関係になったりするような実践が組まれている。あるいは、そのように機能しているのである。

この点はもう少し説明しよう。少年院の集団指導というと、軍隊式の「何も考えさせない」ような訓練がイメージされやすい。だが、実際には、少年院における集団指導の中には、個別課題や個別作業を集団で一斉にする、といった活動が少なくない。そういう場面では、集団で何かするからといって、集団の中に呑み込まれているわけではなく、個々の少年は一人ひとり固有の経験としてそれを体験しており、そのことが教育的に活用されている。

ここでは、典型例として、ある女子少年院の教育実践を紹介した著書の中の事例を示しておきたい（中森・名執編著、二〇〇八）。そこでは大森御神楽の指導の場面の話があり、少年が次のように書いている。「今日の扇をひろげてやる踊りで、指から血が出て、後半指が痛くて、扇をまわすのがたいへんでした。だいたいできるようになりましたが、一番だけでも、息が「ハーハー」して、つかれました。自分でも、よくここまで踊れるようになったと感心しました」。集団で御神楽を踊っているのだが、そこでは自分なりに課題の達成のようなものがあって、「今まで自分は何もできないと思っていたら、これだけ美しく踊れた」というふうに、ある種の達成感を少年が個別に体験しているわけである。各自の課題や目標設定のようなものが、集団的な指導の中で本人の切実な課題として考えられており、それまでの自分を自分で乗り越えていくような体験を、集団指導の中で味わっていくのである。さらに、そういう体験をさせておいて、それを言葉にさせることであらためて実感させるという指導の仕組みになっている。

四つ目は、集団指導での失敗や問題行動が個別指導に活用されているのではないか、ということである。第7章では、集団生活における失敗が、個別指導に活用される様子が描かれている。刑務所にしても少年院にしても、保安の観点から言うと、失敗や問題行動はマイナスに見られがちである。しかし、実は、少年の教育という面では、失敗や問題行動こそが教育のかけがえのない契機となりうる。いつも少年たちが指示通り行動し、規律違反も少年同士のいさかいもなく、与えた課題をそつなくこなすのであれば、そこには、個別の指導の余地はない。けれども、そうではなくて、何かをうまくやれないとか、少年間のいざこざが起きたとか、そういう機会こそ、むしろ教官が踏み込んで指導するきっかけになっているように思われるのである。

複数の指導の相互関係に関して、本書で考察しえたものは、ごく限られている。多様な施設の多様な教育プログラムや指導場面に目を広げていけば、今後さらに新たな発見があるはずである。

なお、日本の少年院に驚くほどたくさんの種類の教育プログラムが準備されていて、少年たちがたくさんの種類のプログラムを経験することが持つ効果は、第2章で考察されている。

四　謎3——施設内生活の教育は、いかにして出院後の生活に関わるのか

われわれの研究チームが抱いた第三の謎は、「施設内の教育が、いかにして出院後の生活に関わるのか」という疑問である。少年院で扱えるのは施設内の生活までにすぎない。少年たちは、何も考えないまま、何も感じないまま、施設内の秩序に適応したり、与えられた課題をこなす、といった可能性もないわけではない。その場合には、少年院での教育の効果は、出院すると同時に失われてしまうかもしれない。それゆえ、少年たちの「内面」の変化に関する考察や、指導のさまざまな内容や方法が何を変えようとしているのかについての考察は、この謎に注意を払う必要がある。もしも施設内での教育が何か出院後の生活につながっていっているとすると、それはどこがどのようにしてなのか。

本書の多くの章は、この疑問を念頭に置きながら書かれている。少年院の教育の効果や意義が見かけの秩序正しさや、行事や成果物の見栄えなどのみで終わってしまわないような側面を探し出そうとしているのである。

この点で、第6章（稲葉浩一）がデータの山の中から注目した事例は興味深い。ある少年に何度かインタビューをしていくと、最初は外の普通の生活とここは全然違うと言っていた少年が、出院準備期になると、「ここは普通の人間関係を学ぶ場としてよかった」と述べるようになった、と言うのである。考えてみれば奇妙なことである。「普通の人間関係」といっても、非行少年ばかりが集められている特殊な状況下の人間関係だからである。しかし、その少年に言わせるなら、外にいたときには不良少年のグループにいて居心地がよかったけれども、考えてみればそれは普通ではなかった。それに対して、少年院の生活の中では、外にいたときとは違って、嫌な人とのつき合いも含めて、普通の人間関係を学べる、と言うのである。いわば、嫌な人とのつき合いも含めて、施設を出た後の生活のモデルないしは縮図ようなものとして少年院での生活を意味づけられるようになることが、外部の生活への予

期的な適応のような機能を果たしている可能性がある、ということである。

また、少年院の生活指導場面を考察した第10章（岩田一正）は、他者の評価を受け入れつつ自己を反省的に認識するようになることを、ポジティブな可能性を持ったものとして描いている。施設内での生活の出来事に限定された指導のように見えるけれども、「自分の行為に対する自分の評価や説明よりも、語られないものも含めた他者の評価が優先する」ということが教官から伝達されている、と岩田は言う。日常の規律正しい生活習慣の習得などよりも、もう一段深いところで少年の変容を迫っているのだ、と読むことができる。そうであるとすると、少年院に入る前までは自分なりの（勝手な）理屈で生活を組み立ててきた少年たちにとっては、そうした学習は出院後の生活の仕方を変えることになる契機になるかもしれない。

五　本書の構成

こうした三つの謎を研究グループとして共有しつつも、各メンバーはかなり自由に自分なりの課題や対象を決めたうえで分析・考察を行って論文をまとめた。三つの謎の全部に関わる議論をしている論文もあるし、結果的に三つの謎との関連が薄くなった論文もある。それゆえ、本書の構成は、三つの謎に沿って配列することは困難なので、扱われたトピックに沿って五つの部を立てることにした。

まず、少年院の教育を教育学の視点から全体的に論じた第Ⅰ部（第1～3章）、少年院の矯正教育の概観をした第Ⅱ部（第4章・補論）に続いて、具体的な分析を行った九つの論文をトピックに沿って三つの部にまとめることにした。具体的には、次の通りである。第Ⅲ部（第5～8章）は、少年の「内面」に関心を集中させている章を並べた。どの章も、少年自身の語りや少年の演技・役割など外に表れるものと、少年の内面との関係を扱っている。

第Ⅳ部（第9～11章）では、指導の様子に焦点を合わせた論考を集めた。それぞれの章がユニークな切り口で指導過程を分析している。第Ⅴ部（第12・13章）では、成績評価の機能に着目した二つの論文を並べた。二つの章はちょうど対照的なアプローチ――教育学的な関心による構造的な分析と、社会学的な関心による相互作用過程の分析――であり、成績評価の持つ異なった側面を相互補完的に描き出しているだろう。

終章では、以上のような各章の分析を踏まえ、現代日本の少年院における教育の持つ特質とそこで作動しているメカニズムを総括する。そのうえで、厳密な実験による検証に基づくエビデンス・ベースドな政策を求める声をどう考えたらよいのかという点に言及しながら、現在の少年院教育の可能性と限界について考察した。

なお、矯正教育独特の教育内容やプログラム、制度に関わる用語がある。初めてそれらに出会う方にはわかりにくい所があるので、巻末に用語解説を付けた。参照してほしい。

現代日本の少年院の矯正教育を教育学的な視点から考察してそれを説明するという、われわれの企図がどこまで成功しているかの判断は読者に委ねたい。あらかじめ述べておけば、研究のあり方として見ると、「少年院教育がうまくいっている側面」ばかりにやや傾斜してしまっていることを認めざるをえない。それはわれわれの研究プロジェクトの限界であり、本書の限界である。とはいえ、少年院に収容された少年が次第に自らを語り直す言葉を獲得していくことで、少年自身の未来への構えが変わっていくのと同様に、日本の少年院も、本書のような研究を通して、自らの活動を説明し分析するための言葉を持つことによって、これまでとは違った自省と改善の可能性が開かれることになるよう期待している。たとえば、個々の施設の教育実践が思わしい成果をあげてないように思われる場合には、本書でポジティブに描き出したようなメカニズムがうまく作動していない可能性がある。「何がうまくいっていないのか」を反省的・分析的にとらえようとする際にも、本書の知見は役立つことになるだろう。

文献

中森孜郎・名執雅子編著、二〇〇八、『よみがえれ少年院の少女たち――青葉女子学園の表現教育二四年』かもがわ出版
広田照幸、二〇〇九、『ヒューマニティーズ　教育学』岩波書店
松本良夫、一九八五、「少年非行・戦後四〇年間の変遷」『犯罪と非行』第六五号
松本良夫、一九九四、「〈学校と非行〉再考」『犯罪と非行』第一〇〇号
メリアム、S・B、二〇〇四、『質的調査法入門――教育における調査法とケース・スタディ』堀薫夫・久保真人・成島美弥訳、ミネルヴァ書房

第2章　日本における少年院の教育手法

広田照幸

一　はじめに

(1) 問題の所在

本章では、日本の少年院について概説した後、そこでは多種多様な教育プログラムが採用されていることと、それが少年の更生にとって持つ意味について論じたい。

日本の少年院は、過剰収容が緩和されていった一九六〇年代後半以降、矯正教育のための施設としての活動を充実させてきた。

一九四八年に作られた少年院法においては、少年院の目的は矯正教育であることが明確にされていた。法務省矯正局も各施設の職員も、限られた資源と困難な条件の中で、少年たちの立ち直りに向けた努力を積み重ねていた。制度レベルで見ても、一九五〇年には職業補導や生活指導の重点施設が作られ、五八年には矯正局長通達「少年院における生活指導の充実について」が出され、六〇年代初めには労働省とタイアップした職業訓練が導入されるなど、効果的な少年処遇のあり方が模索されていた。

しかしながら、一九五〇～六〇年代前半の少年院は、予算不足による職員や施設の不足によって収容少年の教育への取り組みに十分な資源を投入することが困難であった。また、重大な非行事件を起こす少年の数も多く、慢性的な過剰収容状態にも悩まされていた。施設内での状況に限っていうと、少年院の教育が十分な成果をあげられなかった一つの大きな要因は、少年のインフォーマル・グループが大きな影響力を持っていた点にあった。「少年たちがボス少年を中心にインフォーマルな反社会的な組織を作り、先生方（＝法務教官――引用者注）がいかに立派な教育をしても、それが夜間、休日の寮の雰囲気で一挙に賽の河原のように崩れてしまう」ような状態が続いていた（土持、二〇一〇、九頁）。少年たちの反施設的な雰囲気も強かった。一九五一～七〇年の全国少年院における逃走事故件数を見ると、五一年の六九三件をトップに五〇年代はいずれの年も二五〇件を超えていた。一〇〇件台に下がったのは一九六二年、二けたまで減少したのはようやく六九年のことであった（松村、一九七五）[1]。

政策レベルでの転機は一九七〇年代に訪れた。一九七一年には、少年院における教育訓練要領案が作られ、短期処遇、職業教育、高校教育、職業訓練、職業指導、生活指導等のモデルが提示された。次いで、一九七七年には矯正局長依命通達「少年院の運営について」が出された。この通達について、緑川（二〇〇七）は、「昭和五二年通達が現在の少年院システムの原点となって」おり、「現在まで貫かれる少年院の矯正教育の方向性を定めた基本的枠組み（パラダイム）と言えよう」と述べている。

同通達では、①施設内処遇と施設外処遇の有機的一体化、②処遇の個別化と収容期間の弾力化、③施設の特色化、④関係諸機関、地域社会との連絡協調、の基本方針のもと、短期処遇が正式に設置されるとともに、長期処遇に「生活指導課程」「職業訓練課程」「教科教育課程」「特殊教育課程」「医療措置課程」が置かれた。緑川のいうとおり、その後の少年院教育の骨格を作った通達であった。

緑川は、この通達の背景に、一九六〇年代後半から七〇年代初頭にかけて一気に訪れた新入院少年の激減があったことを指摘している。一九六六年の九五〇七人から一九七四年には二五一五人にまで減少した。その結果、一九七〇年代初めには、多くの少年院が収容業務停止・廃庁になった（緑川、二〇〇七）。少年矯正の行政担当者の目から見ると、新入院少年の激減は「危機」と映っただろう。収容人数の減少は、少年矯正分野に関する予算や人員の削減、施設の閉鎖に直結するからである。うがった見方をすれば、一九七七年の通達に見られるような教育の充実を口実にして、予算や人員の確保が図られたのかもしれない。とはいえ、結果的にはその後の少年院における矯正教育の質が向上していく契機になったので、一九七〇年代の改革をポジティブに評価するべきであろう。

もっとも、教育の充実に向けたさまざまな試行や努力は、すでに一九六〇年代半ば以降各施設で進められていた。インフォーマル・グループを押さえ込んで教育の実質的効果をあげようとする試みが、現場レベルで広がっていったのである。「昭和三九年頃から多摩少年院において、集団指導に関する諸理論やモレノ（Moreno, J. L.）らが開発した集団技術を活用して、非公式の不良組織を解体し、望ましい公式の集団をつくる努力を重ねる実践を行い、これらの指導技術等が全国的に広まって、集団の質は今日みられるレベルにまで向上してきた」（保木、二〇〇二、一七六頁。ただし原論文は一九九二年に公刊）。そこでは、ソシオメトリーや生活調査などが活用されたり、学校教育の実践から影響を受けた集団指導や作文指導が導入されていったりした（土持・森田、一九六四、跡部ほか、一九六四など）。

したがって、施設の現場レベルにおいて一九六〇年代後半から進んでいた教育実践の展開・充実を踏まえて、七七年の通達が出されて全国レベルでの枠組みが整備された、ということができる。そのように見れば、新入院少年数が激減した一九七〇年代は、それまで特定の施設において試行錯誤で練り上げられていた新しい教育手法が全国の施設へと広がっていき、すべての少年院が本腰を入れて矯正教育に取り組む状況が登場した時期だ、といえる。

いずれにせよ、この運営施策に基づき、「矯正教育史上初めて教育学的概念による教育課程の編成、その実施結果に係る成績評価基準の策定及び処遇の個別化の具体的展開を計画化し、実施を推進し、その記録を保存する個別処遇計画の作成によってなされる」教育の仕組みが、一九八〇年から実施に移され、現在に至っている（保木、二〇〇九、二四頁）。

その後の発展については詳述しないが、一九七〇年代から現在までの約四〇年間は、多少の曲折はありながらも、日本の少年院が教育機能を充実・発展させてきた歴史として描くことが可能であろう。

（2）教育施設として見た日本の少年院

少年院の教育について論じる前に、少年院という施設について、いくつかのポイントを説明しておきたい（なお、数字や名称は二〇一二年三月現在のものである）。

第一に、少年院は教育施設であるということである。

法律上の規定では、「家庭裁判所から保護処分として送致された者及び……（略）……少年院において刑の執行を受ける者（……（略）……）を収容し、これに矯正教育を授ける施設とする」（少年院法第一条）とされている。教育のための施設である、ということが重要である。

少年院は全国に五二施設ある。しかしながら、どの施設も同じ性格や役割が与えられているのではない。性、年齢、非行の深度や教育の重点などに対応するために、一つ一つの少年院が固有の役割や特徴を持っている。たとえば、大きく分けて少年院は四種類に区分される。初等少年院、中等少年院、特別少年院及び医療少年院の四つである。初等少年院は、一四歳以上おおむね一六歳未満の者を収容する。中等少年院は、おおむね一六歳以上二〇歳未満の者を収容する。特別少年院は、犯罪的傾向の進んだおおむね一六歳以上二三歳未満の者を収容する。医療少年院は、心身に著しい故障のある一四歳以上二六歳未満の者を収容する。

また、収容期間の長さによる分類もあり、長期処遇と短期処遇との区別がある。たくさんの職業訓練施設をそろえて職業教育に重点を置く施設もあるし、自然の中での農作業に力を入れる施設もある。行事に多くの努力を傾ける施設もある。

施設ごとの違いは、少年院の教育を考えるときに重要なポイントだが、ここではそれを詳細に検討することはしない。とりあえず、一つ一つが固有の特徴を持った、多様な性格の少年院が準備してあって、一人ひとりの少年の特性に沿って、最も適切な施設に収容されるしくみになっている、ということが理解されていればよい。なお、少年院法第二条では「少年院における処遇は、個々の在院者の年齢及び心身の発達程度を考慮し、その特性に応じて、これを行わなければならない」と定められており、各施設が固有の特徴を持っているのは、この規定に対応したものである。

第二に、少年院に収容される少年は、非行で捕まった少年のうち、特に問題性（「要保護性」という）の高い、ごく一部の少年だということである。

このことを確かめるために、補導・検挙された少年の数と、少年院に収容された少年の数とを比較してみよう。二〇〇六年に刑法犯で検挙された少年の数は、一六万四二二〇人である。それに対して、その一年間に新しく少年院に収容された者の数は、男子三九九六人、女子四八六人で、合計四四八二人である。日本全体で約一六万人が検挙されて、そのうち少年院に入るのが約四五〇〇人だから、非行少年のうちのごく一部だということができる。

図2-1は、補導・検挙された少年が最終的にどういう処分を受けたのかについての内訳である。非行少年の大半は、「審判不開始」「不処分」「保護観察」のように、そのまま社会に戻され、日常生活の中で非行からの離脱が期待されることになる。したがって、少年院に収容される少年は、社会内での処遇が困難とみなされるような、特に問題性が高い、ごく一部の少年なのである。具体的には、重大な犯罪を起こしたり、非行を何度も繰り返したり、家庭や自分自身が大きな問題を抱えているような少年たちである。

第三に、おそらく日本の少年院の教育は、比較的十分な効果をあげているだろうということである。そのことをうかがわせる一つの証拠は、出院者のその後を見ると、再入者や刑事施設（いわゆる刑務所）への入所者が少ない

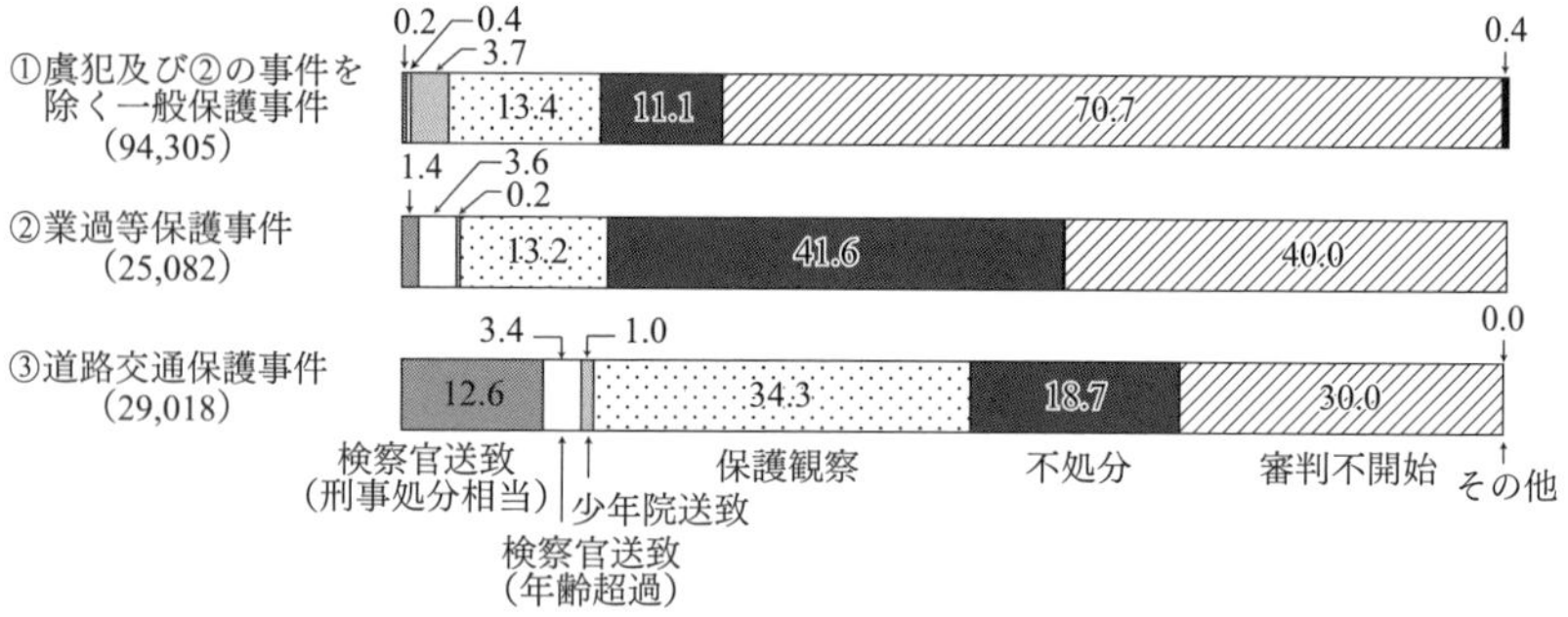

図 2-1　少年保護事件　終局処理人員の処理区分別構成比（2009 年）

注 1）司法統計年報による。
2）「業過等保護事件」は，自動車運転過失致死傷・業過及び危険運転致死傷に係る少年保護事件をいう。
3）「道路交通保護事件」は，道交違反に係る少年保護事件をいう。
4）「その他」は，児童自立支援施設・児童養護施設送致及び都道府県知事・児童相談所長送致である。
5）（　）内は，実人員である。

という点がある。一九九九～二〇〇四年の少年院出院者の再入院率は一六～一七％にとどまっており、また、成人して五年以内に刑事施設に入った者は九％前後である（『犯罪白書』平成二一年版）。厳密に過去の再入院率・再犯率の推移を検証したわけではないが、以前は少年院を出院したあと、そのまま成人犯罪者になっていく者が少なくなかったのに対して、近年は再非行・再犯の率が減少しているような印象がある。

図2-2は、窃盗で検挙された者（年齢層別）の人数の推移を見たものである。[2] 窃盗で検挙された少年の数は、大きな山や谷を描いて推移してきている。なぜ大きな変動が見られたのかについては、いろいろな説があるが、ここでは論じない。この図で注目されるべき点は二つある。一つは、窃盗で検挙された者が多かった世代でも、数年後に二〇代になると、山が消える、ということである。窃盗を繰り返す少年が大量に登場した時期でも、大人になると、ほとんどが犯罪をやめている、ということになる。もう一つは、一九六〇年頃に比べて、近年では二〇代以降の窃盗検挙者が減少している、ということである。つまり、昔はたくさんいた常習的な窃盗者は、近年ではごく一部になっている、ということである。

もう一つ、図を見よう。図2-3は、殺人または殺人未遂で検挙された者を、年齢層別に分け、各年齢層別一〇万人あたりの比率を算出した図である[3]。たとえば、一九六〇年頃の二〇～二四歳では、その年齢層一〇万人あたり約一〇人が、殺人または殺人未遂で逮捕されていた。この図を見て明瞭なのは、一八・一九歳の年長少年や二〇歳代の若年成人による殺人が、顕著に減少してきたということである。

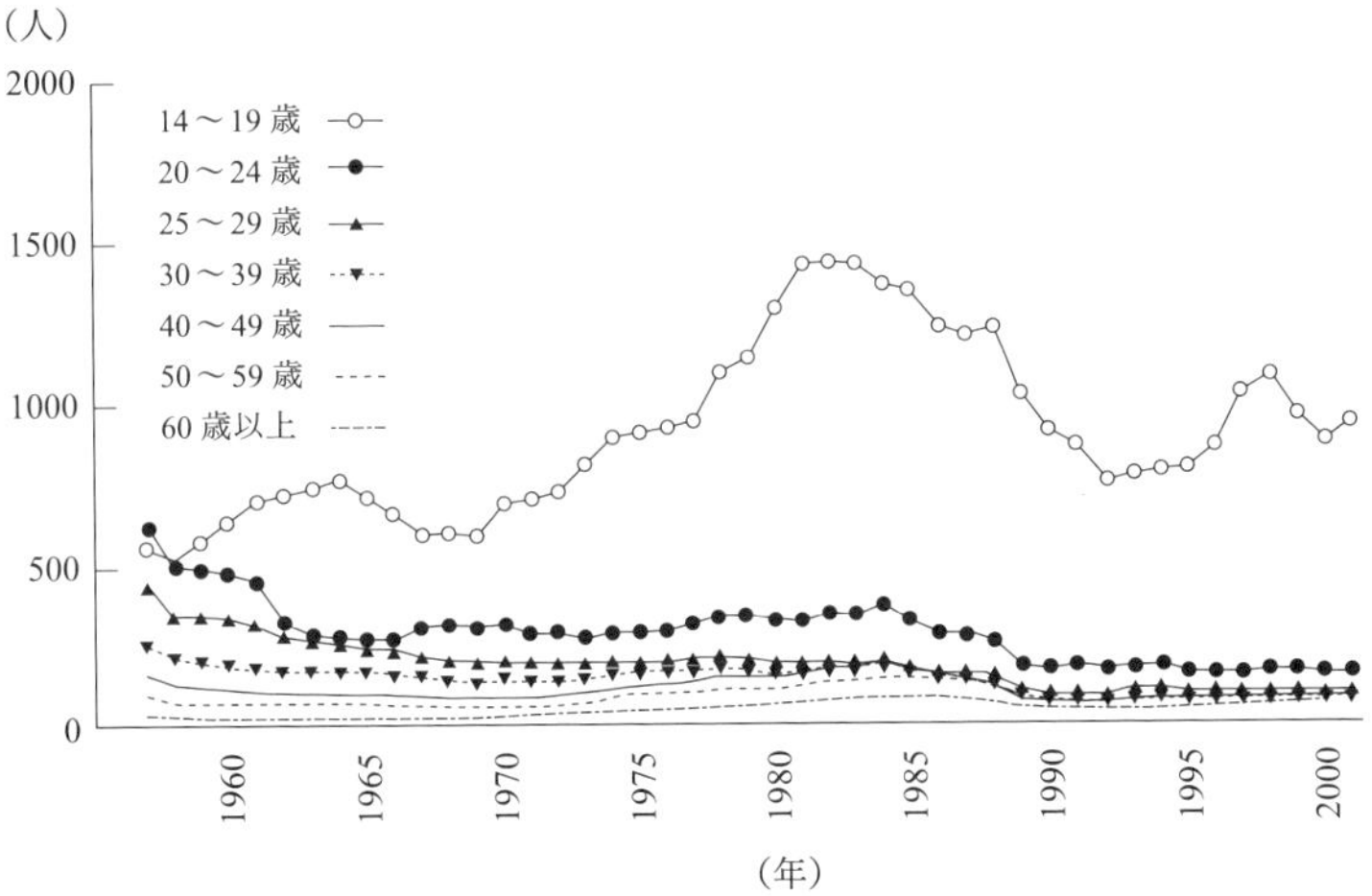

図 2-2　年齢層別窃盗検挙者数の推移（各年齢層10万人あたり）

図2-2や図2-3は、問題を起こすことが多い一〇代の少年たちを対象にした日本の少年矯正が、再非行・再犯防止という点で、十分な成果をあげているということを間接的にではあれ示しているといえるだろう。つまり、これらの図表が示すのは、非行で問題を起こした子どもたちのほとんどは、犯罪に手を染めない大人に成長していっている、ということである。その際、特に、非行の程度が進んでいる少年を対象にした、少年院の教育が成果をあげているからこそ、二〇代の年齢層の常習的な窃盗者や殺人犯が少なくなっているのだ、ということもできるだろう。というのも、少年院は、再非行・再犯のリスクが最も高い少年たちを収容して教育しているからである。

（3）少年院の教育の概要

次に少年院の教育の概要について説明しよう。少年院の教育は、以下の五つの指導領域から構成されている。

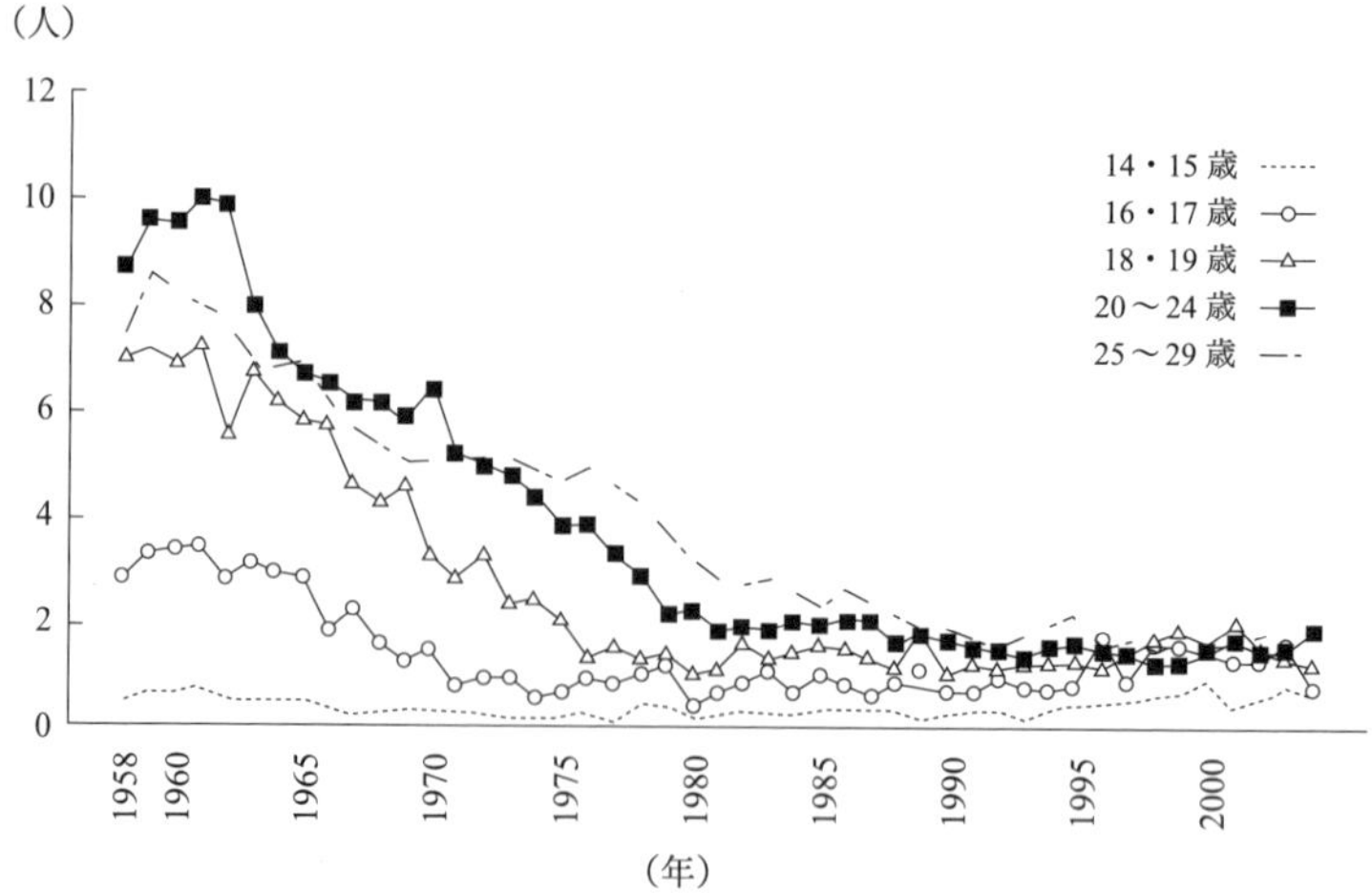

図 2-3　当該年齢層 10 万人あたり検挙者（殺人，未遂含む）

①生活指導　健全なものの見方、考え方及び行動の仕方の育成

②職業補導　勤労意欲の喚起、職業生活に必要な知識・技能の習得

③教科教育　学習意欲の喚起、基礎学力の向上

④保健・体育　健康管理及び体力の向上

⑤特別活動　自主的活動、レクリエーション、行事等の実施

これらのうち、教育の目標として中心になっているのは、①の生活指導である。少年院の生活自体は、細かな規則で決められた厳格なものである。とはいえ、施設内で規律正しい生活をさせることそれ自体が目的ではない。それは少年院の教育の必要条件ではあっても、十分条件ではない。その点は、「生活指導」の説明を見ればわかる。すなわち、生活指導は、単に少年の生活態度に規律正しさを求めるだけではなく、それを通して、ものの見方、考え方や行動の仕方に、広範な影響を与えようとするものなのである。

実際、他の領域の活動の多くも、少年のものの見方、考え方や行動の仕方に影響を与えるべく計算され、配置されている。わかりやすいようにあえて単純化していえば、たとえば次のような例である。少年が職業資格を取得することで、自分に誇れるものを持つ体験をさせる――それが、出院後の生活において、犯罪行為を思いとどまらせることになるだろう、と想定されている。あるいは、少年が院内の行事を熱心に準備して成功させる――それが、少年にとって「努力をすれば報われる」ということを学ぶ機会になる、と想定されている。

日本の少年院で採用されているさまざまな教育方法は、実に多彩である。表2-1はそれらを体系的に説明した最近の本の目次からピックアップした、教育方法の一覧である。実際にはもっと細かなバリエーションもある。

また、表2-2は、教育内容・方法と対象とがどう対応させられているのかを示したものである。どの施設でも採用され、ほとんどすべての少年を対象にした教育方法もあるし、ごく一部の施設で、ごく一部の少年に対しての

表 2-1 日本の少年院で採用されているさまざまな教育方法の例（矯正協会，2006 を一部修正）

I 基本的な指導法による指導
1 一人一人向き合う方法
(1) 個別面接
(2) 日記指導
(3) 作文指導
(4) 読書指導
(5) 内省指導
(6) 役割交換書簡指導（role lettering）
(7) 内観指導
2 グループで力をつける
(1) SST（social skills training）
(2) モラルジレンマ（moral dilemma）指導
(3) 行事（運動会，演劇・舞踊発表会など）
II 複数の指導法を応用した指導
1 過去を乗り越える指導プログラム
(1) 薬物乱用防止講座
(2) 交通安全指導講座
(3) 暴走族離脱講座
(4) 家族生活適応講座
(5) 交友関係改善講座
(6) 暴力団離脱講座
2 被害者の視点を取り入れた教育
3 新しい生き方を探る指導プログラム
(1) 進路指導講座
(2) 社会生活適応講座
(3) 育児教育（父親・母親教育）講座
III 環境の教育力を活用した指導
1 学寮の教育力を活かした指導
(1) 学寮生活
(2) 役割活動
(3) 集会指導
2 家族の教育力を活かした指導
(1) 保護者会の実施
(2) 親子合宿（宿泊面会）の実施
3 自然環境の教育力を活かした指導（野外活動・登山など）

表 2-2　教育内容及び方法（矯正協会，2006 を一部修正）

指導領域	細目	教育内容	教育方法	教育方法の細目	対象者	指導の形態	指導計画番号
生活指導	問題行動指導	自己の問題点の解決方法を考えさせる指導	寮集会	個別課題集会	全　員	課　業	1
		非行に結びつく各種の問題（家族，不良交友，薬物，交通）について認識を深めさせる指導	問題群別指導	家族問題指導	新入時及び中間期教育過程の該当者	課　業	2
				不良交友問題指導		課　業	3
				薬物問題指導		課　業	4
				交通問題指導		課　業	5
		過去を振り返らせ，今後の課題について具体化させる個別指導	級下個別内省	作文指導	中間期教育過程の者	課　業	6
		自己の成長を振り返らせ，生活設計を具体化させる個別指導	出院前個別内省	作文指導	出院準備教育過程の者	課　業	7
		自分の周囲の人に対する考え方の変容を図る個別指導	内　観	集中内観	必要と認められる者	課　業	8
				早朝内観	集中内観終了者	準　※	
		健全なものの見方・考え方の内面化を図る個別指導	日記指導	自由日記・テーマ日記	全　員	課　業	9
		自己の問題点に関する考察を深めさせる個別指導	作文指導	課題作文	新入時教育過程の者	外　※	10
					中間期教育過程の者	外　※	11
					出院準備教育過程の者	外　※	12
		自己の問題点の解決方法を考察させる個別指導	面接指導	個別面接	全　員	課　業	13
		他人の気持ちを理解させ，自己洞察を深めさせる個別指導	役割交換書簡法	対象者別指導	必要と認められる者	外　※	14
		非行にかかわった問題性の指導	非行別グループワーク	薬物問題指導	中間期教育過程の該当者	課　業	85
				傷害問題指導		課　業	86
				窃盗問題指導		課　業	87
				性問題指導		課　業	88

生活指導	情操教育	家庭的な雰囲気を体験させ，情操の安定を図る指導	対象者集会	誕生会	全員（該当者）	課　業	15
		生命の尊さ及び責任感，いたわりの心を育てる指導	小動物飼育	熱帯魚飼育	必要と認められる者	外　※	16
				ハムスター飼育		外　※	
		沐浴等を体験させることにより，将来父親・母親になるための心構えを養う指導	父親・母親教育	沐浴，おむつ交換，妊婦疑似体験等	出院準備教育過程の者	課　業	83
	基本的生活訓練	入院直後の心情の安定を図るとともに院生活をスムーズに導入する指導	導入指導	面接・教材自習	新入時教育過程の者	課　業	17
		少年院生活の意識や仕方を理解させる指導	導入訓練	探索課程	新入時教育過程の者	課　業	18
		自己表現力を付け考えを深めさせる指導	発表会	読書感想文発表会	全　員	課　業	19
				意見発表会	全　員	課　業	20
				青春メッセージ	全　員	課　業	21
		広い視野と豊かな知見を付けさせる指導	テーマ学習	VTR視聴	全　員	課　業	22
			教育講話	課題講話	全　員	課　業	23
	保護関係調整指導	保護者等との関係改善及び円滑な社会復帰を図る指導	保護者会	新入生保護者会	新入時教育過程の者	課　業	24
		保護者等との関係改善及び円滑な社会復帰を図る指導		新一上保護者会	出院準備教育過程の者	課　業	25
	進路指導	出院後の心構え及び適応の仕方を身に付けさせる	出院前準備指導	講話・個別面接	出院準備教育過程の者	課　業	27
		出院後の帰住先や就職先等についての具体化を図る指導	生活相談	個別面接	全　員	課　業	28
		職場，家庭，交友関係等における社会適応力の育成を図る指導	出院準備講座	出院準備講座	出院準備教育過程の者	課　業	30
				SST		課　業	31
				ハローワーク講師		課　業	32
				保護観察官講話		課　業	33
		社会生活に必要な意識及び知識を身に付けさせる指導	面接指導	個別面接	新入期過程の者	課　業	*
					中間期教育過程の者	課　業	*

準※：課業に準じた指導，外※：課外の生活指導

み採用されている方法もある。しかし、通常は、ほとんどの少年は、たくさんの種類の教育プログラムを、入院中の適当な時期に、または収容期間を通して継続的に受けている。いつ、どういう教育内容・方法で教育がなされるかは、個人別に綿密に計画されている。

一つ一つの教育プログラムがどういうものかについて、詳しく説明することは、ここではしない。また、いくつかの教育プログラムが実施されていく過程でそれが少年の更生にどういう作用を及ぼしているのかについては、後のいくつかの章で考察されることになる。本章で考えておきたいのは、なぜ、こんなにたくさんの教育プログラム・方法が存在するのか、という問題である。

二　不確実で非連続な学習

この問題を考えるためには、少し教育学の理論的な話をしておく必要があるだろう。二つの論点を示したい。一つは「教育は本質的に不確実な営みである」ということ、もう一つは「教育における人格の変容は非連続的である」ということである。

(1)　教育の不確実性

教育の不確実性の話から始めよう。単純なことだが、学習と教育とは、「誰がそれをするのか」という点で、大きな違いがある。学習は、当人が自分に対して行う活動である。それに対して教育は、他者に対する働きかけの行為である。私にとっての他者は、当然のことながら、私の意図通りに行動してくれるとはかぎらない。教育という営為は、他者を変えることを意図したものであるかぎり、その意図は実現しない可能性が常にある。教育は不確実なものなのである（広田、二〇〇九）。

このことが意味しているのは、第一に、教育者の意図と現実の結果は一致しないことがごく普通にあるということである。教育者の意図通りに被教育者が反応するとはかぎらない。教育しても相手が学習してくれないことがある。あるいは、教育者の意図とは異なることを学んでしまうこともある。

たとえば、自分が犯した犯罪への反省を促すグループワークを実施したとする。ところが、少年が反省するのではなく、グループの他のメンバーとのコミュニケーションを通して、新しい手口を知る結果になるかもしれない。あるいは、親密さを増して、犯罪ネットワークが形成されてしまうかもしれない。

別の例を挙げよう。贖罪教育、すなわち、少年たちに自分が犯した罪を自覚させる教育は、注意深く行わないと、ひどい結果をもたらすことがある。すなわち、罪を自覚させる教育が、当人に深い動揺を与え、責任にたえきれず自殺衝動や解離性障害などが生じることがある。人格を教育しようとして、人格を破壊してしまう結果になることもあるのである。

教育が他者を対象にした行為であることによって、第二に、教育を受ける側は、常にやりすごしや離脱の自由を持っている。とても重要な話であったとしても、聞く側は五秒で「心のスイッチ」を切ってしまうかもしれない。教師による説明が、単なる音にしか聞こえない生徒は、多くの学校の教室にいる。

なお、教育を受ける側は、「心のスイッチ」を切った場合に、すぐに反抗や不服従に向かうわけではない。何も考えないで命令や規則にただ従うとか、施設内の生活に形式的に適応する、ということも可能である。

ここで言いたいことは、本人の自発的意志がないと、「学習」は進まない、ということである。いくら周到に教育を準備しても、本人が自発的に受け入れるかどうかは不確定である。また、ある場合には、教育的な働きかけが、かえって良くない結果を生み出すこともありうる。こうした現象は、矯正教育ではいつも起きうることだろう。

社会学者のN・ルーマンは、こうした教育の不確実性を理論化している。彼は、システム論という社会学の理論に拠りながら、次のように論じている（ルーマン、二〇〇四）。少し難しい言い方をしているのだが、当人が受け入れるときにのみ、教育は成果をあげられるのだということである。

個々の人間はそれぞれ独自の内面を持つ。ルーマンはそれを「心的システム」（psychological system）と呼ぶ。この心的システムは、他のシステムから独立しており、「心的システム」の構造は、それ自身によってのみ変容する。だから、「心的システム」は、完結した閉鎖的システムである。

「心的システム」に対する外部からの影響は、直接的なものではない。「社会化（socialization）はつねに自己社会化（self-socialization）であって、文化の断片が心的システムに輸入されるということではない」（ルーマン、二〇〇四、六一頁）。「人間は注意の方向を状況に応じて自由に切り替える」（六一頁）から、外からの刺激を無視することが可能である。自分自身が受け入れようとするときにのみ、外からの刺激は受け入れられる。心的システムが、外部のシステム（ここでは教育システム）と関係を持つ状態を、ルーマンは「構造連結」（structural coupling）あるいは「構造呼応」（structural drift）と呼んでいる。構造連結とは、心的システムの構造が、相互の刺激で、教育システムとたまたま潜在的につながった状態を意味している。構造呼応とは、心的システムの構造が、教育システムと比較的長期にわたって潜在的につながった状態を意味している。

難しい用語がたくさん出てきてわかりにくいのだが、ルーマンの議論は、教育がいつも成功するわけではないのはなぜなのかを、うまく説明している。独立し、完結した心的システム——すなわち被教育者の内面——が、教育的な働きかけに注意を向け、自分自身でそれを自己の変容に向けて作用させようとするときにのみ、心的システムの構造に変容が生じる、ということである。

実は、教育哲学でも、同様の説明がなされている。たとえば、教育可能性（educability）に関する理論的説明である。モレンハウアー（Mollenhauer）によれば、陶冶過程は、「外」から「内」への運動だけではない。

刻印と配置としての「陶治」、というこの運動の方向がたとえどれほど支配的であろうと、それは逆方向の運動、いわば「内」から「外」へという運動を伴っているのである。子どもの教育可能性はたしかに外的な刺激によって発動するが、それはこの刺激に子どもが活動をもって応えることを必要条件とするのだ。(モレンハウアー、一九八七)

外側からの教育的な刺激と、内側からの自発的な意志とが両方ないと、教育は成立しない、ということである。つまり、教育と学習との間には、不確かなつながりしかない。教育者による外側からの刺激が、被教育者によって自発的に受け入れられた場合(教育的関係)にのみ、被教育者の内側で学習(何らかの変容)が起きるのだ。それゆえ、すべての人間を変容させる技術を、教育学は持っていない。たくさんの失敗や成功を積み重ねてみて、Aという方法がBという方法よりも比較的有効だ、といったことが、かろうじていえる程度のものなのである。

(2) 教育における非連続な人間の変容

もう一つの理論的な命題は、「教育における人格の変容は非連続的である」というものである。非行少年の教育に携わっている人は、だれもが納得する命題だろう。少年は、ある日、ある瞬間に、突然変化する。知識や技能の習得は、量的で連続的な過程である。それに対して人格の変容は、質的で非連続的な過程である。

教育学の多くの理論は、累積的で直線的な学習過程を想定している。これは、近代の教育の主要な内容が、文字の習得と、文字を通した情報の獲得の学習であったためである。文字の学習や文字を通した情報の学習では、長期間にわたる、断片的な知識の獲得を必要としている。ところが、人格の変容という事象に関しては、徹底的で突発的な変容を遂げる事例を、われわれは観察することができる。

教育学の中で、この点に注意を払ったのが、一九五〇年代の実存主義的な教育哲学である。たとえば、ボルノー(Bollnow)は、「覚醒《めざめ》」(Erweckung)という教育学の概念を使って、教育による急激な人格の変容を表現した。「覚醒」とは、文字通り、ある瞬間にまったく異なる世界のあり方に気づくような出来事を指す。ボルノーは、「覚醒」の概念の起源をたどり、一つは、肉体的な意味での目覚め、もう一つは、キリスト教における宗教的回心を検討した。そして、①キリスト教における宗教的回心が、人生で一回だけの決定的に重要な体験であるのに対して、人間の世界認識は、複数回、徹底的で突発的な変容を遂げることがあること、②教育的な働きかけが、覚醒の重要な契機になることを主張した(ボルノー、一九六六)。

この節の手短かな検討で、二つのことを論じた。一つは、教育は他者に対する行為であるため、結果については、本質的に不確実であるということ。もう一つは、教育における人格の変容は、非連続的で突発的なものである、ということである。矯正教育が少年の人格の変容を目指しているとすると、この二つの点を、前提として理解しておく必要がある。

三　教育プログラムの多様性が持つ効果

さて、いよいよ、現代日本の少年院の教育について議論してみたい。もし、日本の少年院の教育が現在それなりにうまくいっているとすると、それはなぜなのだろうか。具体的には、日本の少年院の教育は、いかにして教育の不確実性の限界を減らすことに成功しているのだろうか。また、非連続的な人格の変容を、いかにして連続的な教育の過程の中で実現しているのだろうか。

（1）自己という物語の書き換え

まず、ボルノーが「覚醒」という語で示したような、人格の非連続的な変化を、少年院の教育に関してどうとらえたらよいかという点を考えておく必要がある。標準化された心理尺度の構成要素などで測られる「人格」を基準にすると、少年院にいる間に少年たちがドラスティックに変容する、という像はなかなか出てこない。人格的変化が生じているなら、もっと質的で言語構成的なもの――世界観や人間観に関わるもの――であるように思われる。

前述のように、日本の少年院の教育は、全体として見ると実にさまざまなプログラムや技法を用いている。職業指導もあれば内観やＳＳＴもあるし、和太鼓もあればオペレッタ（創作歌劇）もある。農作業も登山もある。しかし、それらを用いた実践報告などを通して見ていくと、それらが目指している成果は、ある一点に収斂しているのではないかという気がしてくる。それは、「自己という物語の書き換えの作業をしている」ということである。和太鼓であれ農作業であれ、少年自身が自己を見つめ直し、過去の自己とは異なる自己を見出していく、という過程である。

教育哲学者の田中智志が、宇治少年院のケースを掘り下げて、矯正教育についての理論的な論文を書いている（田中、二〇〇八）。田中によれば、「自己肯定感による自己物語の再構築」が矯正教育の核心にある。つまり、それまでの自分に対する否定的な物語を書き直す作業をやっている。自分という物語を書き直す作業によって、ポジティブなものに書き直すこと――それが矯正教育の核心だ、というのである。そして、そのためには、成功体験と信頼関係とが不可欠なポイントであり、また、被害者への償いの気持ちとか他者への配慮といったものは、そうした自己の物語の書き直しによってようやく可能になるのだ、と田中はいう。

われわれの研究グループも、数年間のフィールド調査の中で、似たような見方にたどりついている。少年院の少年たちは何をしているかというと、さまざまな課題や作業を通して自己の物語を書き換えている、ということである。たとえば、本書第５章（仲野由佳理）は、社会学の専門用語である「ナラティヴ実践」という言葉でそれを表現している。ナラティヴはストーリーとは異なる。ナラティヴとは、語りを通じた意味構成のことである。ストーリーは、自分の人生とは何だったのかという、始まりから現在までの方向性を持つ直線的なものであるが、ナラティヴは、他者との関わりの中でやりとりをしながら意味を書き換えていく作業を示している。仲野はナラティヴ実践という言葉を使うことで、少年たちがどういうふうに自分の物語を書き換えていくのか、自分という存在をどういうふうに位置づけ直していくのか、といったことを考察し、特に少年院の教官が手助けをしながら行っているところを分析している。

今までの自分とは異なる自分を発見する過程には多様なやり方がある。それは、たとえば日記指導や個別面接のように反省的な言語活動（直接的なやり方）で行われる場合もあるし、和太鼓や農作業など何かの課題を自分の力で達成し、それをできた自分をふり返る反省的な言語活動（間接的なやり方）で行われる場合もある。いずれにせよ、何らかの契機に別の自己像を言語的に構成し、それを自らのものとして引き受けることが、「自己という物語の書き換え」であると言うことができよう。

（2）変容の契機になる可能性を含んだ、多様なプログラムの配置

「自己という物語の書き換え」を少年院教育の核心だと見た場合、多種多様なプログラムの配置には、それ自体重要な意味があることになる。さまざまな形で、変容の契機が埋め込まれている、ということになるからである。教育プログラム自体は、累積的で直線的な教育モデルに沿って計画されている。たとえば、新入期の課題、中間期の課題、出院準備期の課題、というふうに、時間が進むにつれて発展的で高度な課題に少年が取り組むよう設定されている。教育をする側の意図は、連続的に少年が変容していくことを想定しているのである。

しかしながら、実際の少年の様子を観察すると、少年の人格の変容は、必ずしもそうではないようである。たしかに、少年院での生活の仕方に慣れていく過程には、連続的な変容が観察される。しかし、人格の変容に関して

は、いつごろどこまで変化するかについての、教官が描いたモデル通りに変化するわけではない。むしろ、教官が事前に予測しえない何らかの契機で、少年が急に変化する、というのが実際に起きていることのようである。

重要なことは、濃密に配置された多様な教育プログラムが果たしている役割である。多様な教育内容・教育方法を持つそれらのプログラムは、少年が自分と真剣に向き合うことが要求される機会を、多様な形で提供している。それぞれのプログラムは、すべての少年に均一の効果を持つわけではない。むしろ、事前に予見することが不可能な仕方で、多様なプログラムのうちのいずれかが、ある少年に深い影響を及ぼすことがある、と言うべきである。前に述べたように、「教育の不確実性」が存在するからである。すなわち、ある一つのプログラムは、ある少年にとっては意義深い教育の機会になるが、別の少年には単に「こなす」だけの意味しか持たない。別のプログラムは、別の少年を大きく変容させる契機になるが、他の多くの少年にとっては、教育的効果が見られない。――そういうことが、あたりまえなのである。

個々の少年にとって、どのプログラムが大きな影響力を持つことになるのかは、事前には容易に予測しがたい。だが、たくさんの種類のプログラムが準備されていることによって、少なくない少年が、少年院の教育プログラムのうちの何かを契機に、自分の人格を変容させることがあるのである（図2-4）。

たとえば、寮生活でたまたま起きた事件を契機に変容する少年、演劇の準備を通して大きく変化する少年、親子面接をきっかけに変わる少年、職業資格を取得して変わる少年……、というふうに。また、少しずつ小さな「覚醒」を経験する少年もいれば、大きな「覚醒」を経験する少年もいる。つまり、「自己の物語」を少しずつ書き換えていく少年もいれば、ある日まったく違う自己の物語を自分で紡ぎ出す少年もいる、ということである。

ただし、当然のことだが、もう一方で、人格の深奥の部分での変化がまったく見えないまま出院していく少年もいないわけではないようである。職員たちは「深まっていない」という言い方で、そういう少年たちを形容する（第6章）。

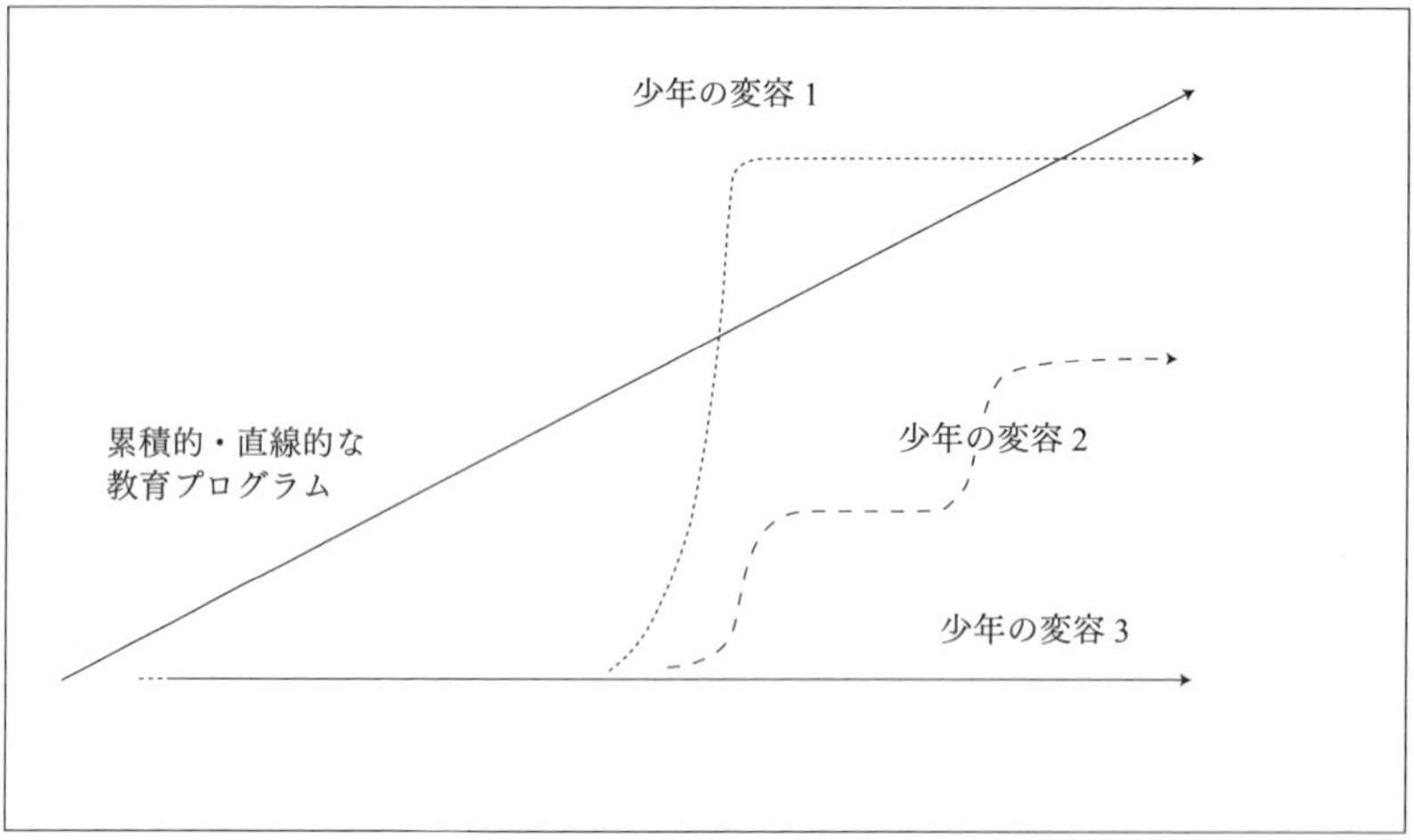

図 2-4　教育プログラムの連続性と少年の変容の非連続性

だが、そういう少年であっても、一つには、それまでの家族や友人との関係から切り離された生活を経験することで、それなりに心理的に落ちつくのが一般的である。出院準備の頃までには、冷静に自分の今後を考えるようになっている。もう一つには、累積的で直線的なプログラムの中には、出院後の生活に役立つものがさまざまに含まれている。職業生活に役立つ技能を学ぶ職業補導・職業訓練や、対人場面でのふるまい方を学ぶSSTなどがその一例である。あるいは、ドリル学習を通して小学校レベルの基礎学力がようやく身についたり、日記指導などを通して言葉を使って自分を表現することができるようになったりすることの意義を強調することもできる。仮にドラスティックな人格上の変容（覚醒）を経験しない場合であったとしても、少年たちは再非行・再犯の抑止に役立つものを学んで出院するということができる。

「覚醒」という意味で私にとって印象深い例は、ある女子少年院の創作演劇を通した教育である。そこでは、台本の作成も作詞作曲も少女たちが自分たちでする。大道具も衣装も自分たちで作る。数ヶ月かけてそれらを準備していくのだが、その過程で、少女たちは一人ひとり大きな変化を見せる。演劇の上演に欠かせない役割の一つが自分に与えられて、それを独力で果たす経験をする――それが重要な点である。

これまで、少年院に入ってきた少女の多くは、周囲の状況に流されるままだった。あるいは、集団の中で目立たない存在で、みんなに付き従うだけだった少女も多い。だから、演劇の上演のために不可欠な役割の一つを任されるというのは、今まで経験したことのないことなのである。それを何とかやり遂げたとき、少女たちは、まったく新しい自分に出会ったような感覚をおぼえるようである。少女たちは自分に対して自信を持つことができたとか、目標に向かって進むことの楽しさを知ったと話している。少女たちのコメントは、ボルノーのいう「覚醒」が生じたことを意味しているだろう。

直線的で累積的なモデルのもとで、多様な種類・性格のプログラムがいろいろな時期に提供されていることによって、日本の少年院は、少年の非連続的で突発的な人格の変容を生み出す潜在的な契機を、そこらじゅうに仕掛けている、というふうにいえるだろう。

四　エビデンス・ベースドな方法と教育学的方法

さまざまな教育手法のそれぞれの効果について論じようとすると、近年必ず出てくるのは、「エビデンスをもとにした方法（のみ）が採用されるべきだ」という議論である。これまで採用されてきた方法の精選という文脈でも、新たな手法の導入という文脈でも、そうした議論をどう考えるかは、重要な問題だといえる。

そこで、ここではエビデンス・ベースドな方法を求める議論について、少し考えておきたい。認知行動療法（cognitive behavioral therapy）の流行など、厳密で統計的な方法で有効性が検証されたプログラムが望ましいと、しばしばいわれている。私たちの研究グループでも、二〇〇六年に、女子刑務所において認知行動療法に基づく教育

表2-3　エビデンス・ベースドな方法の評価尺度

①内的妥当性	：良質の比較対照群をもつこと
②統計的結論妥当性	：十分なサンプルと信頼できる尺度とで，統計的に有意であること
③構成概念妥当性	：構成概念を忠実に再現した操作化が行われていること
④外的妥当性	：場所・時間・対象に特定されない一般性をもっていること

プログラムの調査を行い、研究にまとめたりもしてきた（南、二〇〇八、平井、二〇〇九、二〇一〇ａｂｃ）。

エビデンス・ベースドな方法を勧める議論では、効果の検証で四つの条件を満たした技法がよいとされている（津富、二〇〇八）。表2-3に掲げた四つである。

たしかに、エビデンス・ベースドな方法が採用されるのは、一般的に見て望ましいだろう。しかし、そこでは注意が必要だと私は考えている。

第一に、効果が科学的手続きで検証されていないことと、効果がないということを混同してはいけない。さまざまな条件を統制しにくいような方法は、仮に効果が実際にあるとしても、検証が困難である。時間や場所や対象に限定されて、とても有効な方法というのはありうる。それゆえ、検証の不在は有効性の欠如を意味しないのである。

第二に、効果が科学的手続きで検証された手法のみを採用すればよいわけではない。エビデンス・ベースドな方法は、それ一つですべてを実現できる「魔法の杖」ではない。単に有効性が検証された一つの方法にすぎないのである。教育関係が少年に信頼されるものになるよう努めることや、さまざまな方法の組み合わせによって、効果を高める努力をしていくことは常に必要だろう。また、個人の状況に合わせた方法の選択が必要な場合もあるだろう。効果が（統計的に）検証された方法Ａと、効果が検証されていない方法Ｂがあるとして、少年の状況によっては方法Ｂの方が有効である場合もありうるのである。

第三に、おそらくたびたび指摘されてきていることだが、米国で効果が検証された方法であったとしても、世界中のどこでもその有効性が保証されるかどうかはわからない。米国の社会、米国の施設に固有の社会的・文化的文脈が反映しているからである。仮に米国中の施設で検証されても、同じ場所・時間・対象のバイアスを共有している可能性がある。また、逆に、それぞれの国で固有の歴史的・社会的背景や、固有の組織構造・職員文化がある。それゆえ、どこの国でも、他国の例は、あくまでも参考の材料にとどまる。この章で紹介した日本の少年院の教育も、おそらくそうである。お互いに他国の事例を参考にしながら、それぞれの国で独自の教育方法や教育内容を作り出すことが、もっとも有効性を高めることになるのではないだろうか。

五　おわりに

現代日本の少年院では、多様な方法が組み合わされて提供され、それが、個々の少年と密接な関係を作っている教官によって、うまく使いこなされている。もしも日本の少年院での教育が十分な効果をあげているとすると、少年に「覚醒」の瞬間を訪れさせるような、さまざまな仕掛けが配置されて、それが作動している、という点にあるだろう。どういう瞬間に「覚醒」が訪れるのかは、教官にも少年にも予見できない。もちろん、教官の努力にもかかわらず、「覚醒」のないまま出院していく少年もいるだろうし、出院後に、周囲の環境のせいで元の問題状況に戻ってしまう少年も少なくないであろう。しかしながら、おそらく、ある程度の割合の少年に対しては、日本の少年院は、有効な教育をなしえていると思われる。

ここで紹介した日本の少年院の教育方法は、統計的な効果測定は不十分だが、その代わりに、たくさんの成功と失敗を積み重ねるというやり方で確実性を作ってきた。日本の少年院教育の長所の一つは、各施設でさまざまな独自の工夫を試みてみて、うまくいったやり方が他の施設に広がるというかたちで、現場での試行錯誤が積み重ねられてきたという点である（当然、長期にわたって実践してみて、効果があがらなかったり、マイナス面が目立ったりするものは、一時期流行しても、結局は現場から消えていっている)。

ここでは十分触れる余裕がなかったが、法務教官の質の高さと、自己研鑽を促進する職員文化が、それを可能にしている。少年の教育に携わる教官の熱意や教育的な信念が、少年との良好な関係を作っている面は、教育効果をあげようとする場合、決定的な前提条件となる。エビデンスに基づく最新の手法も重要だが、それが唯一有効な方法だというわけではない。

注

(1) ちなみに、『平成二一年度　矯正統計年報Ⅱ』を見ると、平成二一年度の逃走件数は二件(二人)である。
(2) この図は、広田(二〇〇一)のものに新しい年次のデータを付加したものである。そちらでは、ここでの議論がもう少し深く体系的に論じてある。
(3) 同右。

文献

跡部洋映ほか、一九六四、「少年院に於ける綴方指導について――実験的実践の報告」『特殊教育学研究』第一号
矯正協会編、二〇〇六、『矯正教育の方法と展開――現場からの実践理論』矯正協会
土持三郎・森田祥一、一九六四、「少年院における集団の特性――生活指導単位集団の考察」『特殊教育学研究』第一号
土持三郎、二〇一〇、「副島和穂先生追悼記念講演　戦後少年院の歩み――昭和の記憶」『矯正教育研究』第五五巻
津富宏、二〇〇八、「少年非行対策におけるエビデンスの活用」小林寿一編著『少年非行の行動科学――学際的アプローチと実践への応用』北大路書房
平井秀幸、二〇〇九、「『犯罪』と『病気』の二重化――刑事施設における『特別改善指導(薬物依存離脱指導)』を対象にした処遇上の諸カテゴリに対する指導者の意味付与メカニズムをめぐるミクロ社会学的分析」『教育学雑誌』第四四号
平井秀幸、二〇一〇a、「認知行動療法は『社会的なもの』を無視しているのか?――刑事施設における『特別改善指導(薬物依存離脱指導)』のミクロ社会学的分析」『教育学雑誌』第四五号

平井秀幸、二〇一〇b、「『犯罪者／病人』役割への〝収斂〟?――受講者の視点に注目した、刑事施設における『特別改善指導（薬物依存離脱指導）』のミクロ社会学的分析(1)」『研究紀要』第七九号、日本大学文理学部人文科学研究所
平井秀幸、二〇一〇c、「『解放性』ゆえの〝収斂〟、〝収斂〟ゆえの『困難性』――受講者の視点に注目した、刑事施設における『特別改善指導（薬物依存離脱指導）』のミクロ社会学的分析(2)」『研究紀要』第八〇号、日本大学文理学部人文科学研究所
広田照幸、二〇〇一、『教育言説の歴史社会学』名古屋大学出版会
広田照幸、二〇〇九、『ヒューマニティーズ　教育学』岩波書店
ボルノー、O・F、一九六六、『実存哲学と教育学』峰島旭雄訳、理想社
前田宏ほか（座談会）、一九九九、「少年院・少年鑑別所五〇年の歩み――少年法・少年院法施行五〇年の軌跡と明日への希望」末永清ほか編『少年鑑別所五〇年の歩み』矯正協会
松村猛、一九七五、『矯正施設における事故とその対策の研究』矯正協会
緑川徹、二〇〇七、「少年院の現代史――昭和五二年通達まで」『比較法制研究』第三〇号
南保輔、二〇〇八、「教育効果特定の手がかりを求めて――薬物依存離脱指導の観察と受講者インタヴューから」『成城文藝』第二〇三号
モレンハウアー、K、一九八七、『忘れられた連関――「教える-学ぶ」とは何か』今井康雄訳、みすず書房
ルーマン、N、二〇〇四、『社会の教育システム』村上淳一訳、東京大学出版会
保木正和、二〇〇二、『矯正教育の展開』未知谷
保木正和、二〇〇九、「少年院法の展開と課題」『刑政』第一二〇巻八号

第3章　少年院処遇に期待するもの

――教育学の立場から

広田照幸・平井秀幸

一　はじめに

教育学者として、「少年院処遇に期待するもの」を考えはじめるときりがない。「あれもやってほしい」「これもやってほしい」と、果てしない要望リストができてしまいそうである。

しかしながら、えてして「期待」は過剰で一方的なものとなりがちである。昨今の教育改革の議論を見ていてつくづくそう思う。過剰な期待のおしつけは、与えられた資源や権限の中で精一杯努力している法務教官をはじめとする職員の方々にとっては、非現実的かつ過酷なものとなろう。むしろ大事なことは、少年院の処遇が、何をどこまでできるのか／できないのか、を見極める材料を、教育学者として提供することではないか。そして、少年院処遇が有する社会的機能の多面的かつ正当な評価にむけた議論の土台を整えることではないか――。本章では、そのような関心に基づいて、以下のような考察をしてみたい(1)。

第一に、教育という営みがはらむ難しさを考察する。教育万能論と教育不可能論との両極端の議論の間でのどこかの地点に、実際の教育の営みが存在するとすれば、どのようなことに留意しながら現実の教育を考えればよいのか。こうした諸点は、学校教育と矯正教育とに共通する課題であるといえる（第一節）。

第二に、特に非行少年を対象とし、施設への収容というかたちをとる、少年院における教育の特徴を、教育学的な観点から考察する。ここでは、視点を学校教育と矯正教育との違いへと移行させることになる（第二節）。

第三に、施設に収容された少年は、一定期間を経たのち、必ず社会へと戻っていく。そこで、非行少年や少年院に対する社会からのまなざしを、どう理解し、どう受けとめればよいのかについて、社会学的な観点を意識しつつ考察してみたい。特に、近年のまなざしの変化をどう考えるべきかが焦点となる（第三節）。

最後に、以上の議論を踏まえて、現代日本における少年院処遇に対して、抑制がきいたかたちで「期待するもの」の一部分を表明してみたい（第四節）。

二　教育の限界／危険性

教育学の歴史は、教育に無限のパワーを期待する教育万能論の誘惑に抗いつつ、もう一方で、教育不可能性／教育不要論と苦闘してきた、そのような歴史であるということができる。「他人（ひと）を変える」というのは難しい。すべてを教育で解決しようとする夢想家たちの教育への過剰な期待は、幾度となく現実の前に挫折してきた。他方、シニカルな人たちはいたずらに教育への不信をつのらせ、「生まれつきダメなヤツはいる」という素質論や、見放し・放逐（教育の場からの排除）へと簡単に陥ってきた。

われわれは、このような両極端の発想に陥らないようにしなければならない。確かに教育には限界がある。けれども、その限界を知りつつそれをできるだけ向こう側に押しやろうとする、果てなき努力こそが、現実の教育の営みなのではないだろうか。

教育の限界はどのあたりにあるのか（本節以下の議論に関連するものとして、広田、二〇〇三、二〇〇五も参照）。

第一に、教育者が意図した影響をすべての被教育者に及ぼすことは不可能である。「教育」は本質的に、教える側の意図に基づく一方的な関係であることが多い。しかも、かりに被教育者側に学びへの強い動機づけが存在する場合であっても、教育者の意図通りの教育伝達が起こる保証はない。意味の読み違えや、意図的・無意図的なやりすごしなどが不断に生じるため、教育は被教育者に対して確率的にしか影響を与えない（柄谷、一九八六）。

このことはあたりまえのようだが、実は、教育のそうした確率論的偶有性を踏まえず、直線的な知識伝達・規範伝達を教育に対して過剰に期待する向きは、政策論議においても実践論においても、いまだに強い（後述する道徳教育の強化による非行・犯罪対策など）。

第二に、被教育者の側に自発的契機がなく、同時に、教育関係から離脱したり、やりすごせたりする場合には、教育の効果をあげるのはかなり困難である。たとえば、学校の先生が「指導が通らない」という言い方をすることがある。生徒たちが教育的な関係自体にのってこないとき、教師による働きかけがやりすごされてしまい、無効化してしまう状態である。「学級崩壊」とか「教育困難校」の抱える悩みである。

少年院の処遇は、この点では両義的である。一方では、「強制的な保護処分」としての少年院送致という前提があり、被教育者の側に自発的契機がないケースは少なくないだろう。しかし、もう一方で、教育関係からの離脱が許されないような、濃密なまなざしが被教育者に注がれている。学校と違って、離脱・やりすごしが起きにくい[2]。

第三に、内面の変容を促すことは、一般に、他の教育目標の達成に比べて著しく困難である。知識の伝達、行動の変容、行動のための技能・スキルの習得などと比べてみればよくわかる。知識の蓄積とは異なって、被教育者の内面が変化する過程は、単純に累積的・直線的なものではない。行動の変容への働きかけとは異なって、内面を直接制御することはできず、また、内面の変化を直接観察・評価することも難しい[3]。

とはいうものの、内面のドラスティックな変容は、もしそれが生じた場合には、極めて大きな意味を持つし、矯正実務家が語る「少年が変わる」というリアリティは、確かに存在する。内観法やロール・レタリングなど（巻末・用語解説参照）、矯正教育において独自の技法がさまざまに案出され、洗練されてきたのは、内面への働きかけが持つ限界をできるだけ向こうに押しやろうとするもので、教育学者から見ると学ぶことが非常に多い(4)。

第四に、教育の過程では、教える側の意図とは無関係な、あるいは逆のことが伝わってしまうこともある。それは一般に、「隠れたカリキュラム」（hidden curriculum）と呼ばれている。たとえば、職業的自立への少年たちの意欲を喚起しようとして職業講話を聞かせたら、「オレには無理だな」と、かえって自信を喪失してしまうことがあるかもしれない。あるいは、薬物離脱教育が、ただ単に「薬物をやめることの難しさ」を当人に再確認させてしまうだけに終わってしまうかもしれない（もちろん、これらはあくまでも仮想事例である）。

そうであるとすると、一般の教育と同様に、矯正教育においても、「有効／無効」の二分法ではなく、被教育者の側の「離脱・やりすごし」や、「隠れたカリキュラム」が有する負の効果に注意を払いながら、「有益／無益／有害」の三分法で考える必要性があるだろう。

第五に、フォーマルな教育文化の効果を、インフォーマルな反教育文化が減殺する、そうした可能性にも考慮が払われないといけない。学校教育でも、矯正教育でも、およそ集団を教育単位に設定する側面を有する教育活動では、施設のフォーマルな規範やルールと共存するかたちで、インフォーマルな被教育者集団内の規範やルールが発達することがある。たとえば、「学級崩壊」は、「先生のいうことには従うべきだ」という学校的規範が弛緩し、「先生のいうことをきかないことが、自然で望ましい」という仲間文化が広がってしまった状態である。また、フォーマルな文化が施設内で完結するものであるのに対して、こうしたインフォーマルな文化は施設外ともつながっているため、教育者の側からの統制が非常に難しい（学校教育でいう「学校外の友人関係」、矯正教育でいう「施設外の非行的仲間関係」や「帰住先の環境」など）。矯正の世界ではほぼ常識化していることと思うが再度確認しておけば、教育意図が効果をあげない一つの要因は、こうした「ウラの文化」の存在なのである。

仲間集団のインフォーマルな文化を、教育者の意図を汲むようなものへと変化させるというやり方はある。日本の教師たちは、伝統的に、「学級づくり」「学級集団づくり」といった教育方法を洗練させてきた。それは、仲間集団のインフォーマルな文化の次元を、教育に活かそうとする技法であった。インフォーマルな文化が、教育する側の意図と重なるような状態になったときの教育効果は、極めて大きいからである。

最後に、教育の限界を考えるうえで、人権とのトレードオフ関係を挙げておきたい。つい忘れられがちだが、教育関係は、一種の権力的な関係である。教師―生徒の間は、立場が入れ替わることのない、非対称的な関係である。教育的な関係は、同時に、命令（指示）―服従（指示されたことの遂行）という秩序関係でもありうる。教育の名のもとで行われるべき行為の範囲を、人権との関係で常に限定づけておく必要がある。たとえば、教育目的の効率的実現を目指した対処は、ついつい介入を無限定に拡大してしまいがちになる。また、教育と秩序維持との境界は実践的には極めて不鮮明なことが多い。そうした、「行き過ぎ」に注意を払わないといけない、ということである。

「教育」は、個人が持つ完全な「市民的自由」を、ある部分で制約することによって成り立っている。「教育」と「人権」とは、ともに近代社会の産物である。しかし、両者は対立する要素をはらんでいるのである。特に、被教育者が施設内に収容される矯正教育においては、その性質上、上記のトレードオフ関係に伴う困難性が前景化しやすい（このことは、第四節で後述する「社会統制」と「社会化」のアンビバレンスとも関わってくる）。

三　少年院教育と学校教育

前節では、教育一般の限界と困難性を論じてきた。本節では、学校教育と矯正教育の違いという点から、少年院教育の特徴について教育学的に考えてみよう。一般の教育学とは距離をとって矯正教育独自の理念や技法・文化が洗練されてきた背景には、学校教育と少年院教育とのさまざまな性質上の違いが大きく作用してきたと思われるからである。

第一に、少年院は、教育的諸活動のスタートや進行がバラバラだという特徴がある。学校教育では、毎年四月に一斉に「クラス」のメンバーが決まり、最短一年間はそのメンバーが一緒に過ごすことになる。学校は、①メンバーの固定性・継続性、②同一のカリキュラム、を特徴とするのに対して、少年院は、①メンバーの流動性、②個別の処遇計画に基づいたカリキュラム、というふうになる。後者では、オーダーメイドの注意深い指導体制が求められることになる。

それゆえ、第二に、集団の形成・教育上の編成／組織化レベルでの違いがある。学校教育では、主に、学級（学習単位）を単位とした編成が重要で、教師は、一年間かけて学級のインフォーマルな文化を作り出し、発展させ、活用する、というところに力を注いでいる。「学級王国」という言い方で揶揄されることもあるけれども、生徒集団の自生的な教育力を教師が媒介となって組織する点に、学校教育の指導の特徴がある。学級内・生徒間で起こる事件は、力量のある教師の場合には、生徒集団の凝集性を強化したり、相互信頼を形成したりする契機として積極的に活用されたりもする。そうした場合、問題を掘り出して、克服していく過程こそが「教育」なのである。

それに対して、少年院の教育は、入れ替わりがあって集団のメンバーが固定しないぶん、職員と少年との関係が、教育的な活動の中心となっている。もちろん、寮生活や行事・諸活動などを通して、少年同士の集団的な関係も教育に活用されているとはいえ、施設内・生徒間で起こる事件は、ネガティブなもの（たとえば、「懲戒」）として処理されざるを得ない事情もある。少年間のダイナミズムの活用には、大きな困難性があるわけである。[5]

これを違った視点から見ると、学校の場合には、年度末で集団がリセットされるため、教師にしてみれば、ある年度の集団づくりで失敗しても、別の年度にチャレンジし直すことが可能だ、ということにもなる。しかし、集団をリセットする「切れ目」がない少年院の場合には、いったんインフォーマルな集団文化のレベルでの問題を抱えると、改善がなかなか容易ではなくなってしまうだろう。それゆえ、職員対少年の関係や、少年同士の関係についての、フォーマル／インフォーマルな組織文化を好ましいかたちで維持し、あるいは改善していく工夫が、特に求められることになる。

第三に、教育目標のレベルの違いが指摘できる。「教科」の時間を中心にし、知識伝達が重視される学校と、人格的な変容を中心的に期待される少年院との違いである。もちろんこれは程度問題であり、学校教育においても、価値の伝達や人格の形成をターゲットにした活動は少なくない。ただ、学校教育におけるそれが、基本的には、各生徒の来歴や性格上の問題などに踏みこみにくいのに対して、少年院の教育では、各少年がそれぞれの個人史・生活史と向かい合うこと、自分の性格や人生観を含めた「生き方」のレベルで問い直しを求められる点に、大きな特徴がある。

こう考えてくると、学校教育が自明の対象として前提とされることが多い教育学の知見のある部分は、そのままでは少年院の教育に示唆を与えることはできないだろうと思われる。カリキュラムや集団編成のレベルでも、教育目標やそれに沿った方法論のレベルでも、少年院は学校教育とは大きく異なる、ユニークな特徴を持っているのである。

矯正教育が、特殊教育学や教育方法学のある分野を除き、教育学全般とのかかわりがこれまで薄かった背景の一つには、こうした学校と少年院の違いがあるだろう。少年院の教育では、教育学の知見があれこれ活用されるよりも、むしろ、現場の実践家を中心に独自の処遇技法が案出されたり、心理学・精神医学・社会福祉学・刑罰学等のさまざまな領域で用いられる多様なテクノロジーが導入されてきた。それは、教育学者の目から見ると、テクノロジーの多様性と非体系性が際だつのだが、同時に、実践知ベースでプラグマティックに組み立てられた系統知のようにも見える。おそらくそこには実践知ゆえの種々の「有効性」があり、矯正実務家もそこに「手ごたえ」や「自信」を感じているはずだ。教育学者のほうが、矯正教育の実践や技法から真摯に学んでいかねばならない部分がある。

とはいえ、教育学にも、もっと貢献できることがあるはずである。学校という場の前提にしばられない知見やアイデア、あるいは、人格の変容を目標に据えたり、自分を見つめ生き方を考えさせたりするような教育のあり方についての知見やアイデアは、教育思想や教育理論のレベルでも、教育実践の手法のレベルでも、教育学の中において、いろいろと蓄積されてきている。また、即時的に矯正教育実践に寄与するわけではないが、様々な方法論に依拠した科学的調査やテスト・実験技法は日進月歩の発展を遂げており、そうした知の蓄積を生かして矯正教育の実態と機能を明確にすることは、長期的に見て矯正教育実践において今まで見えていなかった（ゆえに世間に誤解をされることもある）側面を明らかにする（「開かれた矯正」に向けた社会的な説明責任を果たす）という効果を持つだろう。いずれにせよ、将来的にはもっと相互の交流が必要であると思われる。

ただ、われわれが現在の少年院教育に関して気になるのは、実際に内部で行われている教育それ自体よりも、むしろ、それをとりまく世論や社会のまなざしのほうにある。次節では、その点について論じておこう。

四　現代の非行少年観の変化と少年院処遇

現代の少年院処遇について語るとき、現代の非行少年観をめぐる動向に配慮しないのは極めて危険である。なぜなら、われわれ矯正教育の外部にいる人間は、いわゆる「世間でいわれる非行少年のイメージ」を根拠として彼／彼女たちに対する処遇のあり方を提案・期待しがちであり、もしかりにそのイメージが現実に矯正処遇の現場に現れる少年たちの姿とは異なるものである場合（もしくはごく一部のイメージを過度に一般化したものである場合）、そこでの提案・期待は的を逸したものとなる可能性が高いからだ。

従来より、矯正教育、少年院処遇が有する社会的機能は、「社会統制」（主に保安・隔離的側面）と「社会化」（主に（少年の）改善・更生的側面）の二つの側面から理解されてきた（松本、一九七四）。いうまでもなく、この二つの機能は教育全般に関しても当てはまることであるが、[6]特に少年院処遇においては、時としてこの二つの機能を充足しようとする営みが相互にアンビバレントな関係に置かれてしまうことがある（松本、一九七四、一二五頁）。つまり、「隔離か、更生か」「保安か、教育か」といった、行刑も含めていまだに耳にすることの多い、あのアンビバレンスである。矯正教育の困難性は、まさに時として矛盾すらはらむこの二つの機能をともに充足しようとする点、二つの機能をともに充足することを社会から強く期待されている点、に存するだろう。

われわれの見るところ、社会の側からの少年院処遇に対する上記二つの機能期待は、近年において双方ともにやや〝いびつ〟なかたちで急激に高まっているように思われる。なぜ〝いびつ〟だと感じるかといえば、そこでの機能期待の上昇が、問題のあるかたちで、特定のタイプの非行少年観を土台とした、矯正教育の「機能不全感」へと直結してしまっているように思われるからだ。

例を挙げて考えてみよう。近年、政策レベル・メディアレベル双方で話題になることの多い少年院出院者による再犯事件が報道されると、決まって「識者」からの次のような声が聞かれないだろうか。「市民は不安でたまりません。少年院は非行少年をしっかりと収容しておくべきです」。また、その隣に座る別の「識者」はこう言うかもしれない。「出院してもすぐ再犯するなんて、少年院できちんと更生がなされていなかったのではないでしょうか」――。前者の反応は、保安・隔離というかたちの「社会統制」機能の不全感に、後者の反応は、更生・改善というかたちの「社会化」機能の不全感に、それぞれ対応している。

もちろん、こうした機能不全感それ自体は（矯正教育の効果を再犯の有無に還元してしまっているという短絡はあるものの）ことさら不自然なものではないし、こうした意見をきっかけにして矯正教育に関する社会的議論が起こるとすれば、それはむしろよいことである可能性もある。しかしながら、問題なのは、ここでの機能不全感の高まりが議論の深化にはつながらず、むしろ少年非行・少年犯罪に対する歪んだイメージに基づき、間違った処方箋に結びついていきがちな点である。

そのようなイメージの代表例が、「凶悪化」「低年齢化」といった少年非行・少年犯罪をめぐる諸言説と、それらとセットで表明される犯罪・非行現象および犯罪少年・非行少年たちに対する不安と不信であろう。ここで重要なのは、浜井浩一と芹沢一也が述べるように、こうした悪魔化・怪物化された少年非行・少年犯罪観が特にその実態を反省されることなく、「厳罰化」や「(治安的な観点からの)道徳教育の強化」といった少年非行・少年犯罪対策全般に対して求められる処方箋の根拠となり、そうした処方箋が政策化されることでそのイメージの正統性がさらに高められてしまう、というループが存在していることだ(浜井・芹沢、二〇〇六)。土井隆義は、社会内において上記のような処方箋が要請される背景に、「(社会の)被害者としての非行少年から、純粋な加害者(一人前の人格体現者)としての非行少年へ」と人々の中での非行少年イメージが変容したことを見てとっている(土井、二〇〇三)が、上記の少年院処遇に対する機能不全感は多くの場合、こうした現代の非行少年観のもとで、悪魔・怪物たる非行少年・犯罪少年を「不当にかくまっている」かのように見える少年司法(そしてその一プロセスでもある少年院処遇)への情緒的反発に根ざしている。「厳罰化」によってより多くの少年をより長期にわたって少年院に隔離・収容すること、「(保守的な観点からの)道徳教育の強化」によって少年の危険性・問題性を取り除くこと、そうした二つのあまりにシンプルな処方箋と、先に例として挙げた「識者」たちの表明する機能不全感とは、上に示したような現代の非行少年観を根拠として共有しつつ、循環的な相互補強関係にあるのだ。

しかしながら、こうした機能不全感は、その背景となる非行少年観が実際の非行少年像を正確に反映したものであるかどうかが極めて疑問である点、及び、少年院処遇に対する「批判」としてはその実態に対する「軽視」または「無理解」をはらんでいる点、の二点において深刻な欠陥を有しているように思われる。

まず前者の問題点を検討してみよう。少年非行・少年犯罪の「増加」「凶悪化」「低年齢化」といった前述したイメージを支える諸言説に対して、統計的な観点から見るとそれが実は極めて根拠の薄いものであることは、すでにさまざまな論者によって検証されている（広田、二〇〇一、浜井、二〇〇四、河合、二〇〇四などを参照）。凶悪犯罪に分類されるものも、より深く分析すればその実態は「凶悪化」というよりむしろ「稚拙化」と呼ぶべきではないか、との議論もある（土井、二〇〇三、河合、二〇〇四などを参照）。こうした実証にそれ相応の妥当性があるとすれば、また、こうした実証的議論に対して説得的な反論が提出されていないことを考えれば、治安悪化や少年の悪魔化などのイメージは実証的な根拠に乏しいと考えられよう。また、それらが「神話」にすぎない（浜井・芹沢、二〇〇六）とすれば、少年たちに対する不安と不信をベースとした安全性（セキュリティ）の希求（「厳罰化」と「（治安的な観点からの）道徳教育の強化」）は、冷静さを欠いた議論である、ということができる。

では、後者の問題点に関してはどうだろうか。先にわれわれは、少年院処遇に対する機能不全感が、必ずしも矯正教育をめぐる社会的議論につながらない、ということを述べた。その大きな理由としては、そもそも件の機能不全感は、少年院処遇の具体的状況とはかかわりがないところで成立してしまう議論である、という点が指摘できよう。つまり、少年院処遇の機能不全を指摘する発話は、実のところ少年の悪魔性・怪物性（というイメージ）に対するいらだちやおののきを表明し、カタルシスを得ることそれ自体を目的としている面がある、ということだ。そうした発話において、少年院の実態やそこに収容されている少年たちの本当の姿は、実のところどうでもいい。むしろ、少年たちの優しく人間的な一面や、罪と向き合いながら真剣に改善更生に取り組む一面などが見えてしまってはまずい、とすらいえる。近年、矯正当局側の公開性への関心の高まりもあり、徐々にメディアレベルでも少年院の実情が報道されるようになってきたが、まだまだ「怖いもの見たさ」「残虐な少年たちのその後」といったタイプのものも少なくない。視聴者は少年の悪魔性や怪物性を少年院報道に期待する向きが強いのだ。当然のことながら、そうした歪んだ非行少年像に基づく処方箋の要求や改革プランは、教育効果の上では無益、または有害な短絡をはらんでいる。

むしろ、われわれは、これまでの少年院処遇の具体的取り組みに含まれる、「社会化」「社会統制」の様式こそがもっと評価されるべきだと考える。社会内にあまり知られていないのが残念だが、少年院処遇の具体的取り組み・実態に関する研究は、おもに矯正実務家、内部の研究者、矯正ＯＢ等の手によって膨大な量の蓄積がある。もちろん、われわれとてそのすべてを知るわけではないし、ここで詳しく言及することもできないが、そうした知の蓄積の中からは、前述した社会からの二つの機能期待（「社会統制」と「社会化」）に対して、特定の少年イメージを前提することなく、さまざまな物的・人的な制約の中で時代を通して必死に応えようとしてきた少年院処遇の姿をうかがい知ることができる。いわば、少年院処遇は、現代の歪んだ非行少年観を土台とした議論が求めるような「社会化」「社会統制」とは別のかたちの「社会化」「社会統制」を、着実に担ってきているのではないだろうか。

狭義の教育的な営みに限定しても、少年矯正は一貫して社会復帰の概念を重要なものとしてきたし、近年における「キャリア教育」の積極的な導入や職業訓練・就業支援の充実、被害者の視点を取り入れた教育の拡充や保護者との関係のあり方の改善など、さまざまなかたちで興味深い実践・提案がなされつつある。いうまでもなく、前節で述べたような少年院の特殊性のもとでの独自の教育テクノロジー（処遇技法）やカリキュラムの開発と実践、といった側面も見逃せない（「社会化」への取り組み）。

また、浜井浩一が刑事施設に関して述べているように、矯正施設は社会から排除された層の最後のセイフティネットとして機能している側面がある（浜井、二〇〇六）。こうした状況は、ある意味で絶対に入所を断らない／断れない矯正施設に対して、社会の側から「押しつけられた」ものであるけれども、少なからず「社会統制」の機能を果たすものでもあるだろう。少年院に関しても、たとえば外国人少年や虞犯女子少年、発達障害、「コミュニケーションが苦手」な少年にいたるまで、これと同様の機能を担っている可能性は高いと考えられる（「社会統制」への取り組み）。

このように、少年院処遇は、現代の歪んだ非行少年観を土台とした議論が性急に求める「社会化」「社会統制」とは別のかたちの、すぐれて実際的で重要な「社会化」「社会統制」の機能を果たしてきているといえるのではないだろうか。少年院において、何が、どのような背景のもとで、どのようなかたちで行われてきたのか／こなかったのかをきちんと吟味することもなく、さも少年院処遇が深刻な機能不全に陥っているかのように主張することには問題があるばかりか、これまでの少年院処遇のこうした長所を踏みにじってしまうことにもなりかねない。

こうした事態を踏まえると、現状は、少年院処遇の事実としての機能不全状態が生じているというよりは、われわれが犯罪・非行現象および犯罪・非行少年を見るまなざしが変化し、特定のタイプの非行少年観と安全性（セキュリティ）を求めるようになったがゆえに、そこでの不信や不安を「厳罰化」や「（治安的な観点からの）道徳教育の強化」へと投影させながら、少年院処遇の機能不全感として現象させている事態、と見るのが妥当ではないだろうか。いうまでもなく、セキュリティの希求それ自体は、良いとも悪いともいえないし、矯正教育自体がその保障と深くかかわっていることは否定できない。しかしながら、犯罪少年・非行少年に対する不信や不安に基づくセキュリティのみをベースとして、少年院処遇の機能不全を指摘するのであれば、それは少年院処遇の他の機能や取り組みを問題あるかたちで排除／価値下げするものであるといわなければならないだろう。

五　少年院処遇に期待するもの

第三節で述べたように、今日に至るまで矯正教育に関する考察は、主に矯正内部の実務家諸氏によって担われ、外部の研究者は文字通りの意味での「門外漢」であり続けてきた。当然われわれもそうした「門外漢」に属する者たちである。その意味では本章も矯正教育に関する問題の所在の一端を記すものであって、包括的議論や何らかの答えを提示することはできない。(7) 以上の注意を喚起した上で、最後にこれまでの議論をもとに、教育学の立場から少年院処遇に対して表明したい期待が、どのあたりにあるのかについて考えてみたい。

まず、再度強調しておいてよいのは、第二節で見たように、少年院においては独特の歴史と背景の中で、教育的取り組みに対する独自の工夫が、さまざまなかたちで積み上げられてきたことである。そうした取り組みは、学校教育とはずいぶん見かけが異なるけれども、いろいろな側面で、確かにプラグマティックな有効性を有しているように思われる。そして、それは第一節で述べた、教育が原理的に抱える限界と困難性を（これもまた学校教育とは異なるかたちで）なるべく遠くに押しやろうとする誠実な努力の蓄積と成果でもあるだろう。

第四節では、現在の少年院処遇が、そうした独特の教育的営為などを通して、固有の仕方で「社会化」「社会統制」の二つの社会的機能を着実に果たしてきていると考えられるのではないか、と述べた。そしてそれと同時に、現代の少年院処遇が、社会からの歪んだまなざしや要求にさらされる中で、残念ながらなかなか正当に評価されていない現状があることを、背景としての現代における非行少年観の変容を導きに検討してきた。こうした状況は、少年非行・少年犯罪の実態への誤解と、少年院処遇の実態に対する無理解や軽視とを伴っており、いうまでもなく正確な情報の公開と積極的普及が望まれる。しかし、その際に気になるのが、現代社会においては多くの人々が、少年たちの「悪魔性」「怪物性」を欲望している（そういうイメージを好んでいる）、という点である。社会の少なくない人が少年たちの更生を必ずしも望んでいないのだ。そうだとすれば、かりに情報公開が進んだとしても、いや、進めば進むほど、少年院処遇によって達成される成果や少年院が持つ教育的風土に対して社会的反発が生じる、といった事態が生じないとも限らない。

つまり、次のような事態である。非行少年を立ち直らせることに失敗したら、「少年院はきちんと教育して贖罪させろ！」と非難される。しかし、逆に少年を立ち直らせることに成功したら、「加害者を社会的に抹殺もせずに、ぬけぬけと社会に舞い戻らせて……」と非難される。

まさに少年院処遇にとっては〝逆風の時代〟である。ある意味で理不尽な視線が、少年院に向けて浴びせられているのである。しかし――繰り返しになるが――われわれとしては、少年院が実践する処遇は社会にとって重要な機能を果たしてきているし、これからも果たすべきだ、と考えている。むしろ少年院処遇にとっての課題は、逆風の中でも、自らが有する役割とそのメリットを、いかに社会へと根気強く丁寧に伝達し、少年院処遇に対する理解を深めていくことができるか、といった点に存しているのではないだろうか。

こうした課題の達成は極めて困難なものであるが、不可能ではないし、関係諸氏にはそのための努力の継続を強く期待したいところである。第一に、世論が反発しやすい状況下での情報公開の仕方に気を配ることが重要である。そのためには、第一節で述べたような、教育にできることとできないことを明示し、少年院処遇が教育を犯罪・非行の特効薬のように考える「教育万能主義」に陥ってはいないことをきちんと伝えていくことが求められるだろう。教育の原理的困難性の中で処遇を行うのであれば、効果だけではなく、その限界までもアカウンタビリティのうちに含める必要がある。

そして第二に、少年院処遇が、今の世論が求める機能（「厳罰化」と「（治安的な観点からの）道徳教育の強化」）とは別の社会的機能を、着実に果たしてきていることを、実証的なデータをもとに、より丁寧に解明し、それを社会に向けて表明していくことも求められよう。第三節で述べたような、旧来から少年院処遇において独自に精緻化されてきた種々の教育テクノロジーや、近年においてさまざまなかたちで模索されている職業教育やキャリア教育の取り組みなどは、残念ながら十分に社会内に紹介されているとはいえず、その社会的機能（「社会化」機能）も明らかではない。それに加え、社会内で居場所を失った少年たちのセイフティネットとしての少年院の機能を明るみに出すことは、現代における社会的排除の実態を矯正施設の側から告発していく意義をも担うだろう。少年院が果たすべき社会的機能（「社会統制」機能）を社会全体で考慮し、議論していくことは、ほぼ必然的に弱者に対する社会保障《ソーシャル・セキュリティ》の現状を問いに付さざるを得ず、それは、現代において求められている犯罪・非行に対する不信や不安に基づくセキュリティとはまた別の、トータルなソーシャル・セキュリティの新ビジョン構築に向けた課題を開くに違いない(8)。

本章でわれわれは、教育学の立場から、少年院処遇の持つ意義を安易に否定したり、価値下げしたりすることの危険性をたびたび指摘してきた。こうした事柄は、多くの少年矯正関係者に暗黙のうちに自覚されていることでもあろうし、それゆえに、情報公開に向けた数々の取り組みがすでに実践されつつあることと思われる。最後に述べておきたいのは、こうした努力に理解を示し、逆風の中をともに進もうとする「門外漢」はきっと少なくない、ということである。そうした「門外漢」とのネットワークを構築しながら、よりいっそうの処遇体制の拡充、教育実践の展開を図っていただくよう、強く願わずにはいられない。

注

(1) 本章は、特に矯正実務家に向けて、教育学の立場から少年院処遇に期待するもの／期待できるものがどのあたりにあるのかについての検討を行っている。そのため、主たる関心は、少年矯正が置かれた状況をまずは共感的に受けとめたうえで、社会科学的に教育をまなざす立場から矯正教育に対してどのような期待表明ができるか、という点に置かれる。論文の各所で矯正実務家に語りかけるような記述が見られるのは、こうした背景による。

(2) 逆にこのことは、少年院において少年たちの間での「ウラの文化」(後述) が非常に複雑なかたちで発達する、ということに対するドライブとしても機能する。

(3) 筆者の一人は、このことを、ある意味で非常に濃密なかたちでの道徳教育 (皇国教育) が志向されていた戦前期の陸軍士官学校、陸軍幼年学校を舞台に論じたことがある (広田、一九九七)。

(4) 教育人間学の立場から、少年のコミュニケーション状況を作りなおすことを矯正教育の役割と捉え、少年院処遇実践の中にそうした「臨床知」を見ようとする田中智志の議論 (田中、二〇〇一) 等を参照。

(5) しかしながら、注意深く断っておきたいのが、このことは少年間のダイナミズムの活用が矯正教育において「不可能」であることをまったく意味しない、ということである。確かに、矯正教育では少年間の「事件」や「規律違反」に対して、厳格な懲戒が科せられるし、少年間の相互作用が時として「なれあい」関係に転じてしまうリスクが存在する。だが、他方で「あの懲戒事件をきっかけに寮にまとまりが生まれた」とか、少年間の相互作用が「教えあい」関係として有効に機能した、という事例も少なくないだろう。少年矯正職員は、困難性の中でも、少年間のダイナミズムをいかによい方向に水路づけていくか、といった課題を引き受けられるし、実際引き受けているのである。

（6）論者によって差異があるものの、教育の機能としての「社会化」は、主に子どもに対する社会的価値・規範・知識の伝達に、「社会統制」は、主に業績に応じた人材の選抜と配分に、それぞれひきつけられて理解されてきた。ただし、いうまでもなく両者の機能は経験レベルで厳密に区別されるものではない。子どもへの価値規範の伝達は、それ自体が社会統制の機能をも有している。

（7）矯正関連機関の尽力によって矯正が「開かれ」つつある今、むしろ外部の研究者による活発な議論と矯正界との交流の促進によってもたらされるであろう「包括的議論」や「何らかの答え」は、今後の世代に託された課題だといえる。

（8）紙幅の都合上、ここでわれわれのいう「ソーシャル・セキュリティ（社会保障）」の具体的内実に関して詳述することはできない。不信と不安をベースにしたセキュリティとソーシャルなセキュリティの区別については、市野川・村上（二〇〇三）や市野川（一九九六）を、また、被排除少年に関わる「社会的（ソーシャル）」なセキュリティのグランドデザインに関しては、本田・平井（二〇〇七）の平井執筆部分を参照されたい。

とはいっても、われわれの議論は、「現実の少年院が果たしている機能を実証的に解明し、それを社会に向けて発信すれば、そうしたアカウントが即時的／自動的に社会内の包摂／排除をめぐる問題への有益な示唆を提供する」といったかたちで、経験的研究と社会問題に対する提言との間の予定調和的接続を示唆するものとして理解されてはならない。そこで、われわれの考え方について、ここでもう少し敷衍しておくことにしよう。

ジョック・ヤングは、社会的排除とそれへの対処策に関して、現在三つの基本的考え方があると述べている（Young, 2007：邦訳、一九八―一九九頁）。一つ目は、社会的排除の原因を個人の動機の欠如や貧困の文化に求め、排除を個人の自己責任として非難を加えるものである。こうした非難と悪魔化は、ヤングが別のところで述べている「懲罰的あるいは排除的な政策を重視」する「保守的な他者化」に重なり合う（Young, 2007：邦訳、一八―二一頁）。二つ目は、社会的排除の原因を人々の役割喪失や能力開発機会からの疎外に求めるものであり、教育や職業訓練を通した能力開発に親和的である。こちらのほうは、ヤングの区別に従えば、「教育と社会復帰という包摂的施策を重視」する「リベラルな他者化」ということになろう（Young, 2007：邦訳、一八―二一頁）。三つ目は、社会的排除は個人ではなく、社会（構造）の問題性（労働市場や社会内の不平等など）に由来するものであり、主体への介入ではなく、構造への介入こそが必要だとするものである（ここでは便宜的に「構造の変革」と呼ぼう）。このヤングの議論は、われわれがここで論じてきた逸脱への現代的統制を理解するうえでも示唆に富む。

ただし、これら三つのカテゴリをヒントに考察を進めるにあたっては、われわれはまず基礎的なレベルで以下の二つの事実を確認しておく必要があると思われる。

第一に、上記三つのカテゴリは、個々において内部の多様性、いいかえればグラデーションを包含する、ということである。「リベラルな他者化」についていえば、全面的な規範の書き換えを包摂の要件とする福祉国家的規律・訓練もあれば、同じ教育訓練でも専門技術に特化した職業訓練や社会的スキル訓練、コミュニケーションスキル訓練等に至るまで、社会に包摂されるうえで期待される個人的能力にもさまざまなものがある。さらに、「構造の変革」にしても、デマンドサイドの雇用創出、最低賃金の引き上げ等によって社会内の不平等を是正しようとする包摂策や、居場所づくりやナラティヴ・コミュニティの生成に向けた承認ベースの介入策、さらには住宅や貨幣の給付を通した所得再分配それ自体を志向する福祉政策まで、多様性を有している。

第二に、上記三つのカテゴリ相互の関係を相互排他的ととらえてはならない、という点である。ニコラス・ローズが述べるように、他者化戦略や包摂戦略は渾然一体化しつつ後期近代の「（包摂／）排除」構造を形成している（Rose, 1999, 2000、平井、二〇一〇）。ローズは、現代的排除はある種「サーキット」のような相互連関性を有していると理解しつつ、そこでは「再包摂可能な者」に対する教育訓練（ヤングの言葉でいえば「リベラルな他者化」）が、そこからこぼれ落ちた者（教育を受けても期待されるような達成を遂げることができなかった者、および、教育訓練を拒否した者、等）を選別・排除する正当化装置と化し、結果としてそうした者たちへの剥き出しの排除（ヤングの言葉でいえば「保守的な他者化」）を生み出していると論じている（Rose, 1999）。「リベラルな他者化」によって「保守的な他者化」が慰撫・沈静されるどころか、正当化・再生産されるのが現実なのである。ローズが指摘したのが二つの他者化戦略内部の相互連関だったとすれば、他者化戦略と「構造の変革」が共存・共振することもありうる。しかもそこでは、ワークフェアのように、リベラルな他者化（教育訓練）が「構造の変革」（福祉給付）の強い条件となるようなものから、参加所得構想や負の所得税のような形態をはさんで、参加や就労を第一条件とせず、積極的労働市場政策なども包含するようなアクティベーションに至るまで、かなりの程度の幅が存在しよう。

「社会的」排除／包摂をめぐるこうした現況から確認されるのは、第一に、現実の政策群は極めて複雑かつ多様なかたちで相互連関しており、上記三つのカテゴリも、組み合わせ方や分節の仕方次第で相互対立的にも、相互親和的になりうる、ということ、第二に、それゆえに、「社会的」包摂／排除を語る言説群は、（刑事政策の枠を超えた）トータルな「社会」構想を土台としながら、注意深く政策構想を練っていく必要があるということ、そして第三に、そこでの「社会」構想は不可避的に、「そこに「社会的なもの」はあるのか？」ではなく、「いかなる「社会的なもの」なのか？」ということをめぐる規範的な問いに取り組む作業となる、ということである（平井、二〇〇八）。本文においてわれわれは、少年院の学術的・実証的な調査研究が社会に対して有する意義を強調してきた。しかし、（少年院の「社会統制」機能をめぐる調査活動に関しては特に）調査知見から導かれる（社会内の）社会的排除への批判は、「それではどのような「社会」へと少年を包摂するのか？」という規範的課題への取り組みと同時に行われなければならない。強調しておきたいのは、少年院の実態調査研究は、即時的／自動的に「現代において求められている犯罪・非行に対する不信や不安に基づくセキュリティとはまた別の、トータルなソーシャル・セキュリティの新ビジョン構築」を可能にするわけではなく、それに向けた避けられえぬ「課題を開く」のだということ、そしてその課題は規範的なものとして実態調査研究と同時に探求されなければならない、ということである。

文献

市野川容孝、一九九六、「安全性の政治」大澤真幸編『社会学のすすめ』筑摩書房

市野川容孝・村上陽一郎、二〇〇三、「思想としての安全学――『安全性』とは何か」村上陽一郎『安全学の現在――対談集』青土社

柄谷行人、一九八六、『探究Ⅰ』講談社

河合幹雄、二〇〇四、『安全神話崩壊のパラドックス――治安の法社会学』岩波書店

田中智志、二〇〇一、「矯正教育における少年の形象――償いの臨床知」藤田英典ほか編『教育学年報』第八号

土井隆義、二〇〇三、『非行少年の消滅――個性神話と少年犯罪』信山社

浜井浩一、二〇〇四、「日本の治安悪化神話はいかに作られたか――治安悪化の実態と背景要因（モラルパニックを超えて）」『犯罪社会学研究』第二九号

浜井浩一編著、二〇〇六、『刑務所の風景――社会を見つめる刑務所モノグラフ』日本評論社

浜井浩一・芹沢一也、二〇〇六、『犯罪不安社会――誰もが「不審者」？』光文社

平井秀幸、二〇〇八、「（私にとっての）薬物使用の社会学――『社会（的なもの）とは何か』と／から、『いかなる社会（的なもの）なのか』へ」日本犯罪社会学会第三五回大会報告原稿

平井秀幸、二〇一〇、「理論刑罰学における近年の諸動向」『犯罪社会学研究』第三五号

広田照幸、一九九七、『陸軍将校の教育社会史――立身出世と天皇制』世織書房

広田照幸、二〇〇一、「〈青少年の凶悪化〉言説の再検討」藤田英典ほか編『教育学年報』第八号

広田照幸、二〇〇三、『教育には何ができないか――教育神話の解体と再生の試み』春秋社

広田照幸、二〇〇五、『教育不信と教育依存の時代』紀伊國屋書店

本田由紀・平井秀幸、二〇〇七、「若者に見る現実／若者が見る現実」本田由紀編『若者の労働と生活世界――彼らはどんな現実を生きているか』大月書店

松本良夫、一九七四、「矯正教育について」『東京学芸大学紀要　第一部門』第二五集

Rose, N., 1999, *Powers of Freedom : Reframing Political Thought*, Cambridge University Press

Rose, N., 2000, "Government and Control," *The British Journal of Criminology*, vol. 40

Young, J., 2007, *The Vertigo of Late Modernity*, Sage（『後期近代の眩暈――排除から過剰包摂へ』木下ちがや・中村好孝・丸山真央訳、青土社、二〇〇八年）

第II部　少年院教育の構造

第４章　少年院における矯正教育の構造

伊藤茂樹

一　はじめに

一九九〇年代後半以降、少年非行への社会的危機感がかつてなく高まるなか、非行少年への矯正や刑罰のあり方についての関心も高まっている。しかしこの危機感と関心は、特異な重大事件や凶悪事件に大きく左右されるあまり、必ずしも実態の理解に基づいているとは言えない面がある。そこでは、厳罰化や社会からの「隔離」を声高に叫ぶ傾向が支配的で、少年矯正の実態についても、理解不足や誤解に基づく言説が少なくない。しかしこのことは、矯正教育の実態や効果について、少年矯正の側が社会に対して積極的に発言してこなかったことによる部分もあろう。

日本の少年矯正は、矯正内部による自己評価のみならず、外部からも比較的高く評価されてきた（例えば、近畿弁護士会連合会少年問題対策委員会編、一九九九）。これは再入率の低さによって根拠づけられることもあるが、近年の少年院出院者の再入率の約二五％という数値（二〇〇二年度に出院した者のうち、五年以内に少年院に再入院した者の割合は一六・二％、刑務所に入所した者は九・五％）は、それのみではいかようにも評価しうるものであり、上述の厳罰化を求める文脈では「四分の一もの非行少年が再び罪を犯している」とも言われる。つまり、この数値がどのように生まれたものであるのか、何の結果であるのかを示さない限り、意図によって高いとも低いとも意味づけうる、単なる数字に過ぎない。

少年院における矯正教育はどのように行われており、どのような効果を示し、またどこに不足や困難や限界があるのだろうか。これを教育学や社会学の観点から検証する試みは、従来ほとんど行われてこなかった。少年を国家権力によって拘禁する施設である少年院に、外部の研究者が入って調査研究を行うのが容易でないのは当然であるが、こうした研究や検証の不在が、上述の理解不足や誤解を招いたという面も否定できず、今やその必要性は高まっている。

われわれは法務省矯正局の協力を得て、ある女子少年院においてフィールドワークを行ってきた。フィールドワークという手法は、明示的なカリキュラムやプログラムに基づいて行われる矯正のための働きかけのみならず、少年院という場に様々な形で存在するであろう目に見えにくい働きかけや、そこで結果的に果たされる矯正効果にも光を当て、多角的に検討するのに適した方法、不可欠な方法と言うことができる。少年と教官らが二四時間の共同生活、集団生活を行う少年院においては、こうした「生活」による効果、潜在的な効果の持つ意味がとりわけ大きくなると考えられるからである。

また、女子の非行少年と彼女らへの矯正教育は、男子のそれ以上に光が当てられず、周縁的に扱われてきた観が否めない。男子に比べて数が少ないためやむを得ない面はあるが、男子との間には質的な差異も少なからず見られ、男子の非行少年や男子の施設のみを見て非行少年や少年矯正全般を語るのでは片手落ちである。女子非行少年と、彼女らに矯正教育を行う女子少年院の特質も、フィールドワークによって初めて明らかにすることができるはずである。

少年院をはじめとする少年矯正施設における矯正教育についての研究は、限られた文脈で行われてきた。限られた文脈とは、ほとんどが矯正教育に携わる当事者によるものであることと、その方法や性質が非常に限られていることを意味する。

二　先行研究

前者に関しては、先にも述べたように、外部の研究者が施設に入って研究を行うことの困難が理由として挙げられる。「開かれた少年院」の必要性が叫ばれるようになった今日でも、見学などの限定的な機会を除いて、外部の人間が一定期間以上施設の内部に入り、調査や研究を行える機会は稀である。この事実に対して、矯正が「閉じられている」として施設や当局を批判することも可能ではあろうが、部外者が入ることで、被収容者の人権の侵害につながったり、処遇の効果を阻害する可能性があることを考えれば、門戸を閉ざすのも故なきこととは言えないだろう。拘禁されるという経験はきわめて特殊なものであり、それだけで様々なストレスや精神的な不安定をもたらす。そこに見知らぬ部外者が訪れて観察や調査を行うのは、被収容者にとっても、彼らと向き合っている職員らにとっても、それ自体としては「迷惑な」ことであるという事実を忘れるべきではなかろう。

そこで、従来の調査研究の多くは、当事者である法務省関係者によって行われてきたわけであるが、これらの調査研究にはある種の偏りや不足があるように見受けられる。それはまず、当事者が行うがゆえに、矯正の実践や政策に対して短期的に資することを志向したものが大部分を占めるということである。このこと自体はやむを得ない面があろうが、第三者的な視点からの調査研究、特に基礎研究と呼ぶべきものが不足してきたことは否めない。

同時に、社会学、教育学の視点から行われた調査研究が極めて少ないことも指摘できる。「矯正社会学」と「矯正教育学」は矯正研修所における講義科目に含まれており、テキストも編纂されているが、これらは概して、「親学問」たる社会学、教育学の既存の理論を矯正教育の現場に当てはめて概括的に論じている観が強い[1]。言い換えれば、社会学や教育学の理論的枠組みに基づいて実証的な調査研究を設計して行い、そこで得られた知見を実践にフィードバックし、さらにそれをもとに調査を行う、といった形にはなっておらず、極めて応用的な性格が強いように思われる。したがって、そこでの理論は、矯正教育の現場での経験的な検証を経ていない一方、現場や実践から立ち上がってくる知[2]は、理論的に体系化されているとは言い難い。

また、調査研究の多くが心理学の枠組みをベースとして行われている観も強い。これは、被収容者である非行少年の行動や意識を明らかにするにあたっても、矯正教育の技法を考案し、実践していくにあたってもそうである。このことも、即時的な効用を考えればやむを得ない面はあろうが、少年は社会構造の中で非行少年となって少年院に入ってきていることや、少年院での働きかけは、一義的には心理臨床ではなく教育であることを考えれば、不十分と言わざるを得ない。

こうした事情から、我々が行おうとしているような研究のモデルとなるものは極めて少ない。その中で、日本の少年院におけるエスノグラフィーとしては、ほぼ唯一これを行ってきた緑川（二〇〇五）が挙げられる。英語圏では例えばGiallombardo（1974）、Polsky（1962）といったものがあるほか、実験的な集団処遇の報告であるマッコークルほか（一九五九）は施設の全体像を描いており、エスノグラフィーにも近いが、これらは数少ない例外である。一方、教育社会学の視点から矯正教育について理論的に考察したものとして松本（一九七四）があるほか、法務教官として非行少年の発達障害に着目したことでも知られる向井（二〇〇三）は、社会学的な観点から少年院の処遇や組織を考察している。また、実務的な観点からではあるが、近畿弁護士会連合会少年問題対策委員会編（一九九九）は、部外者である弁護士らによる広範囲の調査報告として貴重である。

少年院の中でもとりわけ光が当てられることの少ない女子少年院については、当事者による包括的な記録として貴重な中森・名執編（二〇〇八）をはじめ、部外者による記録として、先駆的な業績である佐藤ほか（一九八四）、単独の女子少年院のドキュメンタリーとしてほぼ唯一である藤崎（一九八五）、元法務教官による魚住（二〇〇三）、発達障害など、より現代的な課題に焦点を当てた品川（二〇〇五）、吉永（二〇〇七）などがあり、様々な示唆を得ることはできるが、いずれも社会学や教育学に依拠してその全体像を明らかにしようとしたものとは言えない。また浜井（二〇〇六）は、フィールドは成人対象の刑務所であるが、モノグラフと謳っている通り、矯正施設の全体像を描きつつ、そこが現在抱えている問題について多角的に記述、分析を試みている。

われわれは矯正教育の現場で行われている実践に対して、教官や少年という当事者の論理や意味づけに可能な限り近づき、それに対して共感的な理解を試みて記述、解釈する一方で、それを異化し、批判的な検討を行わなければならない。そして、その際に依拠するのが社会学、教育学的なフレームワークである。

三　方　法

われわれは二〇〇五年以来研究グループを組織し、法務省矯正局の協力を得て、いくつかの少年院と刑務所において調査研究を行ってきた。P女子少年院におけるフィールドワークは、その一環として二〇〇六年一一月から二〇〇八年一月まで行った。具体的には、計五回（各二～九日間）の現地調査に加え、学園祭における創作オペレッタ（後述）の準備期間における継続的な観察、学園祭、運動会などの行事の参観、及び文書資料の収集である。

この過程で、ほぼすべての授業プログラムと朝礼など、教育棟（後述）における活動と、寮における食事、清掃、自主学習などの活動を一度以上観察し、一部はビデオ録画と録音、それができなかった場面についてはフィールドノーツへの記録を行った。さらに、教官のべ二三名、外部講師及び篤志面接委員各一名、少年のべ一七名へのインタビューを行い、これらはすべて対象者の承諾を得て録音した。なおビデオ撮影と録音については、少年院側を通じて全少年とその保護者に個別に承諾を得ている。得られなかった少年については、集団指導場面でビデオカメラのアングルに入らない位置に着席してもらうなどの方法で、一切撮影は行っていない。

四　施　設

フィールドであるP女子少年院は、全国に九ヶ所ある女子少年院のひとつで、ある地方都市の市街地に立地し、初等、中等、特別の三種を併設して短期及び長期の処遇を行っている。収容者の年齢は一四歳から二〇歳、非行内容も比較的軽微なものから重大なものまで幅広いのは多くの女子少年院に共通した特徴であり、比較的細分化されている男子少年院とは対照的である。収容定員は五五名で、一九八〇年代にはこれを充たしていた時期もあったが、近年収容人員は減少傾向にある。われわれの調査期間中は概ね二〇名前後で推移していた。

一九五〇年の創設以来、主にこの都市を含む地方（Q矯正管区管内）の女子非行少年を収容しているが、他の地方の少年を受け入れることもある。在院期間は短くて六ヶ月（一般短期処遇）、最も長い場合で二年程度（長期処遇）であり、一一ヶ月程度の少年が最も多い。職員は院長以下約三〇名が勤務しており、少年の処遇を直接担当する教育部門と、庶務課に分かれる。職員の男女比はおよそ一：四であり、教育部門の職員は大部分が女性である。

院内には庁舎（管理棟）、サービス棟（給食施設など）、教育棟（教室、図書室など）、五つの寮、体育館などの建物があり、グラウンド、プール、園庭などを合わせて敷地面積は約八〇〇〇平方メートルである。建物は、現在地に移転してきた一九八三年に建築されたものである。

敷地内には多くの木々や草花が植えられ、一般の学校に比べても緑の多い環境である。また他の多くの少年院と同様、高い塀などで周辺から隔絶されてはいない。外部から一見したところ、閉鎖的な拘禁施設のようには見えず、住宅地である周辺の環境にも溶け込んでいる。

少年の生活の場である寮は、長期処遇の一般寮二棟、短期処遇の一般寮一棟（以上は四人部屋を基本とする）、及び考査調整寮（個室）に分かれ、それぞれ花や植物の名前がつけられている（ほかに、家族が訪問して寝食を共にするための家庭寮がある）。各棟の間や入口は常時施錠されており、通行の際には必ず職員が解錠、施錠するが、空間を隔てるのはガラスの入った一般的な扉一枚であり、見通すことができる箇所もある。

指導方針としては、開園以来、表現教育に力を入れていることが特徴である。特に、一九八五年以来毎年六月の学園祭のときに上演される「創作オペレッタ」は、全少年が参加して作詞、作曲、脚本の作成から衣装や舞台美術の製作、合唱、合奏などすべてを行うもので、高い処遇効果をあげていると内外で評価されている。

五　P女子少年院における矯正教育の特徴

以上を踏まえて、本節ではP女子少年院において日常的に行われている矯正教育について、その基本的な特徴を概観する。

少年院で行われている少年への働きかけは、基本的に教育であって科罰ではない。その対象として義務教育就学中の者をも含むこともあって、少年院はある種の（特殊な）教育機関と見ることができる。実際、そこで矯正に携わる職員は法務「教官」であり、矯正教育は「生活指導」「職業補導」「教科教育」「保健・体育」「特別活動」という、学校教育に極めて近い五つの領域から成っている（本書第2章参照）。教育棟（上述）の構造や内部の作り、時間割、少年たちが着用する制服などのセッティングも全体として学校に非常に近いほか、P女子少年院をはじめとする女子対象の少年院や、短期処遇を中心に行う男子少年院の多くは、「学園」など、学校のような名称を名乗っている。

しかしその一方で、少年院に固有の特徴も当然ながら様々にある。これは、非行少年を強制的に収容し、矯正教育を施すという少年院の目的や、そのために定められた環境などの諸条件から導かれているほか、女子少年院、あるいはP女子少年院に固有の特徴もなにがしかあると思われる。この、少年院の固有性、女子少年院の固有性、P女子少年院の固有性の三者を峻別することが重要であるのは言うまでもないが、一ヶ所のみのフィールドワークでは限界があることも確かである。これについては可能な範囲での検討もまじえながら、さしあたりP女子少年院での観察から見えてきた、ここでの矯正教育を特徴づけている基本的な特性と思われる事柄について整理したい。

これを整理するにあたっては、まず全体的特徴、次いで集団指導、個別指導の順に記述していく。少年院は非行少年を集めて収容し、集団生活を行う中で矯正教育を行っていく場であり、その点で「全寮制の学校」に近い面がある。平日の日中に教育棟で行われる日課の多くは、教室での授業や実習、体育館やグラウンドでの体育など、学校と同様に集団単位での指導が行われるし、クラブ活動や行事などの特別活動も、多くは集団で行われる。また、生活の場である寮には、単独処遇を行う寮もあるものの、主には集団寮という形をとる。

その一方で、個別指導や個別的な処遇も様々に行われる。これは、少年が行った非行と、それに至った過程はそれぞれ極めて個別性が高く、それに応じた指導が必要であることによる。一九七七年以降、法務省矯正局が少年院運営の改善の基本方針のひとつとして「処遇の個別化」を打ち出し、それが以後一貫して推進されてきたこともあり、学校以上に個別指導が占める位置は大きいと言っていいだろう。

集団指導と個別指導は、どちらが主／従という関係ではなく、「車の両輪」と位置づけられている。また形としては、上述の通り日課は集団指導が中心となるが、そこに個別指導が随時入り込むような形で行われており、双方が分離されているようには見受けられない。しかし以下では便宜上、集団指導と個別指導に分け、それぞれに見られる基本的な特徴について列挙し、P女子少年院で行われている矯正教育のアウトラインを素描する。

（1）全体的特徴

①遍在する評価

少年院において評価は極めて重要な位置を占める。

学校における評価は、学業面が中心となり、態度や行動、意識などは指導する側にとっての関心事ではあるものの、厳密に評価されることは少ない。それに対して少年院では、更生という大きな目標があり、それが進んでいるかどうかが最大の関心事となるため、教科の学習や職業補導についても、取り組み方や態度といった側面が特に重視されて評価されることになる。評価の具体的な項目としては、全員共通のものに「規範意識」「基本的生活態度」「学習態度」「対人関係」「生活設計」があり、これに加えて個人別の項目が設定される。

評価は進級という形で、評価者（教官ら）と被評価者（少年）の双方に可視化される。少年は入院した時点で「二級下」（新入時）に編入され、その後、評価によって「二級上」「一級下」（以上中間期）を経て「一級上」（出院準備）まで進級していき、最終的に出院が決定する。[3] 各項目についての評価と総合評価は、担任教官から寮担任の会議を経て少年院としての会議（処遇審査会）へと上げられ、それぞれの段階で慎重に検討が行われて最終的に決定するが、一次的な判断材料となるのは、教官が日常的に行う観察である。院内でのあらゆる場面で、少年のあらゆる行動や書いた文章（日記や作文、感想文など、少年は日々大量の文章を書かされる——後述）が評価のための素材として観察、記録、共有され、こうした材料はやはり学校に比べて非常に多く、多岐にわたって遍在していると言える。また少年もこのことをよく知っているため、評価を意識する度合いも極めて高いと思われる。成績は担任教官から面接において伝えられるが、これは単に伝達するだけでなく、評価の理由を説明し、納得させることが重視されている。このように、今何が問題か、何をなすべきかを少年に考えさせ、理解させるという形で、評価はさらなる指導につなげられていく。

②教官の役割の多様性

少年は物理的には社会から隔絶された環境である少年院で二四時間／三六五日生活する。その意味で少年院はまさに「全制的施設」（ゴッフマン、一九八四）であり、そこで監督者である教官が果たす役割は多様なものとなる。一般の学校の教師の役割はもちろんのこと、生活の中で様々な事柄を教え、伝えたり、相談に乗ったり、健康管理をしたり（体調の把握や常備薬の配布など）、あらゆる面にわたる教官の役割は、教師に加えて母親や姉、親友など、何重にも喩えることができる。非行少年に反省させ、規範を身につけさせるという、一般にイメージされる狭義の矯正だけでなく、ここではまさに「育て直し」が行われている。

ここで言う「育て直し」とは、少年の多くが、家庭でのケアやしつけをはじめとする、身近で重要な他者とのふれ合いを入院以前に十分に経験していないため、いまだ「育って」おらず、まずそれを経験させ、経由することが更生の糸口になるという認識に基づいていると思われる。その意味で、少年院での働きかけは、何はともあれ罪を自覚させ、反省させるといった、社会が期待する「性急な」形とは異なっている面がある。

また、このような存在である教官は、一人一人が多くの業務をこなせることが期待されており、担当業務が特定のものに特化することは通常なく、着任後から様々な業務をローテーションしていくことが多い。「職業補導」として少年に職業資格をとらせる指導も教官が行うことが多いが、販売士やフォークリフト運転技能者といった資格をまず教官が取得して指導にあたる。外部講師も活用されているが（後述）、教官が学び、身につけたことを少年に伝えるという形をとることで、単に知識や技能を伝達するだけではなく、教官をモデルとして態度や姿勢といった次元のことを身につけさせることが意図されているようである。

③外部資源の活用

教官が多様な役割を果たす一方で、すべての指導を教官が分担して行うわけではない。P女子少年院では、むしろ外部の様々な資源を積極的に活用していることが目を引く。それは外部講師による授業（性教育、華道など）、篤志面接委員による授業（茶道、体育の一部など）、院外委嘱教育（出院準備期における、近隣の事業所での就労など）、更生保護女性会のメンバーによる訪問などの形をとる。

これらの中で、特に体育の一部と性教育は、内容的に非常に特色がある。前者は、古くからＰ女子少年院の教育に深く関わってきた教育学者によるもので、野口体操をアレンジし、身体表現や身体感覚を養う。後者は、暴力を受けた女性への支援を行うＮＰＯ法人の代表によるもので、リプロダクティブ・ヘルス／ライツの観点から構成されている。いずれも、社会的にも評価の高い人的資源を活用している例であり、少年たちもこれらの授業を楽しみにしているようである。

これらを活用する理由は、必要な資源のすべてが院内にあるわけでないということに限らない。少年院は閉鎖的な環境で社会と隔絶されがちであるがゆえに、意図的に少年たちに社会とのつながりを確認させている面があると思われる。やがて社会に戻っていく少年たちは、社会と隔絶された環境で更生するだけでなく、社会に再適応しなければならない。そのため、社会の厳しさを教えることも必要ではあるが、社会は過ちを犯した彼らを再び受け入れてくれるということも知らせるのである。

④女性であることの意識化

女子少年院であるこの施設は、収容されている少年と多くの職員が女性であるが、ここで表象される女性性は独特の形をとっているように思える。それは、一般の学校に比べて「女性であること」を意識化させられる場面がずっと多いことであり、それは一見相反する二つの形をとる。

ひとつは、性に関して学校では扱われないような事柄が頻繁に言及されたり教えられることである。③でも言及した全少年対象の性教育や、性非行を行った少年に対する問題群別指導に典型的であるが、非常に踏み込んだ具体的な内容にまで及び、タブーなどないようである。これは、性非行で入院した少年はもちろん、在院者の多くが性に関してなにがしか逸脱的な行動をしていたり、被害的な経験をしているため、性を「きれいごと」や抽象的にすませることはできず、より具体的で実用的な知識が必要であるという、切迫した事情によると思われる。

このように「ラディカル」とも言えるような形で性に関することが扱われる一方で、伝統的な女性らしさのようなものが伝達されていることも指摘できる。例えば、新入時期に集中力を養い、達成感を味わわせるために課せられる課題として「レース編み」があったり、寮の名前に花の名前がつけられていたりといったことがある。これらは、伝統的な女性役割を身につけさせることを目標としているわけではなかろうが、形のうえではそう見えなくもない。そしてこれらは、性別役割分業的（にとられるよう）な要素を極力排除する傾向のある現在の学校では、ほとんど見られないことである。

（2） 集団指導

①集団編成の多様性

P女子少年院の日常的なカリキュラムは、「新入時教育」、職業補導としての「園芸科」「応接サービス科」「事務科」「生活応用科」、それに「教科教育」（中学生の少年対象の義務教育）に分けられ、平日の午前と午後に四～五コマ（一コマは四五分または七〇分）行われる日課は、これらの科ごとに行われる場合が多い。しかし、時間割やカリキュラムを編成する際の基準はこれだけではなく、ほかにも枠組みはいくつかある。

まず、全体で行う授業として音楽や体育、性教育、「心の講座」（被害者の視点を取り入れた教育）などがあるほか、処遇の過程（新入時／中間期／出院準備）や進度によって分けられるSST（ソーシャル・スキルズ・トレーニング）やアサーション・トレーニング、非行内容によって分けられる問題群別指導（薬物、性非行、不良交友）などがある。つまり少年は、いくつかの基準によってその都度違った集団に分けられ、多様な内容の指導を受ける（巻末・用語解説参照)。このように分けられた集団は、母集団がさほど大きくないため、数人という規模になることが多く、一人という場合もある。

また、集団指導と並行して個別的な処遇が臨機応変に行われるため、少年の出入りが多く、必ずしもメンバーが固定した集団でひとつの指導が最初から最後まで行われるわけではない。これは、何回かにわたって連続して行われる授業のクール(例えば、問題群別指導)においても同じである。入院や出院があり、個別的な処遇や面会なども随時行われるため、一クールが最初から最後まで固定したメンバーで行われる場合ばかりではない。

このような集団編成の多様性は、学校にはほとんど見られない特徴であり、しかも集団指導を行うにあたって有利な条件ではない。学校では、少なくとも通常の授業は学年と学級という強固な基本的枠組みによって集団が編成されて行われており、これが当てはまらないのは単位制高校などわずかな例外のみである。並行して、指導の対象たる生徒の入れ替わりも、基本的に入学、進級、卒業という形で年単位で起こるのみであり、「入れ替わり立ち替わり」という事態はほとんどありえない。

少年院では、学校のように「整然と」集団を編成し、固定された少年たちに対して集団指導を行える場合の方がむしろ例外なのであり、これは少年院での集団指導が抱える基本的な困難ということになろう。これに対しては、例えば連続した授業のクールは、どの回から参加してもそれなりに内容がわかるようにプログラムを工夫するといった対処が行われる。これは当然、プログラムの編成にあたって制約ともなるが、P女子少年院の場合は、全体の規模が大きくないことによって補えている面があると思われる。

②個への目配り

P女子少年院での集団指導は、一人一人の少年にきめ細かく目配りをして行われる。これは努力目標といった次元ではなく、形態的にもそれを可能にするセッティングが備えられている。

その装置として重要なのが、複数の教官による指導である。授業をはじめとする集団指導は、一人の教師が教壇に立って進めていく「一斉教授」が原則ではあるが、これに加えて観察及び保安担当の教官が必ずつき、二人ないしそれ以上の教官によって行われる。

観察及び保安担当の役割は授業の進行ではなく、個々の少年の様子に注意を払い、必要に応じて対処することである。そのため、集団指導という形はとっても、個々の少年の行動が細かく観察され、様子がおかしかったり異変が生じたようなときには（体調不良などに加えて、例えば指導の内容によって自分の非行や生育上に経験した困難などを想起し、精神的に不安定になるような場面も、さほど珍しくない）、観察及び保安担当の教官が個別に対応する。学校のように、集団指導において個が置き去りにされるようなことはまずない。われわれの調査中は、最大十数名の少年に対して教官が二人はついており、教官と少年の人数比は学校に比べて極めて大きい。このため集団指導は、集団で行うことの教育効果も意図してはいるが、どちらかというと、一人一人に応じた指導を数名ないし十数名規模で同時に行っている、という印象が強い。

観察及び保安担当の役割は、字義通りの観察と保安に限定されるわけではなく、授業に参加したり助言や協力をすることも少なくない。そのため、授業はしばしば「チーム・ティーチング」的な様相を示すほか、これは特に若手の教官にとって指導のノウハウを学ぶ機会にもなる。

③コミュニケーションの制限

「一人一人に応じた指導を数名ないし十数名規模で同時に行っている」という印象を与えるような形の集団指導が可能になる条件のひとつとして、少年同士のコミュニケーションが厳しく制限されていることが挙げられる。院内で少年同士の私語は原則として禁じられているが、これは集団指導場面に限らず少年院での生活における基本的なルールのひとつであり、新入時に厳しく教えられる。少年同士の会話は文字通りの意味で必要最少限に抑えられ、例えば清掃などの共同作業を行ううえで必要な会話なども、その都度教官の許可を得てから行うという原則がある（「〇〇について△△さんと話します」「はい」）。

このルールの目的は、まず少年の間にインフォーマルな下位文化が形成されるのを防ぐことであろう。こうした下位文化は、矯正のために行われる指導や処遇を阻害、無効化する場合が多く、古くから矯正施設にとって、予防ないし除去することが重要な課題であり続けてきた。また、各自の非行内容や出身地、連絡先など、入院前の生活について少年同士が知り合うことは、出院後の再非行につながる可能性があるため厳しく禁じられ、破った際には懲戒処分の対象となる。

これらをはじめ、学校で一般的に見られるような私語の禁止も徹底しており、単なる努力目標ではない。もちろん、授業において少年同士が話し合って作業をするようなことまですべて禁じているわけではないが、場面場面において「何が許され、何が許されない」かは厳しく決まっており、少年に許される自由度は極めて低い。またこの原則は、食事やテレビ視聴といった寮での日常生活の場面でも適用され、時間と空間を共有して同じ活動をしていても互いに会話は交わさない、という独特の形で活動が展開する。

このことは、コミュニケーションが常に〈教官〉対〈個々の少年〉という方向で進行することを意味する（〈少年〉対〈少年〉のコミュニケーションも、上記の許可を得る例のように、必ずいったん教官を介する）。ここから、教官によるコントロールは容易になり、処遇の意図を実現する可能性が高まることになると考えられる。ただし、こうした統制は常に一律、機械的に課されるわけではなく、ある程度の幅や「グレーゾーン」が存在したり、状況によっては個々の教官の裁量の余地も存在するようである。

(3) 個別指導

①担任教官との絆

個別指導の骨格をなすのが個別担任制である。P女子少年院では現在、三つの寮の担任となっている教官が一人あたり二~三人の少年を個別担任として受け持つことが多いが、この個別担任と少年の関係は、類を見ないほど密なものとなる。(1)②で「生活の中で様々な事柄を教え、伝えたり、相談に乗ったり、健康管理をしたり(体調の把握や常備薬の配布など)、あらゆる面にわたる教官の役割は、教師に加えて母親や姉、親友など、何重にも喩えることができる」と記述した、密な関わりの中心をなすのが個別担任である。[4]

少年にとって担任教官は通常、院の中であらゆることをさらけ出し、最も頼る存在となり、更生の成否を左右することも多い。しかし、その関係の密さ、重要さゆえ、仮に関係がうまくいかないと、双方にとって苦痛になることもあり、更生を促進する良好な関係を築き維持するのは容易なことではない。また、担任が同じ少年同士の間で「取り合い」や嫉妬のような感情が生じることもあるのは、以前から度々指摘されてきている(齋藤、二〇〇六)。

担任教官とのこうした密な関わりは、特に女子少年院において顕著であるように思われる。[5] これについては、女子少年の特性(「性差」)に原因を求める以前に、女子少年院における指導の特色や女子少年院の(相対的な)規模の小ささなど、客観的条件についてまず検討すべきであるが(後述)、さしあたって指摘しておきたいのは、少年同士の関わりの「希薄さ」との関係である。

アメリカの女子少年院や女子刑務所では、被収容者同士の同性愛的な関係を基盤として擬似的な「家族」や「親族」のネットワークが広く形成され、精神的、情緒的な結びつきをはじめ、物質的な援助なども含めた被収容者のニーズを満たし、拘禁された生活を生き抜くことを可能にしていると言われる(Giallombardo, 1974, Owen, 1998など)。日本の女子少年院においては、同性愛的な関係の存在が報告されることは皆無ではないが(橘・安藤、一九六三)、一般的に広がっているとは言えず、われわれの観察でも、少年同士の関係は全体として希薄で限定されたものという印象が強い。これは、（2）③でも述べたように、教官らの側が意図していることでもあり、それが概ね実現しているわけであるが、精神的、情緒的な結びつきなしで過酷な拘禁生活を送るのは困難である。そのとき、担任教官との絆がその役割を果たしていると言えるのではないか。言い換えれば、被収容者同士の同性愛的関係や擬似親族のネットワークの機能的等価物として担任教官との結びつきがあるように思えるのである。

②多くの教官による臨機応変の関わり

担任と少年の絆はことのほか強いが、個別指導は担任だけに委ねられているわけではなく、担任を中心としながら、他の寮担任やその他の教官も必要に応じて連携しながら個別的な指導を行うことが少なくない。

個別担任との関わりは確かに密であるが、通常の勤務体制をとる教官は、二四時間、三六五日にわたって勤務しているわけではない。それに対して少年の状況は常に変化しているため、個別的な指導が必要になることは常にありうるわけであり、それに対しては、担任以外で対応ができる適切な教官がその都度面接などの指導を行うことになる。また、しばしばあることではないが、担任との関係がこじれたり、担任とは違った対応をした方がよいと判断されたような場合などには、寮主任の教官など他の教官が面接などの個別指導を行うこともあり（例えば、担任が叱責した後に他の教官がフォローを入れる、など）、対応は寮担任集団を中心に、教官全体で意図的に行われる。こうしたことは、職員朝礼における各少年についての引き継ぎや、行動観察を記録した「教育日誌」を頻繁に参照することで、ほぼすべての教官がすべての少年の動向を把握、熟知することができるため可能になっていると言えよう。

③面接

担任教官による少年への指導の柱となるのが面接である。面接は時間割の中に組み込まれており（少年一人あたり三〇分程度)、週一~二回程度は必ず行われるが、これ以外にも担任と少年との対話は適宜様々な時間帯や場所において行われるほか、前述の通り面接を行うのは担任のみとは限らない。

少年にとってのその時々の課題や問題について話し合い、指導や助言を与えるのが面接の中心的な目的である。処遇審査会で正式に決定された成績の告知も面接の場で行われるため、進級の可否や仮退院の決定などの重要事項も少年はここで担任から知ることになる。

面接はカウンセリングではない。教官には来談者中心療法などカウンセリングの技法を身につけている者も少なくないが、面接でそれをそのまま用いることはあまりなく、あくまで個別指導の一環として行われる。[6] そのため、強い口調で叱ったり諌めたり、少年の問題性を突きつけるような場合もある。それに対して少年も強く反駁したり取り乱すといった場面も見られる。

面接は、後述する内省ノートとともに、少年と担任教官の絆を形成し、深めていく機会としても中心的である。そのため、場合によっては雑談を交わしたり、教官の側が自己開示をすることもあり、進み方も雰囲気も様々である。少年は面接を楽しみにしており、十分な時間がとれなかったり、同じ教官が担任する他の少年が問題を抱えていてそちらの面接が頻繁に行われるようなときには、不満や寂しさを顕わにすることもある。

同時に面接は、教官にとっても最も重要な位置を占める業務のひとつである。近年様々な業務が増えて「多忙化」する中で面接の時間が十分とれない傾向に対しては、不満の声も聞かれる。

④日記と内省ノート

少年院では日記をはじめ、様々な作文や感想文など、文章を書かせる機会が非常に多い。これらの多くは自己を省みさせるもので、更生に向けての働きかけとして重要な位置を占める。文章を書かせる際には、テーマが与えられることが多く、例えば自分の非行は頻繁に与えられるテーマであるが、同じ(ような)テーマについて何度も書くことは、更生に向けてクリアしなければならない課題であると同時に、更生の度合いを測る指標ともなる。

そのような文章の中で、少年が定期的に書くよう指導され、多くの時間と分量を費やすものとして日記と内省ノートがある。毎日日記を書くことは、少年院においては生活指導の一環として一般的に課される課題であり、P女子少年院では午後七時三〇分から八時までの時間に、内省に続いて各自が自室で記入することが日課になっている。日記は文字通り日々の生活や思考の記録であり、特に課題が課せられたり分量が決まっているわけではないが、必ず教官（夜間の当直者であることが多い）が目を通し、コメントをつけて返す。また、日記に書かれている内容に異変や注意すべき事柄があると、教官間で伝達され、共有される。

これに加えてP女子少年院では、担任教官と少年が一対一で文字を通して対話する場として「内省ノート」を作っている。これは担任と少年が「交換日記」のようにやりとりするノートで、決まった形式や記入の時間があるわけではなく、形式や方法は担任教官に委ねられているが、担任が少年と一対一の関係を築き、それを基盤に更生を図っていくにあたってのひとつの柱となる。ここでは、処遇の段階やその時々に少年が抱える問題などに応じて教官が課題を与え、それに対する答えを少年がノートに書き、教官がコメントして次の課題に進む、といった形をとることが多い。また、内省ノートの記述をもとに面接を行うこともある。一対一のノートであるため、担任教官以外は中を見ないことになっているが、注意すべき事柄などが書かれている際には、その情報はやはり教官間で共有される。

文章を書くことで落ち着いて自己を見つめる、自己と対峙するという意味で、書かせることは矯正の手段として重要な位置を占める。同時に、少年が書いた文章は、その時々に少年が置かれた状況や抱える問題の資料となり、さらにこれらを並べることで、更生に向けての道のりを俯瞰することが、自分にとっても他者にとっても可能になる。

（4） 小括

P女子少年院における集団指導は、一見学校と類似しており、通常の日課の多くの部分を占めているが、非行少年への矯正教育という目的ゆえに学校と相違する点が少なからずある。その一方で、学校に比べると個別指導が占める位置は大きく、集団指導と両輪をなすような形で、集団指導場面にも様々にこれが埋め込まれている。個別指導を中心的に担うのは担任であるが、一対一の閉じた関係になるのではなく、多くの教官が臨機応変に個別指導の役割を分担することが効果を増していると言えよう。

六 P女子少年院における矯正教育の基本構造

前節で記述したP女子少年院における矯正教育の基本的な特徴を踏まえ、この節では、ここで行われている更生に向けての働きかけがどのように構造化されているかについて、いくつかの観点を仮説的に抽出し、個別具体的な分析へと架橋することを試みる。

（1） 教官と少年の「信頼」――指導の構造(1)

まず検討するのは、P女子少年院における矯正教育の骨格をなしている、教官から少年への働きかけ、あるいは両者の関係の構造である。

少年院における教官と少年の関係は、学校における教師と生徒の関係と多くの面でパラレルであり、前者が後者に対して教育的な働きかけを行うことで、後者のうちに様々な教育効果や変化、変容を促すという関係であるのは言うまでもない。

しかし、この関係のあり方には構造的な次元での違いもある。まず、前述したように（第五節（2）③）少年院では少年同士の関係が極めて制限されているため、教育を受ける者同士の相互作用による教育効果に多くは期待できない。集団指導という枠組みにおいて、こうしたこともある程度期待されてはいるものの（例えば、上級生が下級生に範を示すことで双方が成長する、など）、直接的なコミュニケーションや関係性が限られている以上、効果は限定的である。また、それぞれが浅からぬ問題を抱えた非行少年であることもひとつの限界と言えよう。このため、教官と少年との関係が持つ意味や、教官が少年に及ぼす影響は相対的に大きなものとなる。学校においては、生徒たちが「勝手に学ぶ」ようなこともないわけではないが、少年院でそうしたことはまず期待できない。少年が更生するもしないも教官次第、あるいは両者の関係次第、と言えるような面がある。[7]

もう一点、少年院は教育だけを行うのではなく、法に基づいて非行少年の自由を奪い、拘禁する施設でもある。保安の確保や統制という、教育とは極めて性質の異なる働きかけが同時並行的に行われており、なおかつ、双方を同じ教官が行うという特殊性がある。教育専門／保安専門の職員はまったくと言っていいほど存在しないのである。[8]

教育と統制という二つの働きかけは、ともすれば矛盾し、互いにその効果をそぐ可能性がある。集団指導においてはまだしも、前述したように個別指導が重視され、担任教官との間の密な絆が教育効果を上げることが期待される少年院において、その同じ教官が厳しい統制の役割も担うという両立は、いかにして可能になっているのであろうか。

その鍵となるのが「信頼」である。少年たちはインタビューにおいて、教官（特に担任教官）のことを「信頼できる」と語ることが多かったが、この信頼は入院当初から、あるいは自動的に生じるものではない。少年たちは社会において大人に裏切られたり被害的な経験を強いられたことが多く、大人や教育者といった存在に対して不信感を持って入院してくる者が少なくない。その少年たちが教官に対して信頼感を抱くようになる理由は、まず教官の側からの働きかけである。

例えば、集団指導場面において、必ずしも理解力や学力の高くない少年たちは、極めて基本的な事柄（言葉や指示の意味など）が十分理解できず、授業や指導についていくのが困難になるようなことがしばしばある。そのときに少年たちが臆せずに質問する場面が数多く観察されたが、それに対して教官らは極めて丁寧に、辛抱強く答えて理解させており、決して置き去りにすることがない。集団指導場面における「個の重視」は、このような形でも存在している。

また、教官らはすべての少年に対して「平等である」「公平である」ことに非常に気を配っている。平等や公平とは、原理的に考えれば何がそうなのか、容易に答えが出るようなものではないが、ここではむしろ、少年の目から平等や公平に「見える」ことが重要であり、これは、社会で「えこひいき」や「差別」を感じることが多かった少年たちの経験や感情への配慮と思われる。

こうした関わり方は、大人や教育者に否定的な感情を抱きがちな少年たちにとって、新鮮な驚きをもたらし、教官への信頼の契機になると思われるが、両者の信頼関係は、このように教官が少年を一方的に「尊重する」「配慮する」ことだけによって達成されているのではない。集団指導場面においては、例えば上述の質問にしても、少年らは臆してはいないが、好き勝手に発するのではなく、例えば挙手をして指名されてから質問する、といったルールを守っている。そうした形で教官らとともに指導の場の「秩序化」に参与しているのであり、それは教官から少年への信頼にもつながっていくと見ることができる。

また、共同作業などを行う場面でも少年同士のコミュニケーションは制限されており、必要なコミュニケーションは教官の許可を得て行うという原則がある。この許可を得るという手続きは、一見煩雑なように見えるが、少年はこれを教官とのコミュニケーションの機会の増大としてポジティブにとらえることがある。信頼関係が形成されてくると、このような形であってもコミュニケーションをとること自体が少年にさらなる安心をもたらすようである。また、こうした規則は常に一律、機械的に適用されるのではなく、ある程度の運用の幅があるが、このような裁量も、信頼関係のあらわれととらえることがあるようである。

さらに、統制や監視の目は学校よりも極めて精緻であり、当然少年は窮屈に感じることになるが、これも教官との関係によってはポジティブに感じられることもある。信頼関係があれば、一挙手一投足が見られていることも、「見ていてもらえる」という安心感につながりうる。少年は他の少年との関係において不満や不安、ストレスを感じることが少なからずあるが、いざこざやその「芽」となるようなことも含めた他者との関わりを、信頼する教官が見ていてくれれば安心なのである。このような形で統制が信頼関係につながり、教育にとってもポジティブな効果を及ぼすということが、様々に起こっているようである。

以上のように、教育と統制や監視という相異なる働きかけは、信頼を媒介として矛盾せずに遂行されているように思われる。もちろん、双方の両立は容易なことではなかろうが、少なくとも、双方を同じ教官が行わなければならないということが、それぞれを遂行するうえで重大な障害になっているようには見えない。言い換えれば、統制により教育が可能になり、教育によって統制が可能になるという関係が成立しており、その基盤となるのが、教官と少年の間で協同的に達成される信頼であると考えられる。

(2) 個別指導と集団指導——指導の構造(2)

前節でも述べたように、少年院における矯正教育の働きかけは、集団指導と個別指導に大別できるが、この両者の関係がどうあるべきかについては長く議論されてきた。少年矯正全体の動向としては、一九七七年以来「処遇の個別化」が推進され、これは二〇〇七年に少年院法にも定められたように、個別指導を重視するようになってきていると、とりあえず言うことはできよう。

女子少年院においては、先述した個別担任制を早くから導入するなど、男子少年院よりも個別指導を重視してきた歴史があり、この傾向は現在でもある程度は当てはまるように思える。その背景としては、まず、家庭環境などが恵まれていない者や、虞犯など「被害者」的な非行で入院している者が男子より多いなど、女子非行少年が置かれている客観的状況や、彼女らの特性と考えられていること（愛情欲求やひがみ、甘えが強いなど）が挙げられよう（渡邉、二〇〇三）。これに加えて、女子少年院は一般に規模が小さく、なおかつ多様な少年が混在しているといった、環境面での特徴も関連していると思われる。

また、女子少年院に限ったことではないが、若い教官に個別指導への志向性があることも指摘される（緑川、二〇〇五）。法務教官試験に合格して採用される彼／彼女らは、全般に能力が高く、自己の専門性を意識、志向する傾向が強いと言われるが、心理学的アプローチについて訓練を受けたり知識を得る機会が研修をはじめ多くあり、それが何らかの理論や技法を根拠にした個別指導に向かわせる傾向があるのではなかろうか。さらに、より一般的な背景として、教育学や教育言説における児童中心主義の隆盛（あるいは、集団主義の否定）や、カウンセリングへの関心の高まりなど、子ども一人一人の違いに注目し、それを個別的に受容して介入するアプローチが卓越してきたことも指摘できよう。

しかし、こうした傾向は、女子少年院では集団指導より個別指導が重視されているとか、上述の「処遇の個別化」の方針によって「集団指導から個別指導へ」と変化してきているなどと形容してすむわけではない。むしろ現場では、集団指導を適切に行うことが重要であり、それを前提ないし基盤としての個別指導こそが功を奏するということが強調されているように見受けられる。

前節では、学校の授業のように集団「単位で」行う指導を「集団指導」として記述したが、集団「に対して」行う指導も少年院では重視される。ここでは便宜的に「集団処遇」と呼ぶことにするが、これは、寮やその居室に属する少年たちの（小）集団に対して行う処遇といった意味であり、あらかじめプログラム化された指導よりも、集団の教育力を高め、生かすための臨機応変の働きかけ、といったニュアンスである。

これは具体的には、上級生が下級生の手本となったり、互いの長所を見習うと同時に短所を指摘して改善するなど、望ましい影響関係を及ぼし合えるような集団作り、といったことを意味する。特に寮においては、このような雰囲気を醸成するための指導やてこ入れが寮担任を中心に行われている。日々の清掃や食事などをはじめ、役割活動と呼ばれる寮内での係の分担、月初めと月末に行われる寮集会（月初めにはその月の目標を決め、月末にはそれを踏まえて振り返る）などが具体的な指導の場となるほか、部屋替え、寮替えなどの異動もこうした意図に基づいて行われることが多い。

このように集団指導／処遇も依然として重要視されていることの根拠のひとつとして、出院後の生活が挙げられよう。出院後に少年が送らなければならないのは、様々な他者と関わる社会生活であり、ルールを守ったうえで他者を慮ると同時に自己を適切な形で主張し、協調していくような生活である。収容される非行少年の多くはこういったことが身についていないため、それができるようにするのが矯正教育の大前提であり、それは個別指導で身につくことではないということであろう。仮に、個別指導のみで非行の反省と自覚に至ったとしても、それはあくまで内面でのことであり、出院後実際に社会に適応し、再非行を防ぐことになるかといえば十分とは言えないのである。

集団指導ないし集団処遇をこのように位置づけるとすれば、それは少年院での処遇を、非行の原因の解明及びそれに基づいた処遇と、社会復帰のための処遇とに大別することにもなろう。非行に至った原因は当然入院前（＝「過去」）にあるが、それは一人一人異なる。そのため、それを明らかにしてとっていくアプローチは、どちらかと言えば個別的なものになる。性格や態度、行動、さらに家族関係なども含めて自分にとっての問題を自覚させ、非行の原因となった事柄を除去ないし改善するための働きかけは、個別性が高く、集団単位で一斉に行うのはあまり馴染まない。

一方、出院後の生活（＝「未来」）において目指すものは、非行の原因に比べると同質性が高い。もちろん、少年らが歩んでいくライフコースは様々であるが、「更生した」証しとして求められる「必要条件」は、上述のような、規範を守って他者と協調することだと言ってよかろう。これは基本的にすべての非行少年に共通しており、しかもその内容は極めて社会的、集団的な事柄であるため、集団指導／処遇によって育み、促していくことになる。やや単純化して言えば、個別指導は過去（の非行とその原因）を志向し、集団指導／処遇は未来（における社会生活）を志向した指導、と言えるのではなかろうか。

もちろん、非行原因へのアプローチと出院後の生活へのアプローチはまったく別のものではなく、互いにリンクする面も多い。しかし、少年矯正の歴史と展開の中で、個々の少年の非行原因により目を向けるようになり、その理解や対処が精緻化したことと、個別指導の重視が結びついていると考えれば、かつての集団重視の矯正教育は、入院に至った非行の原因の違いや多様性を見据えるよりも、出院後に期待される更生のあり方の均質性を志向したものだったと言うこともできるのではなかろうか。

（3）空間と時間の編成

少年院などの施設における矯正教育や生活の全体像を部外者がとらえることは容易でなく、われわれもこのフィールドワークにおいてそれが十全にできたと言うことはできない。この困難さの理由のひとつは、少年院がまさに全制的施設であることである。閉ざされた施設で二四時間、三六五日にわたって拘禁されている被収容者は、空間的にも時間的にもすべてを更生というひとつの目的のために捧げることが求められているのであり、このような生活を、われわれ部外者のほとんどは経験したことがない。部外者が見たり擬似的に経験できるのは、空間的、時間的にごく限られた一部分や一断面であり、これは被収容者への働きかけと、彼／彼女らが生きている生活の全体像とはなにがしか異なるものと言わざるを得まい。

われわれは継続的な調査を行い、通常部外者が見ることのないような局面にも様々に出会うことができた。もちろん、これをもってP女子少年院の矯正教育と生活の全体像をとらえたと言うことはできないが、従来の調査研究やルポルタージュ等よりはそれに近づいた、あるいはなにがしか感じとることはあったと言ってよいように思われる。それを、空間と時間という観点からひとまず整理しておきたい。

すべてが矯正という目的のために位置づけられる少年院の生活には、「外部」が可視的な形では存在しない。そのため、空間も時間も非常に濃密なものとなり、それをどのように編成するかということが、監督者である教官らの側と被収容者である少年の側の双方にとって重要な課題となる。

しかし、文字通りの意味ですべての空間と時間を矯正や更生のために編成するのは、現実的でもなく、またかえって効果をそぐような面がある。監督者の側にとっては、すべてを直接的な形での矯正教育のために編成するのではなく、メリハリをつけるなどの工夫をすることで、より効果が上がることが期待されるし、被収容者たる少年たちは、彼らなりにこの全体的な空間と時間に対処していこうと試みる。そうした両者のせめぎ合いや相互作用の結果として、閉じられた空間と長い時間がある形をとって立ち現れる。このことを、空間と時間に分けて見てみよう。

①教育棟と寮——空間の編成(1)

第四節で概略を示したP女子少年院の空間は、まず教育棟と寮とに分かれる。昼間の日課が行われる教育棟(ここでは、体育館やグラウンドも含んでこう総称しておく)は、少年院において「学校」にあたる空間であり、プログラム化されたフォーマルな形での教育が行われる場である。これに対して寮は、食事や睡眠、入浴や各自の個別学習などを行う生活の場であり、「学校」に対して「家」と喩えることができよう。

少年はこの二つの空間のいずれかで二四時間、三六五日間生活をすると言っても過言ではない[9]。教育棟と寮は空間的に明確に分けられており、広場(園庭)をはさんでやや離れている。そして、それぞれを区切る部分は常時施錠されており、少年が行き来する際には点呼や身体検査という手続きが課せられる。少年たちは朝、日課のために「出寮」して教育棟に向かい、昼食時に「帰寮」、午後の日課にあたって再び「出寮」、終わると「帰寮」という順に双方の間を往来する。

教育棟を学校に喩えた通り、ここでは通常の学校に近い集団指導が中心に行われるが、第五節（2）②でも述べたように、その指導は個々の少年の生活や生育史、非行内容、非行性などに配慮し、学校よりも個別性を重視した形で行われている。学校においては可視化しないような個別性を見据えたうえで、それを前提に指導を行うわけであり、「学校」でありながら「家」の要素をも含んだ空間と言うこともできよう。

一方、「家」に喩えた寮の方は、確かに生活の場ではあるが、あらゆる行動が指導的なまなざしの下に可視化されているほか、少年たちの生活や人間関係は、この節の（2）で述べたように、集団処遇の対象として重要な意味を付与されている。その意味で、こちらは「家」でありながら「学校」の要素をも含んでいると言える。

このように、教育棟と寮は明瞭に区分された性質の異なる空間でありながら、更生という大きな目的が共通の基盤をなしているため、相互に「乗り入れる」ような形で連続性を保持している。

②少年院と外部社会——空間の編成 (2)

少年院が外部から閉ざされた空間であることは繰り返し述べているが、かといって外部社会の存在が消去されているわけではない。むしろそれは折にふれて意識させられており、少年院と外部社会は、物理的には隔絶されていながら、ある種の連続性が保たれている。

例えば、第五節（1）③で述べた外部資源の活用がそれである。少年が日常的に行うコミュニケーションのほとんどは、教官及び他の少年という少年院内部の人間とのものであるが、外部講師や篤志面接委員、カウンセラーなど外部の人間と関わる機会はそれなりにある。[10] 彼らによる指導や面接は、指導や助言の内容そのものを少年に伝えるのみならず、外部社会の存在や、それとの関わりが続いていることを思い起こさせることにもなる。

また、寮では毎日午後七時からニュースを、内省と日記記入の後の午後八時からは曜日ごとに決まったテレビ番組を視聴するほか、食事の時間にはラジオが流れている。ニュース以外のテレビ番組やラジオは、別段「教育的」な内容ではないバラエティーなども含んでおり、こうしたものに日常的に接することは、緊張の緩和（息抜き）といった意味もあろうが、むしろ外部社会の存在を常に意識させるとともに、そこにスムーズに帰っていくことになにがしか寄与すると思われる(11)。

ただし、上述のように外部社会について意識させることは、教官らによる慎重なコントロールの下にある。外部社会との関わりやそこへの復帰は、更生という大きな目的にかなう形でなされなければならないのであり、したがって、出院後に少年同士が接触する機会につながるようなことは厳しく禁じられるのである。

③日常と非日常——時間の編成(1)

次に、時間の編成についてやはり二つの角度から考える。

少年院での時間はすべてスケジュールが決まっており、完全にコントロールされている。そのため、そこで過ごす時間はわれわれが想像するよりはるかに長いものとして経験されると思われる。このように延々と続く時間は長い「日常」と言えるが、その中に「非日常」という形で織り込まれるのが種々の行事である。

P女子少年院はとりわけ多くの行事を年間計画に組み込んでいると言われる。これらは、学園祭をはじめとする教育的な意味合いの強い行事と、七夕や盆踊りといった季節の行事に大別される。行事を行う明示的な意図は、学園祭での創作オペレッタに典型的であるように、これを通じて他者と協力してひとつのことをやり遂げる経験をさせるとか、季節の行事がそうであるように、家庭でその種の経験をあまりしていない少年たちにそれを味わわせ、健全な家庭生活のイメージを形成させるなど、矯正の目的に直接的な形で沿ったものである。

こうした明示的、直接的な目的は（程度の差はあるにせよ）果たされていると言ってよかろうが、行事の「機能」はこれだけではないと思われる。行事は、ともすれば単調になりがちな少年院での長い「日常」のアクセントとして大きな意味を持つ。少年は長い月日の中の「節目」として次に来る行事を意識することで、正面から向き合えばうんざりするほど長い少年院での時間を過ごすことが可能になる。出院の時期はあまりにも遠く、そのためのステップである進級の時期は約束されたものではない。そのとき、行事はそう遠くない日に確実にやって来る。そのため彼らは行事の準備に積極的に取り組むのであり、それゆえ、行事に込められた教育的な意図も実現されやすくなると言えよう。

④在院中と出院後——時間の編成(2)

日常の中に非日常が間歇的に織り込まれた少年院での時間は、ただそうして過ぎていくだけではなく、ひとつの方向に向かって流れている。それは、来るべき出院後に向けてである。出院の時は必ずやって来るのであり、少年院で過ごす時間はそこに向けた時間として位置づけられる。

しかし、出院は自動的にやって来るのではなく、更生や改善が条件になるのは言うまでもない。そのため、少年院での時間は更生のための時間という意味を付与される。この点で、先述した少年院と外部社会という二つの空間の対比が持たされている意味とパラレルであると言うこともできよう。

しかし、更生という「ゴール」はあまりにも大きく、かつ抽象的であるし、そこに至る道筋もひとつではない。そこで、より具体的かつ身近なメルクマールとして言及されるのが「変わる」とか「変容」といったことである。更生はすぐに果たされるわけではないし、出院イコール更生ということでもない[12]。最終的な目標としての更生にいつか至るためには、少年はいろいろな形で「変わら」なければならず、なおかつ、その機会は在院中にも何度かある。いずれ必ず来る出院の時と、将来的に来ることが望まれる更生の時という二つのゴールに近づくために通るべき節目として「変わる」ことは位置づけられ、そのための働きかけや努力が行われるのが少年院での長い時間である。

(4)「居場所」としてのジェンダー

最後に取り上げておきたいのがジェンダーの問題である。

第五節(1)でも触れたように、P女子少年院においては、少年たちが女性であることが意識させられる局面が比較的多いように見受けられ、こうしたことが少なくなっている学校現場とは印象が異なる。ここからわれわれは何を見るべきであろうか。

少年院処遇規則における、女子非行少年に固有の教育内容の規定(「家事、裁縫、手芸、生花その他家庭婦人に必要な基礎的教育」)は一九八六年に削除され、矯正教育の内容については制度上男女の区別がなくなっているが、内容や方法、あるいはその表象において、現実に様々な差異があることは事実である。こうした差異は、性別役割に向けての社会化を意図しているわけではなかろうが、結果的にそうなっている面があることは否めないように思える。しかし、これは単純に批判してすむような問題ではない。なぜそうであるのかを、女子非行少年が置かれている状況や非行の特質、施設の特徴などと関連させて検討する必要がある。

少年が果たすべき更生を抽象的、一般的に語るとすれば、そこに性別役割が入り込む余地はない。過去の自分を反省し、社会のルールを守る人間に生まれ変わる、といったことである。しかし、これは更生の基盤とはなるものの、実際に社会に出て生きていくにあたっては、一人一人にとってより具体的な道筋が必要になる。どのように生きていくか、生活していくかというライフコースの問題である。これについても、自分のやりたいことを見つけて夢の実現のために邁進する、といった抽象的な指針を示すことも可能ではあるし、それが重要でないとも言えないが、やはり具体性に欠き、これだけでは現実的とは言えない。

現実的に、女子非行少年の多くは出院後、良いパートナーを見つけて家庭に入るか、周辺的、補助的な労働に従事する（水商売も含めて）といった、女性にとって伝統的なライフコースを目指すようになる。もともとそれを目指している者も少なくないし、彼女らが更生し「落ち着く」方法としてそれらが最も現実的であることは否定できない。職業による自己実現など、恵まれた若者にとってすら容易でない現在、彼女らにとってはなおさら困難である。また、男子少年が就くような職業領域においては、非行歴が問題とされない場合もないわけではないが、女子少年にとってこのような領域はほとんどないに等しく、職業への参入にあたって負わされるハンディキャップはより大きい。

したがって女子少年院での職業補導も、就労にあたって実際に役立つことよりも、それを通じて集中力を養ったり、達成感や自信を感じさせることの方が主眼となる。また女性である教官たちも、彼女らとの間の文化的な距離は大きく、生活態度などの側面においてはともかく、ライフコースのモデルにはなり難い。そのため結果的には、社会的に是認される役割の中で彼女らに比較的近いところにあるものを受容し、その役割に沿って生きていくことが、ライフコースのモデルとして、暗示的にせよ提示されることになり、それは性別役割と呼ばれるものに概ね重なる。ただしこのことは、性別役割が否定的に意味づけられる現在、あまり大っぴらに語れることでもない。教官ら自身は、専門性の高い職業に就いて自己実現を果たしている女性たちであることもあって、なおさらであろう。

しかし、上述したように、こうしたあり方を性別役割の温存として「告発」することにはあまり意味がなかろう。むしろこれは、入院までにノーマルな養育や生育を経験してこなかった少年たちに対して、「親代わり」としての教官らが短期間に「育て直し」を行う場としての少年院の限界のひとつと見るべきではなかろうか。

たとえ伝統的で、現在あまり「流行」しないものでも、社会的に是認される役割を引き受けることは、「ソーシャル・ボンド」（ハーシ、一九九五）の確立のひとつの形であり、それは本人にとっても「居場所」となる。非行少年は入院まで、そうした「居場所」をまったく持たないか、社会的に是認されない形（例えば、非行集団への帰属）でしか持っていなかった。これは、性被害やそれに関連しての薬物使用、虐待など、被害的な経験を持つ者が男子以上に多い女子非行少年について、より当てはまる。貧困や家庭崩壊といった問題も、女子少年にはより過酷な形でのしかかり、それが非行につながることが特に多いのであり、福祉的な対応の必要性は男子以上に高い。こうした事実、現実を脇に置いて、職業による自己実現などを説くとすれば、それは現実離れしていると言わざるを得ない。

このような少年たちに対して、社会的に是認される「居場所」としての役割をひとまず引き受けさせることが、短期間での矯正教育に可能な「上限」なのではないか。生きていく中で役割や居場所を変更することは、一般によくあることであり、その役割を一生引き受けていかなければならないというわけではない。最初の居場所を確保して社会復帰させることは、将来の変更の可能性を否定するものではない。

これは、更生とは何かという根本的な問いにもつながる。罪を犯した者が更生したかどうかは、社会的には事後的にしか認定されない。ずっと再犯をせず、真面目に生き通したときに初めて、更生した（していた）と認められるのであり、言い換えれば、たとえ真面目になったとしても、生きている限り、再犯するかもしれないという意味で、更生したという認定は「仮の」ものでしかない。これを考えたとき、少年院での矯正教育にその後の人生すべての責任を負わせるのは現実的ではない。更生したか否かという次元でもそうであり、更生を前提として彼／彼女らが長い人生をどう生きるのか、という次元でもそうである。更生につながる可能性が少しでも高い道の入口を指し示し、送り出すことが矯正の役割であり、それ以上でもそれ以下でもないはずである。

七　おわりに

冒頭でも述べたように、少年非行への危機感が高まるなか、矯正教育に向けられる社会的な期待や要求も高度化、複雑化している。しかしそこでは、人を矯正するとはどういうことか、更生とは何か、といった根本的な問いは置き去りにされたまま、ひたすら社会防衛的な観点から矯正施設に矯正の役割を委譲し、人々の目に見えないところに追いやってしまおうとするような傾向が否定できない。こうした「逆風」のなか、P女子少年院では、教官らも少年らも、矯正や更生について日々問い直しながら格闘していることを調査の過程で実感した。われわれもこうした根本的な問いを避けて通ることはできないが、それを抽象的、理念的に問うのではなく、非行少年と矯正教育の実像に立脚した形で問うことこそが課題である。

注

(1) 矯正社会学、矯正教育学の概説としては、橘(一九八八)、及川(一九八八)を参照。
(2) これ自体は相当の蓄積があり、実践のバックボーンをなしている面があると思われる。緑川(二〇〇五)を参照。
(3)「少年院処遇規則」では、「二級下」より成績が悪くなった場合は「三級」に下げることが可能であると定めている。
(4) 木村(二〇〇五)によれば、個別担任の役割とは、㈠個別指導の実施者、㈡健全な大人モデル、㈢施設の窓口、であるという。
(5) 女子少年院では、少年のみならず教官にとっても担任する少年の存在は大きく、「親友の関係に近い」と感じられるような場合もあるという(毛利、二〇〇五)。
(6) 面接とは別に、外部講師のカウンセラーが行うカウンセリングがあり、こちらは基本的に少年に自由に語らせる形をとっている。ただしこれを受けるのは、教官らが選定した一部の少年に限られる。
(7) 実際には、これに加えて家族との関係や状況も重要である。

(8)その意味で、教育に特化した外部講師や篤志面接委員は例外的ないし特別な意味を帯びる可能性がある。

(9)ただし実際には、歯科の診察を受診するために隣接する他の矯正施設に出向いたり、遠足や見学などの行事、社会奉仕活動、出院準備における院外委嘱教育でP女子少年院の外に出る機会もないわけではない。

(10)家族による面会もここに加えることができよう。少年院側は、面会をはじめ保護者が院での矯正教育に積極的に関わるよう働きかける傾向が強まっており、このことは二〇〇七年に改正された少年院法にも盛り込まれたが、現実には少年院の意図通りに保護者が関与するわけではない。

(11)仮に一年の間、社会で起きた出来事や流行をまったく知らないまま社会復帰するとすれば、それがスムーズに進むとは思いにくい。また、ある期間だけの出来事や流行を知らないとすれば、それは拘禁されていたことを他者に察知される契機にもなりうる。ちなみに少年院では、入院していたことの可視的な痕跡が少年の側に残ることのないよう最大限の配慮をする。

(12)ほとんどの少年は「仮退院」という形で出院し、その後、保護観察を受ける。

文献

伊藤茂樹・高井良健一・仲野由佳理・越川葉子・鈴木舞・木村祐子・金子真理子、二〇〇七、「女子少年院のエスノグラフィー——非行少年への施設内処遇のダイナミクス」日本教育社会学会第五九回大会発表（茨城大学）
魚住絹代、二〇〇三、『女子少年院』角川書店
及川昭、一九八八、「矯正教育学」矯正協会編『矯正協会百周年記念論文集』第二巻、矯正協会
木村敦、二〇〇五、「少年院における個別担任制の意義と課題」『刑政』第一一六巻五号
矯正協会編、二〇〇六、『矯正教育の方法と展開——現場からの実践理論』矯正協会
近畿弁護士会連合会少年問題対策委員会編、一九九九、『非行少年の処遇——少年院・児童自立支援施設を中心とする少年法処遇の現状と課題』明石書店
ゴッフマン、E、一九八四、『アサイラム——施設被収容者の日常世界』石黒毅訳、誠信書房
齋藤裕司、二〇〇六、「学寮の教育力を活かした指導」矯正協会編『矯正教育の方法と展開——現場からの実践理論』矯正協会
佐藤晴夫・久我澪子・松本良枝、一九八四、『女子少年院・女子刑務所——その知られざる世界』有斐閣
品川裕香、二〇〇五、『心からのごめんなさいへ——一人ひとりの個性に合わせた教育を導入した少年院の挑戦』中央法規出版
橘偉仁、一九八八、「矯正社会学」矯正協会編『矯正協会百周年記念論文集』第二巻、矯正協会
橘寿郎・安藤茂、一九六三、「収容女子少年の同性愛行動に関する心理学的研究（I）」『教育心理学年報』二

中森孜郎・名執雅子編、二〇〇八、『よみがえれ少年院の少女たち――青葉女子学園の表現教育二四年』かもがわ出版
ハーシ、T、一九九五、『非行の原因――家庭・学校・社会へのつながりを求めて』森田洋司訳、清水新二監訳、文化書房博文社
浜井浩一、二〇〇六、『刑務所の風景――社会を見つめる刑務所モノグラフ』日本評論社
藤崎康夫、一九八五、『よみがえれ私の青春――少年院・交野女子学院の記録』小学館
法務省矯正研修所編、一九九三、『矯正教育学』矯正協会
法務省矯正研修所編、一九九三、『矯正社会学』矯正協会
マッコークル、L・W／エリヤス、A／ビックスビー、F・L、一九五九、『ハイフィールズストーリー――非行少年処遇の新しい実験』平野龍一・樋口幸吉訳、一粒社
松本良夫、一九七四、「矯正教育について」『東京学芸大学紀要　第一部門』第二五集
緑川徹、二〇〇五、「知恵は現場にあり――矯正エスノグラフィー（民族誌）」『刑政』第一一六巻二号
向井義、二〇〇三、「少年院という社会の開発と処遇システムの再構築――宇治少年院における教育及び社会学的実践を通して」高島昌二編著『福祉と政治の社会学的分析』ミネルヴァ書房
毛利甚八、二〇〇五、「少年院訪問インタビュー（第三回）法務教官という生き方」『刑政』第一一六巻一二号
山田由三郎、一九八〇、『少年院――閉ざされた青春』有斐閣
吉永みち子、二〇〇七、『子供たちは甦る！――少年院矯正教育の現場から』集英社
渡邉俊子、一九九八、「女子非行に対する施設処遇」生島浩・村松励編『非行臨床の実践』金剛出版
渡邉俊子、二〇〇三、「最近の女子非行の動向と少年院の処遇」『犯罪と非行』第一三八号
Giallombardo, R., 1974, *The Social World of Imprisoned Girls : A Comparative Study of Institutions for Juvenile Delinquents*, Krieger Publishing
Owen, B. A., 1998, *In the Mix : Struggle and Survival in a Women's Prison*, State University of New York Press
Polsky, H. W., 1962, *Cottage Six : The Social System of Delinquent Boys in Residential Treatment*, Krieger Publishing

補論　男子少年院における矯正教育の構造

古賀正義

一　男子少年院の特質

すでに第4章で論じられているように、われわれは少年院教育の実践と効果あるいはその限界を見極めるため、男女二つの少年院で、約二年間にわたって内部観察調査を実施した。少年院は、「全制的施設」（ゴッフマン）と称されるように、丸ごとの集団生活そのものに、潜在的、顕在的な矯正教育の効果が宿っているとみられるからである。

男子少年院は、女子に比して、これまで調査研究とりわけアンケートや心理検査など量的調査の対象になりやすかった。その大きな理由は、入院者数が女子に比して圧倒的に多く、近年おおむね男子入院者九に対して女子入院者一という割合になっているからである。当然、全国に点在する施設数も男子施設が女子施設の四倍近くになっている。非行内容から見ても、女子には覚せい剤など薬物事犯が多いのに対して、男子では窃盗や暴行・傷害が多く、道路交通法違反（暴走行為）あるいは猥褻事犯（性犯罪）も少なくない。したがって、問題群別指導や個別処遇の内容項目に関しても、性別の差は大きいといえる。

男子少年院は、女子と異なり、処遇内容に応じて目的別に分化しているという特徴もある。今回、観察対象とした東日本にあるM少年院は、収容定員一〇〇名（実際の収容者はこのところほぼ半数）の中規模な施設であり、長期処遇の職業訓練を実施する施設である。比較的知能が高く、再犯のおそれが少ない者が収容されている。ここでの教育も、基本は女子同様、「生活指導」「教科指導」「職業補導」「保健・体育」「特別活動」の五領域から構成されているが、職業補導の比重が相対的に高いといえる。今回の調査結果は、こうした一施設の分析という制約を抱えるが、それでもこれまでにない重要な教育実践の知見を含んでいる。

ここでの処遇期間は、女子と大きく異なることはない。ほぼ平均して、一年程度であり、最も長くても二年を超える者はいない。もちろん再犯によってここに入院してくる者もあり、ここでは、概ね二割が再入院者であるといわれる。われわれの調査でも初犯の入院者と再犯の入院者の両者についてインタビュー調査を試みることができた。

指導の特徴としては、まず技能訓練校としての認定を受け、電気工事や配管、溶接、自動車整備など技能資格に直結した職業訓練種目が実践されていることを指摘できる。そのため、作業棟が日常生活を送る数棟の寮舎とグラウンドを隔てて建てられ、平日には数時間にわたる実科が課せられ、夜間も資格取得のための自主学習をする院生がかなりいる。もちろん、ここでの技能の習得は決して個人の功利的な作業であってはならず、学習によって非行原因となった人格や道徳性の向上が図られることが必要となる。その点で、ただ職能が高まればいいという態度や行動は、教官から厳しくチェックされることになる。

また、比較的人員が多いため、体育の時間にはバレーボールなどの球技も実施され、少年院同士の大会にも出場するなど、団体としての活動も存在する。入院直後の「新入時」には個別に居室を与えられるが、「中間期」からは各寮で一〇名前後の院生との集団生活となり、少人数の女子施設とは異なり、日常のほとんどの場面がこの小集団による活動となっている。寮生活は「家」のようであるが、私的な空間やコミュニケーションを許さない管理された「学校」としての要素を持つということは、男子施設ではいっそう強調されている。特に、トイレなど寮内の視界に入りにくい場所には、教官による特段の注意が常に働いており、場所によってはモニターカメラも設置され、不正な交友や情報交換、他生へのいじめあるいは自殺防止などに絶えず監視の目が向けられている。

非行の問題性に応じた個別指導も、日常生活の中で適宜柔軟に行われている。寮内での日記指導や進級時面接、学習指導など教官による個別の対応が直接目に見えて行われる場面も多いといえる。むろん、集団指導に入れ子的に個人指導が入るものもあり、収容人員が多くても、寮生活での個人に密着した生活指導の様子は変わらない。

統制的でルーティーンに進む日常に対して、各種の行事による非日常の時間もある。外部のバンドを招いたバレンタインデーのコンサートや親も参観する運動会などのイベントを今回調査することができた。女子施設とは内容が異なるが、行事による外部社会との交流は大きな意義を持っている。同時に、進級式・出院式のような内部の院生の成長の儀式も重要な意味を持つ。毎月のように聞くことができる出院者の「出院の言葉」は、教官を含めて、多くの院生の励みになっているという。

他方、性教育のようなジェンダーに特化した実践は女子と違い意識されにくい。近年は保育指導などを試みる男子少年院もあるが、調査時には丸刈りや体力増強、暴力回避など生活の中で暗黙のうちに男性性に配慮がなされているとみられることが多かった。また、最終段階の「出院準備期」には、ＳＳＴ（ソーシャル・スキルズ・トレーニング）の実施や職場体験のために外部に出る機会もあり、出院後の社会適応や就業への取り組みが強く期待されていたことも特筆される。

この少年院では、調査時には教官（教育部門と庶務部門あわせて五〇名強）は、一名を除いて、すべて男性であった。保安の問題や教育活動の内容などからこのような人員になっていると考えられる。教官による夜間の見回りを含む交代制勤務や教科指導から職業補導まで行う多面的な役割、さらには寮の担当・管理など、院生の暮らしに寄り添った包括的、総体的な指導が教官相互の協力によって展開されていた。

外部の人材を教育指導に活用している点も女子施設と大きな違いはない。特に、書道や音楽などの指導に関しては、篤志の女性指導者が長期間にわたり熱心に訪問指導している。これは数少ない異性との接触場面ともいえる。また、工事技術者や管理者などの職業補導に直結する専門家の継続的な訪問指導も、教官だけでは補いきれない職業補導の実践にとって、大きな戦力となっている。さらには、心のケアに関わる心理関係者や出院後の受け入れ企業・商店の経営者などの存在も有益であるといえよう。

二　調査のねらいと対象・方法・実施期間およびデータの取り扱い方

以下の章でわれわれの質的調査研究の成果を報告することになるが、これまで男子少年院でもデータの蓄積は乏しいといわざるを得ない。矯正教育に携わる当事者の実践や政策効果に関わるレポートはみられるものの、今回試みられたようなエスノグラフィー研究は皆無に等しい。ルポルタージュの手法による毛利（二〇〇八）や矢部（二〇〇九）らの報告、あるいは、羽間（二〇〇九）ら保護観察官などの経験者による報告に、少年院に関わる記述をみとめることができる。もちろん、法務省矯正局編（一九九九）や矯正協会編（二〇〇九）などによる報告からも教育の概要を知ることは可能である。しかしながら、いずれも詳細な教育実践や日常の記述ということではない。

われわれの実地調査は二〇〇六年一一月から開始され、二〇〇七年二月、六月、九月の計四回実施された（補足調査は、二〇〇七年一二月と二〇〇八年一月に実施した）。それぞれの調査で、実施期間はやや異なるものの、一回あたりほぼ一週間にわたって、終日、観察調査とインタビュー、文献・資料の閲覧などが行われた。

調査の基本的なねらいは、主に三点あった（図補-1）。第一に、教育指導の実施・深化によって、少年はどのよ

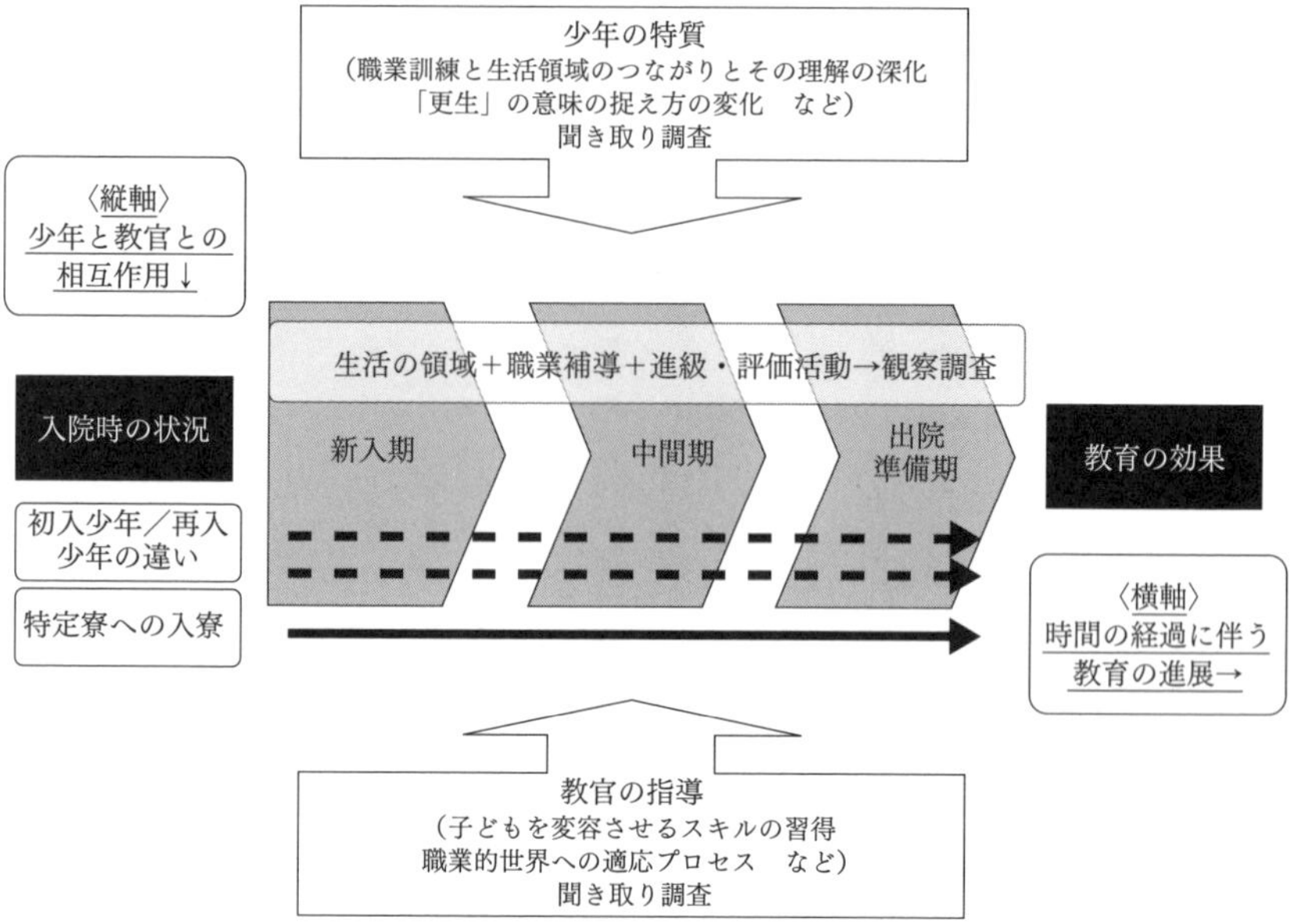

図補-1　男子少年院調査のねらい（作図協力：直井多美子）

うな「更生」のリアリティを認識するようになるのか。また、職員の理解はどうか。時間の経過に伴う教育の進展である。第二に、日常的に少年と教官とにどのような社会関係や指導実践があって「更生」が達成されていくのか。少年と教官の相互作用。第三に、指導実践の知識や理解はどのように継承されているのか。教育効果に関わる言説である（第1章参照）。

調査内容は、第一に、教育実践場面や実務場面の包括的な観察であり、目標設定集会、職業訓練、実科オリエンテーション、SST、体育、クラブ活動、進級式、個別面接、寮担任会議、成績予備調整会議、処遇審査会などの、施設内で行われる諸活動を総合的に観察し、フィールドノーツをつけつつ、VTRやICレコーダーに随時収録した。

第二に、少年や職員への半構造化されたインタビューも実施した。少年については、教育過程の各段階にある者（少年二名については、新入期から出院準備期まで全教育過程で継続調査）や再入の者・初入の者を考慮して人選を依頼し、毎回二〇～四〇分間程度実施した。また、職員は、統括専門官や寮担任、各教育課程担当者など職務分担を考慮して、毎回数名ずつ一時間程度実施した。

第三に、内部文献資料として、職員による少年の記録、少年の記述した課題作文や絵日記、少年院の記念誌などの諸資料を閲覧した。

当初一回目の調査では、リサーチ・クエスチョンの生成に努めるため、広範囲にわたる観察を行ったが、二・三回目以降ではより焦点化して、特に成績評価や進級審査に関連する領域を中心に観察していった。収集したすべてのデータはトランスクリプト（文字化）し、分析の資料とした。

なお、以下で紹介するデータの教官名や少年名はすべて仮名であり、個人情報に関わるものは修正を加えていることをお断りしておきたい。教官や少年の発言は、個人情報保護の観点から発言内容の趣旨を損ねないように、生データを修正して掲載している（本書冒頭の「調査結果の提示方法とその凡例」参照）。

この調査の内容は膨大なデータとなっており、現在順次まとめられている。日本教育学会第六六回大会（二〇〇七）「男子少年院における教育の実態と機能に関する教育学的研究　その一：進級・評価システムの機制と矯正の教育」として発表し（大会発表要旨集録、七〇―七一頁）、次いで日本教育社会学会第六〇回大会（二〇〇八）「男子少年院における教育の実態と機能に関する実証的研究」（発表要旨集録、一一九―一二四頁）としてもすでに発表を行った。参照されたい。

以下の各章で、男子M少年院と記述されるデータについては、このような調査期間・方法に基づくものと考えてほしい。

文献

矯正協会編、二〇〇九、『少年院における矯正教育の現在』矯正協会
羽間京子、二〇〇九、『少年非行――保護観察官の処遇現場から』批評社

法務省矯正局編、一九九八、『現代の少年非行を考える――少年院・少年鑑別所の現場から』大蔵省印刷局
毛利甚八、二〇〇八、『少年院のかたち』現代人文社
矢部武、二〇〇九、『少年院を出たあとで――更生できる人、できない人の違い』現代人文社

第III部　少年の語りと内面

第5章　少年の「変容」と語り

――語りの資源とプロットの変化に着目して

仲野　由佳理

一　はじめに

少年院における矯正教育は、矯正協会（二〇〇六）や山口（二〇〇六）、あるいは本書第4章に示されるように、教科教育だけではなく、ＳＳＴやアサーション・トレーニングなど対人関係スキルに関するものや、被害者の視点を取り入れた教育など、さまざまな観点を取り入れて行われている（巻末・用語解説参照）。また、しばしば少年院は「育て直しの場」と喩えられるが、二四時間拘束された状態では、寮などの「生活の場」も教育的役割を担っているといえる。これは、寮生活で生じる対人関係上の問題が授業の題材として扱われたり、寮で対人関係に関する問題に直面したときに、その解決方法を授業内容にひきつけて指導するなど、常にその連続性を意識した指導が行われている点からも指摘できる。

このような教官の働きかけは、少年の更生へ向けて行われるが、院内の教育実践や、教官や他の少年との対人関係が、どのように少年の「変容」に結びついていくのかは、矯正教育の効果に関わる重要な問題であるといえよう。この点について、これまで実務家を中心とした検証がなされてきたが、それらは心理学的観点に基づくものが多く、本書第Ⅰ・Ⅱ部が指摘するように、教育学や社会学などの観点からの調査研究は十分ではない。
そこで本章は、フィールドワークで得られた知見をもとに、少年の「変容」を語りのレベルでとらえ、少年の語りが変容するプロセスと、それに対する教官の働きかけを明らかにすることを目的とする。

二　ナラティヴという視点

（1）少年の変容と語りの関係

少年が非行に至る問題について、松嶋（二〇〇五、一七—三三頁）は、それが内的属性によるものだという見方がなされてきたと指摘し、それを以下のようにまとめている。①「精神障害」としての非行少年という視点、②「心理的問題」をもつ少年としての非行少年、③「環境の犠牲者」としての非行少年という視点、である。また、松嶋はこれら三つの視点を「問題が当事者にあるとする視点」と総称し、その困難性として、医療的な診断を実践につないでいくための文脈が未整備であること、過去の体験は不可逆的であること、「問題」とは相対的なものであること、などを挙げている。たしかに、問題を個人の内的属性に帰属させることで、少年の過去の体験や病歴、パーソナリティは、それぞれ「変更不可能なもの」とみなされ、結果として変容可能性に期待するという介入は、「変更不可能なものを、変容させようという取り組み」として、多くの困難を伴うおそれがある。

一方で、少年の語る「ストーリー」に着目し、そのストーリーを変容させることを通して、少年自身の「変容」を期待するという視点、つまり内的属性そのものではなく、語りに介入するという視点からの分析が、少年矯正の場では近年注目を集めている。たとえば、村松（一九九八）は、家庭裁判所調査官としての自身の経験や担当した事例をもとに、少年の「変容」を促す手段として「外在化」（ホワイト／エプストン、一九九二）に着目している。

面接での対話を通して、少年の抱える否定的な感情を言語化することが、少年の問題の所在を明らかにし、さらに、言語化された問題に「ラベル」をつけ、少年と調査官がともに対処法を語り合うことにより、両者の連帯性が高まり、少年が積極的に問題と対峙する姿勢が養われるといわれている。

また、三原（二〇〇六）は、少年院における矯正教育を「心的ストーリー」という観点から検討し、これを心的ストーリーの人為的変容を目指すものだと位置づけている。心的ストーリーとは、無意識のうちに形成される「自分を取り巻く世界についての了解の仕方」である。少年院の生活では、さまざまな成功／失敗体験に直面するが、この体験を語る中で、少年の心的ストーリーの組み直しが行われる。こうして変容した心的ストーリーは、「現実において確証されたものとして、換言すれば〈真実〉として心の中に定着する」（一〇九頁）といわれている。

非行に至る問題を「語り」のレベルでとらえていこうとする上記のような方向性は、ストーリーの変容へ向けた実践的な介入の可能性を検討するにあたって、豊かな可能性を潜在させているといえよう。しかしながら、その語りの変容がどのような働きかけ[1]によって、また、どのようなプロセスを経て生じるのか、何がどのように変わることが「変容」なのか、などといった諸点については、必ずしも十分に明らかにされているとはいえない。そこで本章では、「ナラティヴ」という視点を導入し、語りの変容がいかにして生じるのかを具体的に記述することを試みる。

(2) ナラティヴ・アプローチ

ナラティヴ・アプローチという立場について、野口（二〇〇五、八頁）は、「「ナラティヴ（語り、物語）」という形式を手がかりにして、なんらかの現実に接近していく方法を指す。ある現実をそこで発生するナラティヴやそれをとりまくナラティヴを手がかりに理解しようとする方法である」と述べている。

ナラティヴは、ストーリーと混同されがちであるが、高橋・吉川（二〇〇一）は、ストーリーが、始点から終点へ向けて固定化された筋書きが展開される完結したものであるのに対し、ナラティヴは、「語りを通じた意味構成」をさし、「対話」を通じて生じるものである、と指摘する。言い換えれば、日常生活のいたるところで生じるナラティヴに対し、複数のエピソードを時間軸や「始点／終点」などの筋立てにそって配置したものがストーリーであるといえる。また、ナラティヴは固定的なストーリーとは異なり、他者との対話を通して展開する動的な概念であるため、ナラティヴという観点の導入は、語りを通して意味が更新され続けるプロセスに着目することであるともいえる。ナラティヴとは、他者との相互行為によって生じる意味構成のプロセスである、とも言い換えられるものなのである。

こうしたナラティヴ・アプローチは、周知のように主に精神医療領域に代表されるセラピー場面で先導的に実践化されてきた来歴をもつ。たしかに、セラピー場面においては、クライエントの「問題」（精神的なトラブルなど）を解消するようにストーリーの書き換え／更新が試みられるのに対し、矯正教育では、「問題」の解消だけではなく、「望ましい変容」へ向けて、非行性への処置や社会復帰との関連において書き換え／更新が試みられる、という相違がある。しかしながら他方では、問題をかかえたクライエントのストーリーの書き換え／更新がセラピストとの対話を通して試みられるなど、セラピー場面と矯正教育におけるナラティヴ・アプローチは、「ストーリーの書き換え」を志向するという点で共通する側面を有しているともいえよう。三原（二〇〇六）は、矯正教育における少年の変容を、端的に「ストーリーの変容である」（ストーリーの書き換え／更新）ととらえているが、そうだとすれば、少年の心的ストーリーの意味が更新され続ける相互行為上のプロセスを明らかにすることは、少年自身の「変容」のプロセスを明らかにする重要な手がかりとなるはずである。

では、そのために、ナラティヴの何に着目すべきだろうか。本章では、具体的な記述のために、語りにおいて使用される「リソース」と「プロット」に着目したい。リソースは語りにおいて使用される言語資源をさし、プロットはそれらが配置される方向性（あるいは筋立て）をさす。マクレオッド（二〇〇七、四八―五二頁）は、人々の自己概念を自己語りの構築であるとし、そこに文化的に蓄積されているさまざまなプロットが利用されていると指摘しているが、語りが変容するならば、「どのような言語資源が用いられているのか」というリソースだけではなく、それが「いかなる筋立てにそって配置されているのか」というプロットの変化に着目することも重要だろう。

ここで、本章における問いを整理しよう。本章が目指すのは、少年と教官の関係における語りを分析の対象とし、㈠教官は少年の行為をいかなる文脈において解釈し、語りのリソースとして活用するのか、㈡少年と教官によって行われる語りなおしは、ナラティヴという観点からみれば、どのようなアプローチとして理解することができるのか、㈢語りで使用されるリソースやプロットはどのような枠組みの中で変化するのか、といった諸点を明らかにすることである。

三　少年の「変容」のとらえかた

（1）院内における生活態度の解釈

ここでは、教官が少年の行為をどのようなものとして解釈しているのかについて、教官（N、O、P）へのインタビューをもとに検討する。教官は少年の「変容」を、二四時間の拘禁生活の中で、さまざまな点に着目することで把握していく。その中でも、「変容」に対する教官の解釈の視点として特徴的と思われるのが、㈠身体表現にみる内的変化、㈡言語表現にみる対人関係の変化、の二点である。[2]

まず、㈠についてである。院内には、昼間の日課だけではなく、寮内での生活においても詳細な規則が定められ、少年たちの生活はその規則に則って行われる。そのため、新入時期教育過程の少年は規則へいかに適応するのかが重要な課題とされる。こうした規則への適応は、集団を統制するため、あるいは入院以前の不規則な生活習慣を改善するなどの効果をもたらすが、少年の「変容」との関連においては内的変化として解釈されている。

【断片1】

R：少年が、変わったと感じたときは、どういうときなんですか。

N：生活をしていても、今までだらしなかった少年がちゃんとサンダルをそろえるとか、適当にやっていた子がちゃんとやったりしているときです。

Nは、「今までだらしなかった少年がちゃんとサンダルをそろえる」など、「変わった」という内的変化が、「適当にやっていたこと」がきちんと行われるという身体レベルでの変化をもとに理解できると語っている。また、Oは教育活動への参加態度から変化を読み取ろうとしている。

【断片2】

O：取り組みですかね。決まっているプログラムで動いているんですけど、自主的にそれに取り組んでいるのか、ただやるようにしかやっていないのかっていうところが一番大きいかなと思います。

具体的には、日記や作文などの課題に対して「記載量が多くなる」「字を丁寧に書くようになる」などが判断の材料になると語られており、こうした行為上の変化が「自主的に取り組んでいる」という、内的変化として解釈されていると考えられる。

次に(二)についてである。少年の変化が最もわかりやすく把握できる方法は、少年自身が「変わった」と語ることであるが、この語りは、その場をやりすごすために少年に利用される危険性をはらんでいる。しかし、教官は少年が「私は変わった」と語ることよりも、言語表現の中に現れる行為上の変化、たとえば対人関係のあり方の変化、に着目し、処遇に生かしているのだと思われる。

【断片3】

N：……（略）……話をしていて、すごく反発ばかり揚げ足をとってくるような子がやけに素直に言ってきたりとかですかね。

O：今まで言わなかったことを言うとかですかね。

P：自分から相談をしてくるようになったときは、こっちの言うことを聞けるようになってきたのかなっていうか、こちらの意見を聞いてくれるようになったのかなっていうところで、変わってきたのかなと思います。

「揚げ足をとらなくなる」「言わなかったことを言う」という、少年から話すようになったという点での変化が指摘されている。これは、発せられた言葉そのものではなく、「話す」という行為を通して、どのように対人関係を構築するのかに着目して少年の変化を語っているといえる。

さらに、P教官は「自分から相談をしてくるようになった」のを、「こちらの意見を聞いてくれるようになった」と解釈している。これは、少年の相談内容に着目したのではなく、その行為が「対話の中で自己主張するだけではなく、他者の意見を受け入れることができるようになった」、つまり他者を受容できるようになったと解釈されているからだといえる。教官は、言語を用いて表現されたことを、その内容よりも、どのような文脈においてなされたのかという対人関係上の変化として解釈していると思われる。

まとめれば、身体表現にみる内的変化や言語表現にみる対人関係の変化などは、いずれもその「行為の意味」をめぐる教官の専門家としての着眼と解釈によって読み取られている。この解釈を用いて少年の「変容」は構成され、少年自身の更生や処遇に関する重要な物語として機能するといえるだろう。しかし、こうした内的・対人関係の変化は、そのすべてが更生につながるものとは限らない。そのため、更生に連続する変化は「望ましい変容」として解釈され、更生との連続が困難な変化は「望ましくない変容」として解釈される。これは「変容」をどのような解釈枠組みを用いて意味づけるのかに影響されるが、その解釈は教官同士で共有され、少年の変容に関するストーリーとして構成される。では、こうしたストーリーはどのようなプロセスで構成されるのだろうか。

(2)「成績」を契機としたストーリーの構成

教官は、少年の「変容」をどのような文脈との関連で構成するのか。それには、すでに述べたような院内での生活態度など、行為をめぐる解釈だけではなく、少年の生育歴や非行性など、多くのリソースが用いられる。こうしたリソースは、一度集約され、複数の教官による議論を経て、少年の「変容」として構成される。そうした議論の場として重要なのが、「成績予備調整会議」及び「処遇審査会」[3]である。

成績予備調整会議及び処遇審査会では、寮単位で作成された成績の素案をもとに、複数の教官によって、各少年に対する成績が検討され、今後の処遇方針が決定されていく。その過程では、少年に関するさまざまな資料(少年簿、個別的処遇計画、行動観察記録など)や、各教官の把握する少年の行動・変化に対する解釈などが参照される。評価方法には、詳細な基準が設けられており、基本的にはそれらの基準に照らし合わせながら評価が決定されるが、会議では「なぜこの評価なのか」を中心に慎重に議論が行われる。

評価の理由が慎重に議論されるのは、成績の告知が少年にとって問題と向き合う契機のひとつであると考えられており、少年の生活から何を「少年の変容」として読み取り、それに対してどのような解釈をしているのかを伝えるという意味で、非常に重要な役割をもっているからだ。ゆえに、それは教官の個人的な感想ではなく、更生の文脈に位置づけられるものであり、また他の教官にも共有されるものでなくてはならない。

では、成績や評価を議論する際、教官らは少年の内面・対人関係上に起こる変化から、どのようなものを更生につながる「望ましい変容」として意味づけるのだろうか。以下では、少年の行為上の変化に対し、教官らが行った解釈の場面を考察する。

具体的に取り上げるのは、少年（以下、A少年）の規律違反行為[4]をどのように成績に反映させるかという問題をめぐって、成績予備調整会議、処遇審査会にてさまざまな解釈が行われた事例である[5]。これは同時に、落ち着いた生活を送っていたA少年の「（規律違反という）変化」をどのように意味づけるか、という問題でもあった。

A少年の規律違反行為に対する解釈をめぐって教官たちは、「十分に反省し、落ち着いた生活を送っている点を考慮する」という立場と、「規律違反行為は、A少年の非行に関連するものであり、また生命の大切さという問題への向き合い方に関して消極的と思える一面もあるので、これを向き合うための機会と考えてはどうか」という立場にわかれた。前者は、「十分に反省し、落ち着いた生活を送っている」ことを「望ましい変容」とする、A少年の現在に着目した解釈枠組みであるが、後者は「問題への向き合い方に関して消極的」というA少年の様子から、規律違反行為を「望ましくない変容」として評価に反映させ、「問題と向き合う」という「望ましい変容」を期待する、未来へ着目した解釈枠組みである。

P女子少年院の成績予備調整会議は教育部門の幹部職員と寮主任によって行われるが、処遇審査会は院長をはじめとした他の教官らも同席して行われている。A少年の評価をめぐっては、寮だけではなく昼間の日課でA少年に関わる教官からもさまざまな情報や解釈が提供された。たとえば、現在に着目した解釈枠組みの立場からは「規律違反に対し謝罪をしている」点が挙げられたが、A少年の寮を担当する教官らを中心とした、未来へ着目した解釈枠組みの立場からは、規律違反行為が「A少年の非行に至る問題と重なる行為」だという解釈や、寮生活や昼間の日課での様子から「少年院生活そのものに対して、消極的だったのでは」という点も指摘された。また、謝罪はしているが、規律違反行為に至るまで「職員への相談がなかった」ことも、A少年の非行との関連からみれば「問題」（生命の大切さに対する理解が不十分）であると解釈された。

この二つの解釈枠組みが提示されたことにより、各教官からA少年の「過去」「現在」に対するさまざまな解釈が新たに提示され、「規律違反行為をどう評価するのか」だけではなく、「A少年の更生に向けて、どのように働きかけたらよいのか」という、「A少年の更生」に向けた議論が行われたのだが、その結果、共通の目的（A少年の更生へ向けた「望ましい変容」をうながす）を目指して未来へ着目した解釈枠組みが共有されていくことになった。具体的にいえば、規律違反行為をA少年の非行に至る問題との連続性の中でとらえ、「望ましくない変容」として評価に反映させるが、それを契機として今後のさらなる「望ましい変容」を期待し、教官同士で働きかけを行っていくことが確認されたのである。

このように、教官は、他の教官との間で少年の行為をさまざまな観点から解釈し、更生との関連で「（望ましい）変容」として意味づける。このプロセスで得られたさまざまな解釈は、「語りなおし」のリソースとして、少年と教官との相互行為の中でも活用されるが、次に問われるべきは、そこでの語りなおしがどのような形で行われるのか、という点であろう。以下では、少年と教官の協同性に着目し、具体的に考察する。[6]

四　対話を通して構成される少年のストーリー

（1）教官と少年の協同性

①事例一――B少年とN担任教官

事例の少年（以下、B少年）は、院内の生活に一見すると適応しているように見えるが、寮生活では自分のペースを優先しがちなところが、「甘えがでてきている」と成績予備調整会議及び処遇審査会で取り上げられていた。特に、B少年が中間期教育過程にさしかかっていることや、自己評価をやや高く見積もっていることなどからも、教官たちは成績の告知を自己変容のきっかけとすることを確認しあった。そして、そのために担任教官（以下、N教官）に求められたのが、「あえて厳しい態度で指導にのぞむこと」である。

入院する少年は、それぞれ虐待や摂食障害、自傷行為など、非行以外にもさまざまな問題を抱えている。こうした経験は、少年に「大人への不信感」を植えつけ、「健全なコミュニケーション」を阻害する要因となっている。たとえば、感情表現が不得手だったり、過度に相手に依存したり、である。担任教官は、コミュニケーションや自己表現に困難を抱える少年と根気よくかかわり、信頼関係を築いていくが、それが「依存」的な関係にならないよう注意を払わなければならない。

B少年も他の少年と同様に、非行に対する問題だけではなく、対人関係にさまざまな問題を抱えており、教官らの「受容的な態度」に依存し、寮生活でも自己を優先するなどの「甘え」がでていることが成績予備調整会議及び処遇審査会で明らかにされた。この「甘えすぎることの弊害」に着目し、それがどのような問題を生み出しているのか、脱するためにはどのようなアプローチが必要かなど、寮生活や授業態度の観察だけではなく、それに対する解釈・情報（生育歴など）などのリソースが用いられ、B少年の成績をめぐってストーリーが構成された。

少年それぞれの成績をめぐるストーリーの役割は重要である。第三節（2）で述べたように、成績は「A」や「B」という表記だけが重要なのではない。むしろ、「なぜ「A」なのか」「なぜ「B」なのか」という教官相互の共通了解の枠組みを組み立てることが、行動・認識の変容をうながす介入の機会につながるという点で重要なのである。そして、それは担任教官それぞれの更生観に沿ってではなく、少年院全体における「更生をいかに支援するのか」という文脈の中で構成されるものである。教官らが成績予備調整会議及び処遇審査会で構成する少年の共通了解的ストーリーは、将来的な少年の更生と常につながっていくものでなければならない。

成績告知の面接当日、B少年は成績に関連して自己の問題へ向き合うようにうながすN教官の問いかけに対し、「私だって頑張っている」など、〈問題の染み込んだストーリー〉[7]（ホワイト／エプストン、一九九二）を対抗的に提示した。N教官は、B少年の語るストーリーから「問題」を分離するよう働きかけるが、この対話の中で、B少年が現在抱える問題や新たな課題が表面化した。

②〈問題の染み込んだストーリー〉との対峙

Bは、N教官の提示した成績をめぐるストーリーを（多くの教官の予想通り）拒否し、「私だって頑張っている」と強く主張した。

告知に関連して、N教官は「さまざまな問題がおこった原因を人のせいにしているのでは」という点を指摘している。それに対しB少年は、「自分がやったのはわかっているけど、それを認めたくない。すぐに人のせいにしちゃう」と語っている。

【断片3】

B：……（略）……決めたのは自分なんだけど、自分がやったのはわかっているんだけど、それを認めたくない。すぐに人のせいにしちゃう。

N：人のせいにしていいの？

B：なんか、……（略）……（Bの非行に）関わった人たちが、もし自分の周りにいなかったら、もし、やっていなかったらとか、非行を知ることはなかったけどって、それで、なんか、いなければよかったとか、あの人がいたからとか、どっかで。こう、なんか、人の、人に、自分がやったことをなすりつけて、なんていうか……自分の……負った傷というか、そういうのをなくしたい。

N：で、人のせいにしてどうなるの？

B：最初は、なんかこう、あの人は、あの人に知りあってててって、少しは気持ちが軽くなったときもあったけど、今は、人のせいにしたら、結局やったことに対して、なにも、だけど……

N：いつまで続けるの？

B：それは、別に。ずっとこれから続けていきたいわけじゃないし、それは、ここに来たのは、そういうのを理解するために来たんだから、それを……

N教官は「人のせいにしている」という問題について掘り下げようとするが、この後、B少年は「つらい」と繰り返しながら、それについて語ることを拒んだ。N教官は、「先生たちに何回も注意されているよね」[8]「（食事の後）吐いていたと聞いた」など、他の教官らによって提供されたリソースを用い、さらに問題に向き合うようにうながすが、B少年は「先生にはわからない」と強い口調で拒否感を示すばかりだった。N教官は、「自分では、「頑張ってるのに」って（思っているようにみえる）」と指摘するが、それに対しB少年は「そんなことをいってもしょうがない」と語ることに拒否的な態度を示した。一方で、院内の生活で自分が努力していることを語り始めるなど、その矛盾が問題に向き合うことを難しくしていると思われた。

B少年の「人のせいにする」という語りは、食をめぐる問題について語られたとき、その何が問題であるか具体的に示された。成績予備調整会議及び処遇審査会で「食べたものを吐いているのでは」という指摘があったため、N教官は「吐いた理由」について説明を求めた。B少年は「具合が悪かった」と体調不良を原因として語った。ところが、寮生活において「私だって頑張っている」など対話を続けていく中で、B少年は突如「吐いたりするのっていけないの」と語った。これに対し、N教官は「吐く」ことがもたらす身体的な被害など医学的な問題として説明したが、B少年は「吐く」という行為を過去の経験と結びつけて語った。

【断片4】

B：ここに来るまでに、(外見のことを) いっぱい言われた。
N：今までつきあっていた人でしょ？
B：つきあっていた人。
N：出たら、その人とつきあうの？
B：つきあわないけど！　まわりはそういう目でみるじゃん！
N：みないよ。
B：みてるし。
N：どういう人？
B：例えば、普通の人だって言ってくるじゃん。

右の引用部分で、B少年は「吐く」と過去の経験との結びつきを、〝少年院に入院する以前の友人関係〟というリソースをもとに語っている。周囲の何気ない会話が「痩せるように」強いてきたのだというものである。B少年は、この後も「外見にこだわらざるを得なかった」「(その結果として) 吐くしかなかった」と、少年院内での「吐く」行為が過去の経験との連続の中にあるのだと語った。B少年の語りに、N教官は注意深く耳を傾け、そのつらい経験を受けとめながらも、こうした語りかたは「人のせいにする」という語りとつながっているのではないかと指摘した。さらに、院内にはB少年に吐くように強いる他者がいないことを述べ、入院前とは異なる環境・対人関係にあることに気づくようにうながした。そのうえで、院内における「吐く」行為だけではなく、過去の経験をリソースとした語りかたも受け入れないという姿勢をとり続けた。かくして、B少年は、「吐く」行為を、過去の経験をリソースとして語ることはできなくなったが、他のリソースを用いて語りなおすこともできなかった。面接はこれで終了したが、同日夕方、再度N教官との面接が行われ、「なぜ、感情的に拒否をしたのか」など新たな視点から「人のせいにしている」という問題に対しての語りなおしが行われることになった。

ここでは、N教官が、B少年の「私だって頑張っている」という語りの中に、「人のせいにしている」という「問題」があると考えたところに特徴がある。つまり、B少年が語っているのは〈問題の染み込んだストーリー〉であり、N教官は「吐く」という具体的な手がかりを素材として、その問題に気づかせようとしたのである。その際、N教官は〈問題の染み込んだストーリー〉のリソースとなっていた過去の経験を切り離し、他のリソース（院内での生活の様子、「吐く」ことに対する医学的な見解など）を提示しながら、どのような語りなおしが可能かを、少年とともに模索している。このとき、成績の告知の場は、〈問題の染み込んだストーリー〉の問題性を浮かび上がらせ、教官と少年が協同でストーリーを構成する役割を担う場となっていることが示唆できるだろう。

（2）問題の外在化——「怒られる」という経験の活用

①事例二——C少年とQ担任教官

担任教官と少年との協同での語りなおしは、成績告知の場に限定されるわけではない。面接では、少年の非行や院内での対人関係、出院など、さまざまなことがテーマとなるが、どれも少年の「変容」に重要な意味をもつ。事例二の少年（以下、C少年）の例は、こうした成績告知に限らない面接での多様な対話を通して、現在の「怒られる」ことが、過去の虐待経験ではなく、少年院生活での経験をリソースとして語りなおされたことで、肯定的に意味づけられるようになったものである。

このリソースを変更する過程で行われたのが、「外在化」（ホワイト／エプストン、一九九二）である。外在化とは、問題の原因を自己の外部に求めるというものである。しかし、問題の原因を外在化することは、物事の責任を他者に押しつけることにつながり、問題の解決という点では困難を抱える。そこで、ホワイトらは、問題の原因ではなく、問題そのものを外在化するという、独創的な外在化を実践した。問題そのものを外在化することにより、問題が現在人々に与えている影響や、問題が存続されることによる人々への影響などが、クライエントとセラピストの間で話題とされる。その結果、両者の関係に連帯が生じ、協力して「問題への対峙の仕方」を語れるようになるのだ。

こうしたホワイトの実践した外在化の特徴について、野口（二〇〇二、七七―七九頁）は二つの点を指摘している。ひとつめは、人のふるまいと「問題」との依存関係を明らかにしたことである。「問題」にうまく対処できないことが「問題」をより深刻にしている。それゆえ、「「問題」を外在化することは、「問題」のひとびとへの影響だけでなく、ひとびとの「問題」への影響を考えることを可能にしてくれる」という。二つめは、「こうした悪循環を断ち切る手がかりが「ユニークな結果」にあるという点」である。「問題」が生活を支配しているときに生じる「例外」は、あくまでも「例外」として認識される。しかし、人のふるまいと「問題」が相互に影響しあう関係にあると考えれば、「例外」はもはや「例外」ではなく、ある影響に対するひとつの「結果」となる。「ひとと問題との新しい「関係」のモデル」を「ユニークな結果」と呼ぶことを通して、問題への取り組みかたの新しい視点を導入したのである。

Cの事例でも、語りの過程で、外在化的なアプローチがなされている。問題と自己との関係性が変化しており、自己と問題の関係を再考する過程が、ここで生起しているわけである。こうした外在化によって、C少年の語りのリソースやプロットには変化が現れるが、以下ではこの事例について具体的に検討してみたい。

② 「怒られる」ことに対する意味づけの変化

この事例では、㈠「怒られる対象」がC少年から外在化され、存在に対してではなく行為に対してであることが確認され、㈡「怒られ」たことを、自己の行動を理解する素材としてとらえるよう助言された。その結果、㈢C少年は自己の体験を肯定的な意味をもつ出来事として語りなおしたのである。
まず、㈠についてである。面接では、C少年の非行問題に関連して、「怖いもの知らず」な性格が、出院後の生活で不良交友を断ち切ることを困難にするのでは、という指摘が担任教官（以下、Q教官）からなされた。Q教官は、過去の友人と連絡をとることで生じる問題を挙げ、関係性を再考するようにうながした。しかし、C少年は「怖いというのが、どういう感覚なのかわからない」と打ち明けた。そこで、具体的に「院内で怖いものは何か」が検討されたが、「怖いもの」のひとつとして、C少年は「先生」と答えた。Q教官は、この回答に着目し、「怖くないっていったら、ま、嘘だよね」と共感を示した。それに対し、C少年は以下のように続けた。

【断片5】

C：ち、ちがう。怖いっていうか、お母さんみたいに、こう、なんだ、最初は怖くなかったけど、怒られてから、怖いなって……

Q：それは、あなたを怒っているの？　何を怒っているの？

C：私の行動について。

Q：わかってる……。あなたを怒っているんじゃない。あなたがしたことを怒ってる。でも、あなたがしたことは、あなたがしたことだから。

C：自分が怒られてる。

Q：そそ、でも、ここは少年院だから、ここに来て全然普通に生活していけるんだったら、社会でも、失敗なんかしないわけよ。これは、失敗して、怒られて、大事なのはそのあと。怒られてから、どうするか。怒られた後、あなたどうしなきゃいけないと思う[9]？　もし、「Cさん、こういうことじゃダメでしょ」って。これはこうしたら、例えば、あなたが声かけとか、もう、どうでもいいです、だべるからもうやりたくないですっていったら。ダメでしょ。あなたの声かけで、ちゃんと、寮は動いているんだから、ちゃんと声かけしましょうって、怒られたとする。そうしたら……どうする？

右の引用部分で当初C少年は、「怒られる」を理解するリソースとして、母親からの虐待経験を用いている。そのため、否定的な感情をともなって経験されてしまう。しかし、Q教官は、怒られる対象をC少年の存在全体から外在化して、問題行動にあると述べる。問題を本人から切りはなして考えることにより、Q教官は、問題行動に対してどのように対処すべきかを協力して考える存在となり、両者の間に緩やかな連帯が生まれるのである。

次に(二)についてである。この後、「怒られた」と感じた具体的なエピソードが語られるが、その中で、C少年は、「怒られた」と感じることで、「すいませんでした」という回数が多くなっていることに気づいていく。

【断片6】

C：あたし、なんか、いま、そういう「すいませんでした」多いですよ。……（略）……

Q：そういうところ、結構、あなたは、言えないとかじゃなくて、「あ、あ、これ、忘れちゃった。すいませんでした」は、自然にいけるでしょ。……（略）……一人で抱え込んだりなんかはしない。そういう柔軟なところは悪くないところだけど、柔軟すぎて怖いもの知らずなところは、お母さんもすごく怖いって。……（略）……それが、行き過ぎたり、行かな過ぎたりすると。良くない方向に、行き過ぎたりすると、それが非行につながったりする。だから、あなたのいいところのバランスをとって、先生に、怒られたと思っても、怒られたら、「あ、行き過ぎたんだ」「やらなすぎたんだ」みたいな感じ。

C少年は、「「すいませんでした」が多い」を反省的に語っているが、Q教官は自己主張ができているとして肯定的に評価している。さらに、「いいところのバランス」をとるために、教官に怒られるという経験を「行き過ぎ／やらなさすぎ」を知る〝素材〟にしてはどうかと提案している。「怒られる」は、C少年に親との関係を想起させ、自己否定感を増幅させる経験となりやすい。しかし、日常生活を送る中で、「怒られる」経験を回避するのは不可能に近いので、Q教官は、それを否定的に捉えるのではなく、適切な行為へのフィードバックの素材という点から肯定的に意味づけようと試みている。その結果、C少年の「怒られる」経験をめぐる語りに変化が現れる。それが、㈢に関連する〝園芸科での経験〟についての語りである。

Cは、園芸科の実習での経験を次のように語っている。

【断片7】

C：園芸科でも、あの、S先生に、こう、まるく切るやつあったじゃないですか。……（略）……ガスガスやってて、まるく切れているかどうか、S先生に何回も聞きながらやったら、自分の思うようにやっていいよって怒られた。

Q：でも、今までは自分勝手にやって、なんだこれはって言われるようだったらって。……（略）……自分で好きなようにやれって言われたら、聞きすぎなんだなって思うでしょ？

C：思った。

Q：……（略）……そう、というふうに、聞くからこそ、いま聞きすぎなんだなって思うわけじゃない。聞かなかったら、どれくらいで聞きすぎて怒られるのかとか、もしかしたら、「Cさんはあんまり上手じゃないから、ちょくちょく今みたいに聞いてくれ」って言われたら、これでよかったんだわって思うじゃない。それは、やっぱり人それぞれだから、聞かなかったら、何ももらえない。……（略）……あなたにとっては、聞きすぎたって思うかもしれないけど、あ、これくらい聞いちゃったら、聞きすぎるんだわって、もっと、その、回数減らせばいいんだわって思えるじゃない。

C：自分でやってみろって言われた。何回も聞くな、聞かないで自分でやってみろって言われた。結構うまいからって。

Q：あー、よかったじゃない。

C：言われたけど、あの、あとは、木、切って、こわ、怖がんないでやれって言われた。……（略）……こういうの思いっきり切っていいんだぞって言われた。

Q：で、そうやって聞いたから、アドバイスもらえる。ひとつ聞いて、ひとつ注意されたけど、ふたつアドバイスもらえたら、あなたにとっては得じゃない。……（略）……

C少年は、最初、園芸科のS先生からの指摘を「怒られた」と語ったが、Q教官は「好きなようにやれっていわれたら、聞きすぎなんだなって思うでしょ」と、先ほど提示した適切な行為へのフィードバックの素材という点から語りなおしている。それに対しC少年は、「自分でやってみろって言われた」と、「怒られた」ではなく「言われた」という言葉を使って語り、「結構うまいからって」と、作業が褒められたのを思い出している。さらに、「思いっきり切っていい」とアドバイスを受けたと語り、S先生とのやりとりは肯定的な経験として語りなおされている。

さらに、Q教官はC少年に対し、認識の仕方について、次のように語っている。

【断片8】

Q：……（略）……これまであなたは、そういうの察していろんなこと、なるべく見ないように、聞かないように、考えないようにって、やってきちゃったでしょう。だからいろんなことを感じなくなってきたのか

もしれない。お母さんに叩かれもしたし、いろんなこといったら、こんなことされるんじゃないかってい
うふうに思って、自分の殻を作って、考えないように、感じないように。それは、やっぱり、叩かれたり
して、虐待されてたからっていう理由があるかもしれない。
でも、これからも、そのままいっちゃうと、本当に、人の気持ちとか、人が大変なときに、自分のこと
ばっかで、自分勝手な人になっちゃう。そこを、自分から考えて、人に聞いたりして、それの殻を少しず
つなくしたい。

Q教官は、面接の前半でC少年が「最初は怖くなかったけど、(母親に対してそうだったように)怒られたから怖」くなったと語ったことを受け、C少年のさまざまな問題が虐待という過去の経験によるものである可能性を指摘している。しかし、「でも、これからも、そのままいっちゃうと、本当に、人の気持ちとか、人が大変なときに、自分のことばっかで、自分勝手な人になっちゃう」と述べ、過去の経験を切り離して考えていくようにうながしている。

このように、「怒られる」原因/対象をC少年から外在化するQ教官の働きかけにより、「怒られる」という経験は適切な行為へのフィードバックの素材として活用され、否定的な経験(先生に怒られた)は肯定的な経験(褒められた/アドバイスをもらった)へと語りなおされた。その過程で、虐待という過去のリソースが切り離され、現在の経験/問題がリソースとして活用されたのである。

(3) 物語的な主体として

上記の二つの事例は、いずれも過去の経験が現在との関連において語りなおされたという点で共通しているが、語りなおしのプロセスは、むしろ対照的である。

事例一（第四節（1））では、「私だって頑張っている」という〈問題の染み込んだストーリー〉から、「吐く」という具体的な手がかりが取り上げられ、それにより「人のせいにしてしまう」という問題が指摘された。その問題は、Bが過去の経験をリソースとして語るときに生じたため、N教官は過去のリソースを断ち切り、自己を見つめなおす（新たなストーリーを語る）ようながした。また、事例二（第四節（2））では、原因や問題を外在化し、「怒られる」ことがC少年の存在ではなく、行為に対してであると意味づけたことで、虐待という過去のリソースが断ち切られた。それにより、現在の「怒られる」は、適切な行為へのフィードバックの素材として活用されるにいたった。

事例一は、「人のせいにしてしまう」という問題、いいかえれば「自分に原因はない」という語りからの変容で、事例二は「自分に原因がある」という語りからの変容である。この変容は何によるものだろうか。ひとつは、過去から現在という時間軸上の変化である。経験について語るとき、問題の染み込んだ過去にリソースを求めるのではなく、現在の経験をリソースとすることで、構成されるストーリーに変化が現れたということである。Q教官は、当時の面接を振り返って以下のように語っている。

【断片9】

Q：そうですね、このあとに、Cは、いろんな場面で、自分がただ、嫌って思ったり、怒られるっていうふうなことの経験を、他の先生たちから、いろんな言葉で、表現できるようになった気がするんですよ。ただ、怒られてるんじゃないでしょって。本当に、それは怒られたのって聞くと、そうじゃないかもしれないって、考えると、面接で話したことの意義っていうのは、本人に通じているんだなっと思ったりすることもありますし。なによりも、誉められたり、評価されたりすることについても、ちゃんと反応できるようになってきたなって。なんか、嫌なことに反応するじゃないですか。対人関係って。嫌なことって、でも、こういうふうに言ってくれたのが、自分に気をつかってくれたのかもしれないとか、あの先生は気を使ってくれたのかもしれないってつながったりしたりとか。

Q教官は、少年が「嫌なことに反応」し、「怒られた」と語りがちであるため、他の語りの可能性を示唆する意味で「ほんとに、それは怒られたの」と問うよう心がけたと語っている。それにより、C少年は「怒られる」経験を「いろんな言葉で、表現できるようになった」と述べている。

過去の経験をリソースとして用いた語りは、松嶋（二〇〇五）が指摘しているように、問題の原因を個人に帰属させる。そのため、現在の行動は過去との因果関係でしか語れなくなり、他の物語化の可能性を阻んでしまう。[10]ところが、過去から現在へリソースを変えれば、因果関係以外の語りかたが可能になる。

二つめは、自己の問題について語るプロットの変化である。事例一と二における変容のプロセスの違いはすでに述べた通りであるが、それは少年の語りを位置づけるプロットの違いであるともいえる。自己と問題の関係を個人内在的なリソース（過去の体験、性格など）に帰属させるような筋立て（以下、〝個人化へ向けたプロット〟）を用いれば、事例一のB少年の「人のせいにしてしまう」という問題は「パーソナリティの問題」として、事例二のC少年については「過去の虐待経験」は不可逆的な経験であるとして、それぞれ変容可能性を見出すことは困難になる。しかし、個人化されたプロットではなく、自己と問題の関係を社会や人との関係において再考するような筋立て（以下、〝社会化へ向けたプロット〟）を用いれば、事例一の「私だって頑張っている」というストーリーに内在する「問題」への気づきや、事例二の外在化による語りなおしなど、教官と協同的なかかわりによって変容する可能性に開かれるのである。

五　変容へ向けた語り——矯正教育における「望ましい変容」とは

少年院における少年の語りは、㈠過去から現在へのリソースの変化、㈡〝個人化へ向けたプロット〟から〝社会化へ向けたプロット〟への変化、という二つの要因により変容するものであるといえる。しかし、矯正教育の目的として「更生」を考えるとき、その変容は第三節（2）で述べたように「望ましい変容」でなければならないが、上記二点は直接「更生」につながるものではなく、変容の要因でしかない。では、それはどのようなときに「望ましい変容」といえるのだろうか。

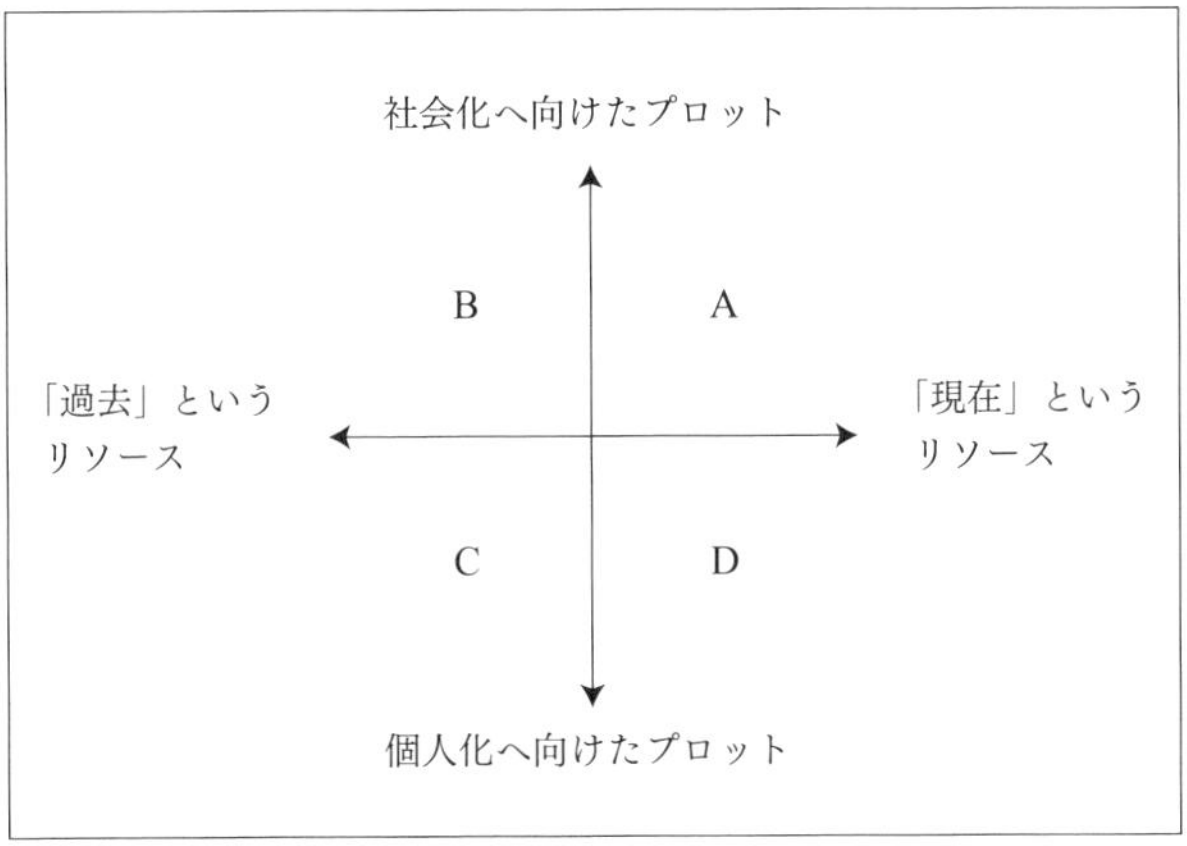

図 5-1　語りにおけるリソースとプロットの関係

　ここまでの考察を踏まえ、少年と教官の語りにおけるリソースとプロットの関係は、図5-1のようにあらわすことができる。

　図中の「A」は、現在をリソースに〝社会化へ向けたプロット〟を用いて構成されたストーリーである。たとえば、事例一でN教官とB少年が協同で行った語りなおしがこれである。「B」は、過去をリソースに〝社会化へ向けたプロット〟を用いて構成されたストーリーである。たとえば、過去の体験を社会や人との関連で語ることで、事例一で最初にB少年が語っていたのがこれである。「吐く」という過去の経験をリソースとし、それが対人関係において否応なく行われていたというストーリーである。「C」は、過去をリソースに〝個人化へ向けたプロット〟を用いて構成されたストーリーである。たとえば、事例二でC少年が最初に語っていたのがこれである。過去の虐待経験をリソースとして、「怒られる」原因が常にC少年の存在にあるというストーリーである。「D」は、現在をリソースに〝個人化へ向けたプロット〟を用いて構成されるストーリーである。たとえば、問題やその原因を、現在の経験をリソースに個人に帰属させようとする語りである。

図5-1を用いれば、事例一は「B」から「A」へ向けて、事例二は「C」から「A」へ向けて、少年のストーリーが変容したということができる。この少年のストーリーの変容は、自然発生的に生じるものではない。少年が気づいていないさまざまなプロットを提供する教官、言い換えれば協同制作者の存在があればこそ達成されるのである。「更生」へ向けた「望ましい変容」は、少年らが語るさまざまなリソースと、教官の提示する〝社会化へ向けたプロット〟をめぐって行われる協同作業としての語りなおしによって生じるものであるといえるだろう。

最後に、教官らが〝社会化へ向けたプロット〟を用いることは「望ましい変容」とどのような関連にあるのかについて考察したい。これについて、(一)〝個人化へ向けたプロット〟を用いることによって生じる変容不可能性は、〝社会化へ向けたプロット〟を用いることによって解消される、(二)少年らは出院後、再び社会の中で適応的な生活を送らなければならず、なんらかのかたちで社会と自己とを肯定的に意味づけなければならない、という二つのことが指摘できる。特に、(二)は「再非行防止」という観点からも重要である。少年院内では、少年が〝個人化へ向けたプロット〟を用いて自己を否定的に語っても、少年を好意的に受容する教官との協同作業の中で語りなおしが行われる。この関係において、少年は自己肯定的なストーリーを獲得できるが、出院後はこうした語りや語りなおしを「(好意的に受容するとは限らない)他者」との間で行わざるを得ない。少年院で獲得した自己肯定的なストーリーが、社会復帰した後も、半永久的に維持されるとは考えにくく、社会との関連において、自己を肯定的に意味づけることができなければ、再非行を回避することは難しいと思われる。野口(二〇〇五、一八二頁)は、カウンセリング・ルームが抱える葛藤として、こうした困難性を以下のように説明する。

カウンセリング・ルームの一歩外にでれば、「内在化する言説」が、ドミナントな現実世界が待っている。たとえ、セラピストの間でいくら「外在化」が達成されても、外部の世界に足場をもたなければ、それはきわめてプライベートな想念の一種にすぎず、安定した社会的現実とはならない。

野口の指摘は、特定の環境の中で自己肯定的なストーリーが達成されても、それが社会との連続の中に位置づけられるものでなければ、そのストーリーを保持し続けていくことは困難であるということを示唆している。こうした困難を解消する一つの方法として、図6-1で示したように、現在をリソースに〝社会化へ向けたプロット〟を用いてストーリーを構成する「A」への変容は、変容不可能性を解消するだけではなく、社会との連続で自己を語りなおすという点で、社会復帰や再非行防止を目的とする矯正教育にとって「望ましい変容」であるといえるのではないだろうか。

六　おわりに

冒頭で設定した問いに対する本章の主張は、以下のように要約することができる。まず、㈠「教官は少年の行為をいかなる文脈において解釈し、語りのリソースとして活用するのか」であるが、教官は少年の「行為の意味」を「更生」との連続において、「(望ましい)変容」として意味づけ、このプロセスで得られた変容に関する教官の解釈は、「語りなおし」のリソースとして、少年と教官との相互行為の中で活用されることが明らかになった。次に、㈡「少年と教官によって行われる語りなおしは、ナラティヴという観点からみれば、どのようなアプローチとして理解することができるのか」であるが、事例の検討からは、〈問題の染み込んだストーリー〉からの「問題」の発見や外在化を通して、少年と教官の協同的な語りなおしが行われていることが指摘できた。最後に、㊂「語りで使用されるリソースやプロットはどのような枠組みの中で変化するのか」であるが、リソースは過去の経験から現在の経験へ、プロットは〝個人化へ向けたプロット〟から〝社会化へ向けたプロット〟へと変化することが明らかにされた。

最後に本章では十分に検討できなかったが、少年と教官における協同作業としての語りなおしが新入時期、中間期、出院準備期という少年の教育過程に影響を受ける可能性について、仮説的な考察を行っておきたい。いうまでもなく、少年一般にあてはまる平均的な傾向として論じることは厳格に慎まねばならないが、B少年とC少年がたどり着き／踏み出そうとしつつある地点（過去のリソースの切り離しと、現在のリソースと〝社会化へ向けたプロット〟の活用のための模索の開始）は、彼らが少年院での処遇を受ける中で、言い換えれば出院という日に近づくにつれて、さらなる「変容」を遂げる可能性がある。

たとえば、Q教官が以下に語るように、出院準備期に向けて、少年の語りは、出院後の生活に対する肯定的／否定的な展望など「未来」をリソースとして活用するようになっていくという。

【断片10】

Q：……（略）……社会に目を向けさせて、自分が、世の中の役割を、どれだけ、こんな小さないさかいに目をとられて、ここでの時間を延ばすべきではないって思いますし。……（略）……わたしも年長寮にいたので、最後の一上生になると、内省とかでは、あの、求人情報誌とかを読ませたりとかして、実際に自分ができる仕事を、必ず書いてあるじゃないですか。いつでも笑顔な人って。

R：はい。

Q：あと、辛抱強く、辛抱強くはちょっと……書いてないかもしれないですけども、いつでもハキハキする人というと、もちろん、寮生活で何かがあると、子どもってハキハキできないじゃないですか。でも、自分のつきたい仕事にそれがあると、書いてあると、やっぱり、自分は切り替えられなくて、求人には値しないのではないかって。じゃ、嫌なときに顔に出したりするんじゃなくて、ハキハキしようねって指導ができるようになったりとかは、しますね。

R：なるほど。やっぱり、ひとつ、その子にとっての将来の夢とか、職業とか、外に目をむけさせる、良い題材にはなりますか。

Q：そうですね。

しかし、「未来」はこれから経験することであり、過去や現在に比べ、リソースとしては不安定であるといわざるを得ない。教官はこうした不安定なリソースを、「望ましい変容」へ向けてどのように活用するのか、また、本章で考察したような〝社会化へ向けたプロット〟との関連はいかなるものであるのか、などについては、本章で参照した少年の語りや少年と教官の相互作用とはまた別の経験的データに即して新たに考察を行う必要があるだろう。今後の課題として引き続き検討していきたい。

注

（1）本章では、教官の働きかけを「ナラティヴ・アプローチ」という観点から分析する。P女子少年院の教官は、少年との関わりで意識的にナラティヴ・アプローチを用いているわけではないが、三原（二〇〇六）が少年の変容を「ストーリー」から捉えたように、少年の「語り」および「語りなおし」に対する関心は高い。そこで、教官の働きかけをナラティヴ・アプローチの技法によって説明するのは、教官の働きかけを具体的に示し、その効果を明らかにする意味でも重要である。

（2）教官による少年の「変容」の解釈として、「身体表現／言語表現」と「内的変化／対人関係の変化」の組み合わせを変えれば、本文中に挙げた㈠身体表現にみる内的変化、㈡言語表現にみる対人関係の変化、だけではなく、㈢言語表現にみる内的変化、㈣

身体表現にみる対人関係の変化、を指摘することもできる。たとえば㈢について、N教官は、言語表現をそのまま内的変化として受け取ることの問題について指摘している。

N：……（略）……でも、「暴走族はいけないと思います」というのを、作文でかっこよく書かれても、「実際はどうなの?」「かっこいいな」とか「先輩にこんな世話してもらった」とか、いろんな思いがあるんじゃないかなと思います。そこの部分から変えていくなり、ゆさぶっていかないと、そこが変わらないまま進んでしまうので、上滑りというか、深まりに欠けてしまうというか。

また、㈣身体表現にみる対人関係の変化は、少年同士の関係性が制限されている少年院において、不正行為との関連で語られることも少なくない。以下は、寮内における対人関係の変化が「馴れ合い」として解釈される場合についての教官の語りである。ここでは、「くっついている」「目配せ」「笑い合う」などの身体表現が、対象となる少年同士の関係が「近しい」ものへと変化し、「馴れ合い」という「好ましくない状況」を示すものであると解釈されている。

N：少年院の中で「馴れ合い」という言葉を使うときには、いい意味では使われません。下手をしたら不正をしていたり、不正につながるような前触れなんじゃないかという意味合いで使うことが多くて、やっぱり、変にくっついているとか、なんか目配せしているとか、何かあったときにあの二人笑っているよねとか、何かやっぱり、ちょっと近しくなっているな、必要以上に。……（略）……

つまり、P女子少年院における教官へのインタビュー調査では、少年の「変容」は、主に「更生」や「問題の解消」との関連で、㈠と㈡という観点から解釈されており、㈢言語表現にみる内的変化は、少年の言語表現をそのまま「変化」と受け取ることに対する問題提起として、㈣身体表現にみる対人関係の変化は、この場面においては、寮生活における「不正」などの問題が生じる前触れとして解釈されているといえる。

（3）少年の成績は、成績予備調整会議を経て、最終的には処遇審査会において決定される。巻末の用語解説にもあるように、処遇審査会とは、「少年院及び婦人補導院において、処遇の適正を図るために開かれる会議のこと。少年院においては、在院者の居室、日課、処遇の段階への編入昇進及び降下、賞罰、仮退院の申請、その他処遇に関し重要な事項等を決定する際には、院長は処遇審査会の意見を聞かなければならない（少年院処遇規則三）。審査会は、院長と委員若干名によって組織され、毎週一回以上行わなければならない」（鴨下・松本二〇〇六、一八九頁）ものである。成績予備調整会議は、幹部職員と寮主任によって、処遇審査会に先立って行われる同様の会議である。

（4）少年院内には、規律を維持するための「遵守事項」があり、これに違反する行為を「規律違反行為」と呼んでいる。このときAは、規律違反に対する処分をすでに受けていた。

（5）A少年の事例では、やりとりの様子を括弧内（「　」）に引用しているが、すべてフィールドノーツへの記録からの再構成である。また、本章ではインタビュー（ICレコーダーへの記録）やフィールドノーツのデータを用いるが、個人情報保護の観点から一部を再構成して使用していることを断っておきたい。特に、後述する事例一では、B少年とN教官の対話の中に、B少年の非行名や個人情報に関わるものが多数含まれていること、またB少年が感情的になり「沈黙」「泣く」などの状態になったため、対話を整理し、両者の語りを本文中に引用した。事例二のC少年についても同様である。本文中の引用箇所は、少年や教官の発話を（「　」）で示し、筆者の解釈は（〃　〃）で示した。

（6）事例一のB少年は中間期教育過程（二級上：おおむね二～五ヶ月目）、事例二のC少年は中間期教育過程（一級下：おおむね六～九ヶ月目）に在籍している。教育過程と少年の「語り」やその「変容」について本章は焦点化しないが、本章末尾において、探究のための方向性に関して少し議論を行っている。

（7）問題が内在化され、「問題」「問題の原因」「問題の影響」などが混在したストーリーのこと。

（8）院内では、教官は少年に「先生」と呼ばれている。

（9）C少年は、このとき自治委員を担当しており、寮生活で必要な号令などを担当していた。

（10）野口（二〇〇五、一七三―一七五頁）は、〈被害のナラティブ〉において、因果関係に回収していくストーリーの問題性を指摘している。

文献

伊藤茂樹・高井良健一・仲野由佳理・越川葉子・鈴木舞・木村祐子・金子真理子、二〇〇七、「女子少年院のエスノグラフィー――非行少年への施設内処遇のダイナミクス」日本教育社会学会第五九回大会当日発表原稿（茨城大学）

鴨下守孝・松本良枝編、二〇〇六、『矯正用語事典』東京法令出版

川出敏裕、二〇〇六、「少年非行」『法律のひろば』一月号、三―一一頁

矯正協会編、二〇〇六、『矯正教育の方法と展開――現場からの実践理論』矯正協会

高橋規子・吉川悟、二〇〇一、『ナラティヴ・セラピー入門』金剛出版

野口裕二、二〇〇二、『物語としてのケア――ナラティヴ・アプローチの世界へ』医学書院

野口裕二、二〇〇五、『ナラティヴの臨床社会学』勁草書房

ホワイト、M／エプストン、D、一九九二、『物語としての家族』小森康永訳、金剛出版

山口孝志、二〇〇六、「少年院における矯正教育の実情」『法律のひろば』一月号、三〇―三七頁

マクレオッド、J、二〇〇七、『物語りとしての心理療法――ナラティヴ・セラピィの魅力』野村晴夫訳、下山晴彦監訳、誠信書房
松嶋秀明、二〇〇五、『関係性のなかの非行少年――更生保護施設のエスノグラフィーから』新曜社
三原芳一、二〇〇六、『少年犯罪の心的ストーリー』北大路書房
村松励、一九九八、「非行臨床の課題」生島浩・村松励編『非行臨床の実践』金剛出版、一五―二七頁

第6章 「更生」の構造

——非行少年の語る「自己」と「社会」に着目して

稲葉浩一

一 はじめに

誰もが抱いているであろう、「彼は本当に更生しているのか」「彼が社会人としてまっとうな人生を歩めるのか」という疑問は、もちろん私どもも抱いています。また、「Aの病気は完治しておらず、社会に出すのは非常に危険」という、人の心を煽（あお）るような記事も出回っています。しかし法務省が、「Aの社会復帰を認める」という太鼓判を押した以上、私どもはそれを信じるしかないというのが現状です。社会復帰させるのが時期尚早なのか、あるいは妥当なのか、大きな議論がおきるところですが、今の時点では答えは出ないのかもしれません。それは、彼がこれから歩んでいく人生の軌跡の中でしか、判断できないような気がしています。（毎日新聞、二〇〇四年一二月四日朝刊）

近年、少年犯罪事件報道を契機として、罪をおかした非行少年への処遇問題が世論の高い関心を集めている。その際に問われるのは少年院における矯正教育の「効果」であるだろう。つまり罪をおかした少年たちの「更生」はどのようにして行われているのか、という問いである。非行少年たちに対する少年院での矯正教育への期待は大きい。だが、その期待は、同時に不信の念にも変わりうる。たとえば一九九七年神戸事件の行為主体とされる元少年の出院について、ある刑事法の専門家は「男性が本当に更生したのであれば、社会復帰のために仮退院するのは、少年法の理念にかなっている」（毎日新聞、二〇〇三年五月一二日朝刊）と解説をしているが、おそらくこの説明は「不信」をもつ読者を納得させることはできないだろう。むしろここから導かれるのは、少年院で矯正教育を受ける少年たちは「「本当に」更生しているのか」という困難な問いである。

冒頭の引用は神戸事件の被害者保護者が、事件の行為主体であるとされる元少年の出院にあたって寄せたコメントの一部である。直接の被害者遺族が加害者である人物の「更生」を語る際、そこには余人には推し量ることのできない思いが込められているに違いない。しかしながら、そういった個別の「当事者」たちの声が取り上げられる一方で、わが国では年間四〇〇〇人から五〇〇〇人の少年たちが各種少年院に入院し、個別の計画に基づく教育期間を経て、そのほぼ同数が出院をしている。そして平成一九年度『犯罪白書』によれば、その中で五年以内の少年院・刑務所への合計再入率はおよそ二五％前後を推移している。この数値を十分な効果とするかは議論の分かれるところだが、重度の逸脱的キャリアをもった少年たちの約七割は、少年院出院後に安定した社会復帰を果たしていると見ていいだろう。

だが私たちは、こういった統計的数値が導き出すものとは異なるレベルで日常生活を送っている。しばしばメディアにおいて少年犯罪報道を見聞きすることがあっても、平素はそういった事件とは直接かかわりをもたない——つまり「加害者」の親族でも「被害者」でもない——私たちにとって、彼らの「更生」はどのように理解されるべきであろうか。この問題を看過するならば、私たちは「彼らは「本当に」更生しているのか」という終着点のない問いを抱き続けるに違いない。そこで本章では、まず少年院における「更生」についての理解がもつ実際的・概念的な問題を明らかにしたうえで、少年院で矯正教育を受ける少年の語りに着目し、非行少年たちの少年院における「更生」の再検討を図りたい。

二 「更生」への接近方法

(1) 閉ざされた少年院

非行少年を保護・収容する施設内処遇は、少年の再教育と社会統制という二つの重要な社会的役割を担っている。だが世間一般のレベルでは、それはしばしば素朴な不信の対象ともなっている観は否めない。極端な例でいえば、本書第3章が指摘するように、近年の非行少年に付随する「悪魔」的イメージによって、少年院における矯正教育そのものが否定的にとらえられる風潮がある。その場合、そもそも人々は非行少年の更生を望んでさえいないともいえるのである。少年の「心の闇」という定型句に象徴されるように、「闇」をもった彼らを保護することも、また社会に復帰させることも非難の対象となりうるわけである。

このような「無理解」も含めて、少年院の矯正教育に対する不信の背景には、その情報が質・量ともに不十分であることが挙げられるだろう。それは端的にいえば、そこでの「効果」、すなわち少年たちの「更生」に接近する手段と媒体が限られているということである。もちろん矯正教育学の分野においては相当数の研究・報告が提出されているものの、その成果が他の領域に開かれたものであるとは言い難い。本書第4章も指摘するように、今日「開かれた少年院」の必要性が叫ばれる一方で、その活動を報告したものの大半は矯正教育関係者によるものであり、特定の偏りが存在する。「闇」をかかえた非行少年イメージがある一方、彼らを再教育する現場からの発信が限られていることが、彼らの「更生」への実際的な接近の困難さを支えている側面があるように思われる。

（2）接近不能な「更生」

われわれが前項で指摘した少年たちの「更生」への接近の困難さは、情報の不足・偏りに基づいた実際的な問題といえる。だが、より根本的には、「更生」という概念それ自体のもつ問題が、その接近の困難さを生んでいるように思われる。そもそも少年院における矯正教育は、「保護処分の執行として在院者に社会適応性を付与するために行う意図的、計画的な活動」であり、矯正とは「好ましくない状態にあるものを好ましい状態にためなおすというのがその語義」であり、「保護処分の内容としての矯正は、非行の原因となる性格のひずみをためなおし、社会生活に健全に適応させていくことを意味する」（法務省矯正研修所、一九七八、一三三頁）と説明されるのだが、その一方で少年たちの「更生」について明確な定義はなく、そのことが積極的に議論されてきたわけでもない。

このことは「更生」の主体は当人にあるためだといえる。つまり、辞書的な説明をみれば「反省・信仰などによって心持が根本的に変化すること。過去を清算し、生活態度を改めること。「非行少年を―させる」」（『広辞苑』）とあるように、「更生」の発生場所は当人の心理的・精神的世界にあるように想定されているわけである。この理解においては、「更生」とは少年の内面と深くかかわった根本的な自己変容であって、他者が容易に接近できるものではない。そのため、他者は当人の「生活態度の改善」から「「心持」の根本的変化」を推論するに留まらざるを得ないことになる。要するに、ここには「「心持」の根本的変化→生活態度の改善」という「心→行動」の二元的な図式があり、「矯正」は外部からの作用として説明・観察が可能であるのだが、「更生」はあくまで推論のもとで記述されるに留まらざるを得ない、というわけである。

ところで、この二元的な図式に基づいた認識枠組みは、少年非行をはじめとする青少年問題一般において支配的である。すなわち「心の問題→逸脱行動」という同型の構造があり、一般的に青少年の問題行動は近隣者が彼らの「心」のサインを読み解くことの失敗として理解されてきた（伊藤、一九九六、北澤、一九九七）。また牧野は、少年犯罪報道を契機とした少年非行言説では、「心の闇」を理解するという「非常に困難な課題」が要求されていることを指摘している（牧野、二〇〇六）。だがわれわれがここで注意したいのは、「闇」という語彙はそもそも非行少年の「心」への接近の困難さ（不能性）を申し立てるものであるように思われることだ。つまり「心」は不可視であるから読み解くことが困難なのではない。むしろ、ここで用いられている「闇」とは、ある事態を受けてはじめて「理解できない」という申し立てを行うために用いられるレトリックであり、その意味で「心の「闇」を理解する」とは、実際的に困難というよりも、そもそも概念的に倒錯を内包した課題であるといえるのではないだろうか。

以上を踏まえると、非行少年の「心」に対する一般的な語られ方は、次のように整理できるだろう。すなわち、①その少年には悪しき行動を生み出す「心」があるのだが、②その「心」への接近は困難である（ゆえに問題である）、という主張がある。そしてこの主張には、③その「心」にアクセスすることができるのは（臨床心理士や精神分析家といった）専門的知識と技術をもった者たちのみである（はずだ）という、心理学主義的な言説が付加されるわけである。本書第4章が指摘するように、少年院の矯正教育に対する調査研究の多くが心理学的知見に基づいている観があるのも、このような認識が支配的であるからだといえるだろう。だがそういった、少年の心的事象に対して他者は接近するすべをもたない——それができるのは専門家のみである（に違いない）、という理解は、概念的なレベルで、少年たちの「更生」への接近不能性を強化しているとさえいえるだろう。

このように、少年院における矯正教育の「効果＝少年の更生」には二重の接近不能性がある。その接近不能性とは、少年の「更生」が行われている空間が閉じられたものであるという実際的なレベルと、なおかつその発生場所が彼らの「心」であるという概念的なレベルがあり、それらが少年院における矯正教育への不信を醸成しているといえるだろう。

以上のような、矯正教育における非行少年たちの「更生」の社会的問題を踏まえれば、われわれは「矯正教育の現場で行われている実践に対して、教官や少年という当事者の論理や意味づけに可能な限り近づき、それに対して共感的な理解を試みて記述、解釈する一方で、それを異化し、批判的な検討」をする社会学・教育学的な研究を行う必要がある（本書第4章参照）。

ではこの立場に基づいた場合、われわれは少年たちの「更生」をどのようにみなすべきだろうか。そこで次に、先述の二つの「接近不能性」のうち後者の「概念的接近不能性」について検討することで、その視座を明らかにしていきたい。

（3）公的事象としての「更生」

そもそも少年の「心」が接近不能であるという理解の前提には、彼／彼女らの内部のどこかにそのような事象が実在するという認識があるように思われる。だがこの心身二元論的理解は、大きな困難をはらんだものである。たとえば野矢（一九九五）は、思考実験としてごく短い物語を提示することでその難点を的確に表している。その内容はこうだ。人間とまったく同じ外見で同じ行動をとることができるロボット〈ロビイ〉は人間と同様に生活を送っていた。そんな〈ロビイ〉に、ある日、〈神〉が「心」を与え、人々に「今日の〈ロビイ〉には心がある」と紹介する。だが彼らには昨日の〈ロビイ〉とどう違うのかがわからない。戸惑う人々に〈神〉は主張する。「心」があることが根本的に違うのだ、と。

だが私たちは、人の「心」をこういった〈神〉の視点で認識しているわけではない。さらには、ある人物の「心」を認識し、考え、語る際に、日常生活者である私たちは対象者の「心そのもの」を見ているわけでもないし、またそのような実在を必要ともしていない。ライルが示すように、「ある人の心について語るということは、「物的世界」と呼ばれているもののなかに収容することが禁じられているものの収容をみとめる倉庫について語ることではない。むしろ、それはある種の事柄を実行したり経験したりする人の能力、資質、性向について語ることであり、また日常的世界においてそれらの事柄を実行したり経験したりすることについて語ることなのである」（ライル、一九八七、二八七頁)。

たとえば周囲にとって好ましくない言動をする傾向にある人物が、あるとき反省し、確かに「よくなった」というのはどのような事態であろうか。私たちはそれを彼の「心持の変容」として理解するだろう。だがその際、私たちは彼の内部の「心」を覗いているわけではない。あくまで、それまで目についていた好ましくない傾向性を周囲が認めなくなったときに彼/彼女の「変容」はひとつの事態として成立する。そして「よくなった」という認識(事態)は、原理的にいつでも裏切られる可能性をもっている。あるときに彼/彼女から「また」好ましくない言動を認めたとき、人々はその人物を指して「やはり変わっていなかった」と思う。彼/彼女がどれほど反省を示し周囲から好ましく思われる言動を重ねたとしても、「また」という評価がくだされたとき、それらは「演技だった」「嘘だった」とされ、その時点で彼/彼女の「心持」は書き直されうるし、周囲の判断は「見誤りだった」と遡及的に再解釈されうるものである。

また「心」なる実在が個人の内面にあるため、それに接近可能であるのが当人のみであるならば、私たちは「変わった」という当人の言葉を信じるのみであるだろう。だがある不信にさらされた人物を前にしたとき、どれだけ当人が自分の内的世界を指して「変わった」と実感し、その詳細を報告していたとしても、私たちにとって通常そのことはほとんど問題にはならない。同様に、こういった「また」「やはり変わってなかった」という裏切りに会うことは、観察者が対象者の「心」を精確に読み取ることができなかった結果生じた事態というわけではないのである。

つまり、ある人物の「心持」が好ましい形に「変わった」という事態(及び「また」という事態)は、他者による観察・評価ないし記述に属するものである。クルターが述べるように、「心にかんするカテゴリーを「他人に」帰属したり「自分で」表明したりするとき、基本的にその帰属や表明の基盤は、本質的に公的なものである(とりわけ、その帰属・表明は、その結果どのような諸帰結が社会的相互作用にたいして慣習上もたらされるかになるかということ、無関係になされえない)」(クルター、一九九八、二三九頁)わけである。

前項で述べた「更生」観の概念的な問題とは、このような心的事象の公的特質を見落としているところにある。つまり、少年たちの「更生」は内的世界に属した接近不能なものである(そして接近可能なのは専門家のみである(に違いない))という理解は、「「本当に」更生しているのか」という問いと表裏一体のものであって、この視座のもとでは「更生」に対する不信は解消されるどころか、自己生産的な円環をめぐるのみだろう。人々がその不信をもつ中、いかに専門家が彼/彼女の「心」の詳細を語ったとしても、それは〈ロビイ〉に「心」を宿して根本的に変わったと主張する〈神〉の言葉と同じ性質のものでしかないのである。

以上の議論を踏まえるならば、少年の「更生」についてわれわれが見るべきは、「心」に帰属させられるような少年内部の事象ではないし、またわれわれは彼らの振る舞いからその内的世界の詳細を類推したり代弁したりする必要もない。むしろ目指されるべきは、ある「変化」として観察可能な事柄をよりよく精査することである。そこで以下では、少年たちの「自己」に着目することで、彼らの「更生」の構造的特質を明らかにしていきたい。

三　語りの共同体としての少年院

(1)言説実践の場としての少年院

以上の議論を踏まえ本章では、少年院において矯正教育を受ける少年の「自己」とその「変化」に着目しよう。それは少年の語りから観察可能な構造的変化であり、少年個人の内部はもとより、彼らの個別性を超えた社会的事象として扱うことのできる事柄である。

少年院のカリキュラムにおいて少年たちは、新入時から出院時に至るまで、日記指導・面接指導・目標設定集会など個別指導・集団指導の双方において、他者（教官や他の少年）に自己を語り続けることとなる。そこで前提となっているのは、非行をおかした「問題」を抱える自己の姿であり、他方、その改善に向けた取り組みを行う自己の姿である。

ホルスタインとグブリアムが示すように、自己を語ることとはそれ自体が自己構成の過程であり、語り手自身が特定の環境の規範のもと、聞き手との相互作用を繰り返していく中で、自己物語に有用な言語的資源やプロットを選択的に採用し構成していく営みである（Holstein & Gubrium, 2000）。そして本書第5章が明らかにしているように、少年院における自己変容とは、そういった問題性を抱えていた自己の「語りなおし」であり、それは少年と教官との協同的な実践であるといえる。この実践は、少年たちが教官や他の少年たちの絶えざる評価のまなざしに自ら身を投じていくものであることに着目しよう。少年たちはほぼ二四時間、監視と評価、保護、指導のもとに身を置き、彼らの振る舞いと語りは相互に参照され続けていくのである。

たとえば集団指導の場では、少年同士がそれぞれの日々の振る舞いについて言及しあい、問題性への取り組みがなされているか話し合う場面が頻繁に確認された。これらの場面では、少年が自身の問題性の改善について言及したとしても他の少年たちに棄却・修正されることがしばしばある。先に見てきたように、私たちは自身の変容について言及できるとしても、だからといってその変容という事態が必ずしも認められるわけではない。M少年院においても、少年たちの「更生」の度合いを判断する権利をもつのは少年本人ではなく、教官や他の院生といった成員たちで構成されたM少年院というひとつの社会なのである。

このことは、成績評価という制度において顕著であるだろう。少年たちの問題性への取り組みや日常生活での言動は、月に一度、処遇審査会議で担当の法務教官から報告され、その評価は教官全体の議論の中で吟味される。そしてその成績の結果は、担当の教官より個々の少年たちに面接によって伝えられることになるが、その際に彼自身の問題への取り組みがどのように評価され、またどこがいたらないかといったことを告げられる。そして少年たちはそこで評価された「更生」の度合いをもとにして、さらに自身の「更生」に向けた取り組みを行っていくのである。

以上のように少年の「更生」の度合いは成員たちの日々の評価のもと綿密に記述・精査されることで、少年院全体が共有する事実となる。その過程で彼らが少年院内の相互作用によって絶え間なく再構成していく自己は、彼らの内部に閉ざされたような、私秘的かつ単一的な存在ではない。彼らの「更生」は、絶え間なく行われる言説実践（discursive-practice）（Holstein & Gubrium, 2000）を通した公的な事象となっているのである。

（2）自己構成のひな型と解釈実践の中の言説

少年たちは少年院に身をおく以上、自己を「問題性」を抱える存在として認識し生活している。これは各自が「実際に」自己をどう理解しているかという問題とは異なった、規範的・概念的な特質である。彼らは否応なく「少年院において矯正教育を受ける少年」なのであり、その前提のもとで彼らは自己の「問題性」を見つめそれに向き合う主体として活動し振る舞うことを常に求められ続けている。

いうなれば「少年院において矯正教育を受ける少年」としての規範に自ら従う形で、彼らは新たなる自己を獲得する。そこでの少年たちは、〈自己の「問題」に気づき、「取り組み」によってそれを解消し、社会へ復帰する〉という一定の「更生」のコースに沿って生活し、その中で少年院独特の言語的資源や解釈枠組み、そして語りのひな型（narrative template）を採用して自己物語を織り成していく（Holstein & Gubrium, 2000）。「主体性についての言説を提示することは、ひとつの主体を単に表象するということではない。そうではなく、言説それ自体に意味に満ちた形で埋め込まれた複数の主体を同時的に構成する」ことであり、その言説とは「「その都度」生の形態」である（Holstein & Gubrium, 2000, p. 93）。重度の逸脱キャリアをもつ少年たちは、少年院において「問題性をもつ自己」というアイデンティティを与えられ、それに基づいて日々自己を再構成していくのである。

以上のことは、少年院という社会においてあらかじめ用意された枠組みである。いうなれば少年院内には、「更生」のコース／自己構成のひな型が用意されているのであるが、それは簡略化すれば次のように図示することができるだろう（図6-1）。少年たちは問題性を抱えた自己を前提として、その問題性を発露していた過去に目を向ける。だがそこで参照される過去は、単なる記憶の想起ではない。いうまでもなく、彼らは問題性を抱えているだけでなく、規範的・概念的にそれを改善する（べき）主体としてそこにあるのであり、非行当時の過去は自身の問題性に向き合っている現在、さらには改善された未来を志向して語られるのである。そしてここでポイントとなるのが、彼らの問題性の改善の取り組みは、復帰すべき「社会」を過去・未来の両ベクトルで志向したものだということである。

上述のように彼らの「自己」は少年院内で協同的に構成される公的な特質をもつのだが、その内容も常に「社会」を参照したものであるということに注目しよう。つまり、彼らの「自己」が再構成される際、それは彼ら諸個人を説明する個別具体的な事柄や、少年院という局所的な空間に流通する言語的資源のみでなされるのではなく、そこで目指されるのは、「社会」を参照することで成り立つ「自己」の概念的な変容なのである。このように見れば少年たちの「更生」への取り組みは、少年自身の内部で起きるものでもなければ、少年院内のみに閉ざされたものでもない。それは「問題性」を

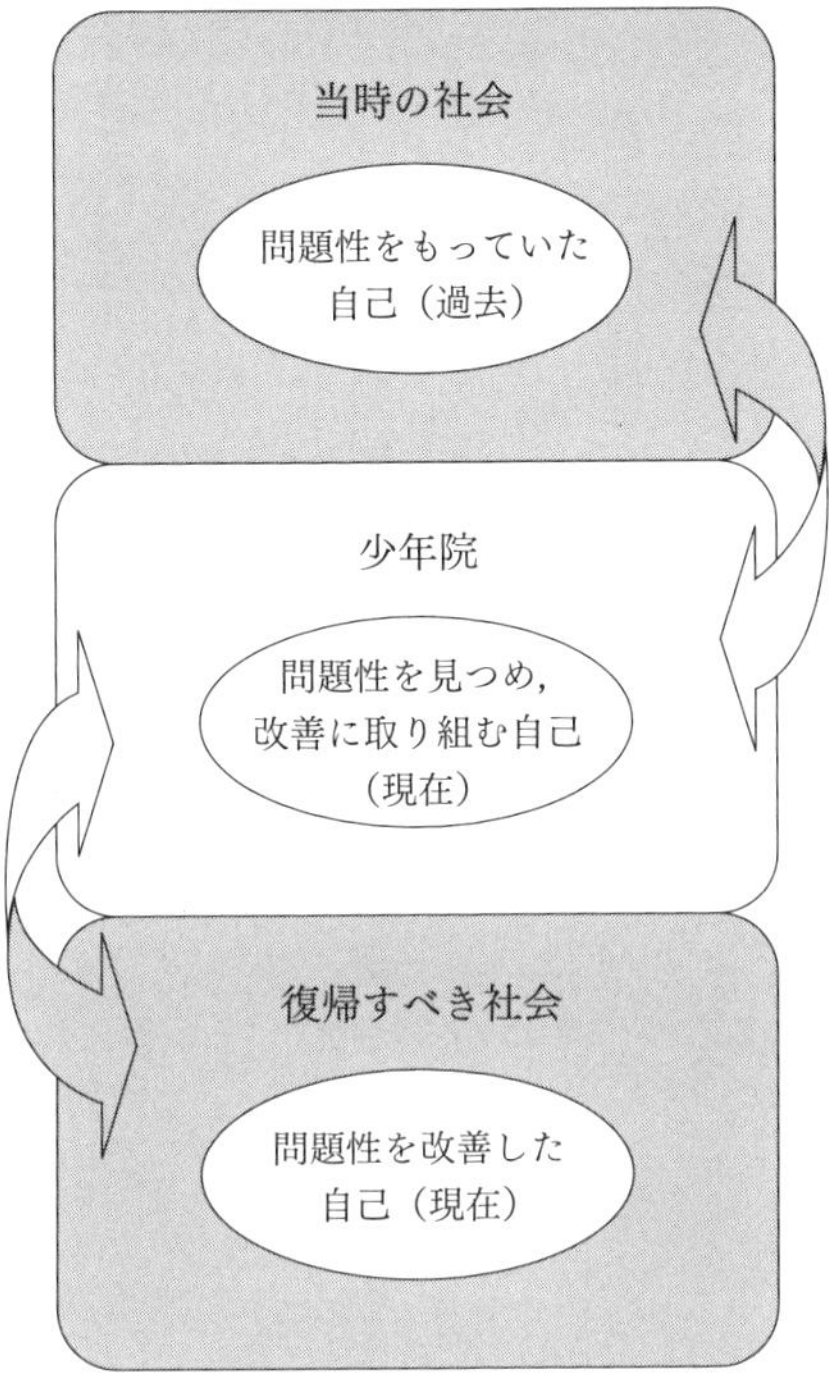

図 6-1　少年が語る少年院と外部社会との関係

抱える自己について、他者と協同的に、かつ「社会」を参照しつつ組み立て直す解釈実践なのである（Holstein & Gubrium, 2000）。

四　自己／社会の枠組み変更としての「更生」

（1）意味構築の場としてのインタビュー

前節までの議論を踏まえるならば、少年院において矯正教育を受ける少年の「更生」に接近する本章が次に着目すべきは、彼らの「自己」の語りそのものになる。そこでこの節では少年たちへのインタビューデータを分析していきたい。

ところで、もちろん彼らが少年院においていつもインタビューと同じような語りをするわけではない。少年院においても、授業や集会というフォーマルな語りから、夜間に法務教官のもとを訪れ相談するインフォーマルな語りまで、その特質は多様であることはわれわれの調査における参与観察や法務教官たちへの聞き取りから明らかになっている。

一方ここで扱う素材は、調査者という「外」から来た他者との、インタビューという特殊な営みにおいて生じたものである。だがわれわれはむしろここに積極的な意義を見出すことができるだろう。「個人史は彼らが語る前に完成されるものではなく、解釈的な必要性に応じた形で組み立てられる」（Holstein & Gubrium, 2000, p. 106）ものであって、ストーリーテラーとしての少年たちは、聞き手によって期待されている矯正教育を受ける少年としての自己を参照し、妥当な言語的資源と筋道を管理しながら自己物語を織り成していく。その意味で、インタビュー調査それ自体が意味構築の過程である（Holstein & Gubrium, 2000）。

この視座に立てば、第一義的にはここでの少年たちの語りは、彼らが「少年院で矯正教育を受ける少年」として復帰すべき「社会」の住人に自己を提示する場面のデータとして見ることができる。そしてその際に目指されるのは、彼らの語りをサンプルデータとして大量に収集し、その意味内容を類型化したり、傾向性を明らかにすることではない。われわれが目指すべきはインタビュアーとの相互作用の中で生起した、個別具体性を超えた構造的な特質を抽出することであって、その際に扱うデータの量的な要素は問題とはならない。さらに継続的なインタビューを行う中で彼らの語りの中に構造的な「変化」が観察可能であれば、それは少年たちの「更生」に接近するうえで極めて重要な「多様な意味を付与されたデータ」（北澤、二〇〇三）となるわけである。

以上の方法論的立場からわれわれは「N少年」のインタビューデータをもとに分析を進めていく。調査では二〇〇七年一一月から二〇〇八年九月まで延べ二一人にインタビューを行ったが、N少年は新入期から出院準備期まで、調査期間とほぼ併行する形でM少年院に在籍し、計五回継続的にインタビューに応じてくれた数少ない例である。

（2）「再入少年」としての自己——新入期・中間期前期

N少年は新入期・中間期前期のインタビューにおいて、M少年院の印象について、以前にいた別の少年院と比較をしながら説明した[1]。その中で、以前の少年院は規律が厳しく非人間的なものと酷評する一方で、その規律に従ってさえいればよかったので、「ある意味楽だった」という。かたやM少年院は比較的自由な雰囲気をもつものとして肯定的に述べながら、「こっちはやっぱり緩いから、自分で考えて行動しなければならないというのがある。自主性というか」と、慎重な姿勢を示してもいる。というのもN少年は「問題性」として「対人関係能力」[2]があるとされており、そんな彼にとって少年院での規則が「緩い」と感じられることは、それだけ院生同士のインフォーマルなやりとりの機会があることを示すものであり、院生同士の軋轢や不正交談などの関係のトラブルが生じやすくなる。「対人関係能力」を自己の「問題性」とするN少年にとって、院内の規律が緩く感じられることはひとつの不安材料となるわけである。

実際少年たちにとって、院生同士のかかわり方は大きな問題であるようだ。というのも、そのトラブルは成績評価・進級に大きく関わる事柄であり、不正交談などの禁止行為が発覚した際には、「調査」を経て「訓戒」や「謹慎」の処分を受けたりすることになるからである。だが「対人関係能力」に問題があるという彼は、進級と対人関係の問題について次のように述べている。

【N少年・中間期前期の語り1】（以下、傍線は筆者の強調）

N：進級が目標になっているとまずいって思うから。別に進級できなければできないで、それだけの経験ができるわけだから、……（略）……だから進級にはこだわってないっていうか、一回それで失敗しているから、前回の少年院で。
I：本当？
N：だからこそ進級じゃなく、それよりは自分の問題点を改善しなければいけないと思ったり、（問題点を改善すれば進級は）それについてくるものっていうか。
I：じゃあ自分がもうちょっとよくなるためには別に進級できなくてもしょうがないんだと思っている？
N：はい。
I：前のときはどうだったんですか、失敗したって言っているけど。
N：だから、早く出たいって思っていたから、たとえば進級時に近づくとやっぱりちゃんと生活しようと思ったりとか、それじゃあ表面的になっちゃうから、どうしても人間は。だから、そんなことしてても変わらないなというのがわかったから。

I：そうすると、進級のときは、来たときだけちょっとカッコつけてたの？
N：そうです。
（中略）
N：自分の問題点は、対人関係で言えばそういう雑な部分とか偏り、素が出てきているところで、まだ直している段階じゃなくて、自分はどういうところが問題なのかを考えている段階で、迷惑かけたのはもちろんわかっているけど、今の状態で「すみません」と言っても現実性がなく、表面的になってしまう。

ここでは「素が出てきている」「今の状態で」（15、17行）という語に注目しよう。彼は聞き手に対して、自身の「素」としての問題性を把握し、管理する主体としての自己を表明していることがわかる。さらに「今の状態で」という語彙は、改善される（であろう・べき）「未来」を見越したものである。つまり彼は現在だけでなく、通時的な自己の管理をも行う主体としてあるわけであり、進級問題も表層的なものでしかない、というわけである。いわば「優等生的」ともいえるこの語りは、しかしながら——奇妙なことに——彼が過ちを「また」犯した再入少年として自己同定することで成り立っていることは興味深い。その際、彼が自己を語るうえで参照としている過去は、「前回の少年院」という特殊な社会なのである。それは「進級を気にしない今の自分」を説明するうえで、「一回それで失敗しているから、前回の少年院で」（02—03行）と、少年院特有の失敗を自ら語ることが必要であるということだ。

先に見てきたように、少年院内の少年たちは、自身の問題性を言及するうえで過去を参照しなければならない。自己の問題性とその改善を語るうえで、彼は進んで自らを「再入少年」として同定する必要があるわけである。だがこのことは、自身を「少年院文化の精通者」として提示することにもなるわけである。

(3)「矯正教育を受ける少年」のゆらぎ——中間期

「再入少年は施設慣れをしやすい」。これは多くの法務教官たちに共有された理解であるようだ。会議場面などM少年院在籍の法務教官たちの議論においても、再入少年たちの言動はある意味で優等生的であるが、施設への適応によるものもあり注意が必要であるという発言がしばしば観察された。同様にある寮担当教官へのインタビューによると、彼らが見るべきは少年たちの「深まり」であるという。それは場当たり的に上手なことを言っても、その後の生活態度などを見ればそれが「深まった」言動かどうか判断できるという。「再入少年は施設慣れをしやすい」という慎重な理解は、そういった「深まりのなさ」——つまり口頭では優等生的な発言をしながらも、日常の中での振る舞いがそれに及んでいない——が、再入少年に多く認められるということである[3]。

ところで、N少年もそういった「再入少年」の典型ともいえる経過をたどることになった。というのも、先の中間期前期のインタビューからほどなくして、彼は不正交談の発覚による謹慎処分を受けたのである。次のデータは1のインタビューから三ヶ月後の中間期後期のものであるが、彼は少年院生活について1とは大きく異なった語りを展開している。

【N少年・中間期後期の語り2】

1　N：少年院では自由がきかないんで、それだけストレスとかも、社会で生活している普通の人よりはたまるんですけど、それをどうするかと思うとき、やっぱり人とおかしなことを話して、少しでも現実逃
2　避して、「どこから来たの」みたいな話をしたときは楽しかった。自分は、楽しければ別にだれでも
3　よかったんで友達とかいう感覚はなかったんです。

（中略）

4　I：不正交談したからといっても、それだけで楽しい話っていうこともないような気もするけど、そうで
5

もないんだろうか。
N：社会の普通の人から見ればそうなんですけど、ここにいること自体やっぱり苦痛で、もちろん個人の情報とか知らないわけじゃないですか。もちろん手段として話すということ、相手の過去を知るとか、もうそれしかないんで、楽しいことというのが。
（中略）
N：みんなそういうふうなやつで、今回の不正は、ちょっとした雑談からどんどんどんどんお互いの話をしたがって、止められないというか、非行と同じでいったん自分の中で味をしめると、もう一回、もう一回と話したい気持ちになる。
I：そうだよな。だけど、それは普通の人だってそういうとこあるからな。
N：なんか場所が違うんで。
I：そうだな、これはちょっと場所が違うな。
N：はい。

少年院一般の問題として、院生同士の個人情報にかかわる会話は出院後の不良交友の新たな発生を未然防止するため、「不正交談」として禁止されている[4]。だが、N少年もここで述べているように、独特の規律の中で生活する彼らにとって、こういった院生同士のインフォーマルなかかわり自体が魅力あるものになるようだ。それはゴッフマン（一九八四）が指摘した、全制的施設における収容者たちの「調整」の一種といえ、自身の身元や過去について話すことは、剥奪されたアイデンティティの修復を意味するものでもあるだろう。実際N少年も、この失敗をある程度合理性のあるものとして弁明していることがわかる。その際に用いられるのが、「社会で生活している普通の人」（1行）、「社会の普通の人」（7行）という言葉であって、それを参照することで自分の生活する少年院は

「社会」や「普通」とは違う、特殊な空間となり、「普通の社会」では些細な会話も、魅力に満ちたものとなるわけである。

1の語りでは、別の少年院を参照することで、M少年院は規律の緩やかな自主性を求められる空間となっていた。だがこのインタビューでは、「普通の社会」が参照されることで、M少年院は規律の厳しい特殊な空間となっていることが容易に見てとれるだろう。実際、違反行為の魅力にひきずられることは「非行と同じ」（11行）とN少年は不正交談をする当人の問題に帰属させようとしているのだが、13行でインタビュアーは（「非行」と対比された）「普通」の人でもそうだと、特殊な環境に身を置く少年に対して共感的な見解を示している。つまり、それを行うのは彼自身の非行性とは異なる要素にあるのではないか、という見解であって、それは「ここ」は「場所が違う」（14、15行）ということで両者の間で合意がなされている。

1の語りでは、彼は「再入少年」として自己を同定し、そこでのM少年院は比較的自由な空間として語られていた。ところがここでの彼の自己は、「社会の普通の人」と対比的な「少年院で生活をする少年」となっている。ここで興味深いのは、ここでの彼の自己は、「普通」ではないのは――中間期前期には「自由」と言っていた――「少年院」の環境であり、その意味で彼自身は「普通」の人間であるという理解が構成されていることである。それは、「場所が違う」という言明に顕著であるだろう。すなわちN少年は、規律違反・規則違反のもつ魅力に引きずられることは「非行」と同じであり、当人の問題に帰属するものであるという理解を示す一方で、[5]「外」からやってきた調査者との相互作用の中では、「普通」と対比されるのは自身の「非行性」ではなく「少年院」という空間になっているわけである。

（4）「普通の人」の場としての少年院――出院準備期

最後に見るのは、出院準備期に入ったN少年の語りである。ここでの彼は自身の「問題性」である対人関係について、他者とかかわるときの表現の仕方や相手の気持ちを察することを院内で学んできたということを詳細に語っている。

【N少年・出院準備期の語り3】

I：対人関係における相手への配慮などの重要性については、ずっと最初に入ったときから、徐々に気がついてきた？　それとももう入った最初から……。

N：いや、最初は別に対人関係なんて問題ないとずっと思ってたんで……。

I：自分は？

N：そうです。人と社会で接してるときは、周りにはそんなに鋭く言ってくれる人もいないし。いやだったらいやで、かかわってくれる人もいないから、人それぞれなんですけど。ただこういう少年院で生活していくと、苦手な人でもやっぱり絶対接していかなきゃいけないから、そういった意味では、ああ、自分にも苦手な人がいるんだなとか、やっぱり自分をあんまりよく見てくれない人もいるんだなと気づいたんで、そういった意味では、中間期くらいから、ある程度生活もできてきてからそういうふうに思ってきました。

（中略）

I：振り返ってみると、昔、社会にいたときはあんまり対人関係は悪くないと思ってたでしょう。で、ここへ来て、ちょっとそうでもないかなと思うようになったでしょう。ということは、その昔思ってたことっていうのは、もしかしたら間違ってたっていうふうに思う？　それとも、いや、そうじゃなくて、やっぱりここがちょっと特殊だからっていうふうに思う？

N：もちろんそういう部分もやっぱりあると思うんですけど、赤の他人、嫌いな人とずっと接している部分もあるんで、そういった意味では嫌いな部分とかどんどん日に日に強くなっていくわけだから、相

17 手の悪いところも人に接すれば見えるんで。社会にいたときは、別に接するっていっても一時的で、
18 長くても、仕事場とかで接するくらいだから、そこまでいやな部分とか見えなかったんですけど。だ
19 からそういった意味では、少年院だからっていう部分もあるんですけど。ただやっぱり今までの自分
20 は、不良集団と絡んできたんで。
21 I：うん。
22 N：そういう人たちだからこそ、あんまり対人関係が悪くならなかった部分もあると思うし。
23 I：ああ。
24 N：感受性が普通の人と同じでないから、普通の人には、やっぱり苦手意識もあったりするんですけど。
25 そういう集団って入ってくる人は拒まないじゃないですか。悪いところも見栄を張ったり、そういう
26 部分もあったんで。そういった意味からは、社会での接し方がいちばん間違ってたと、今は思いま
27 す。

（中略）

28 I：そういうのは、やっぱりここへ来て、先生たちと触れたり、仲間と触れたりして、だんだんわかって
29 きたこと？
30 N：そうです。不良集団の中にいる楽しさも今までずっとあったんですけど、それ以上に普通の人と接す
31 ると、得られるものとか感じる部分とか、一緒になってやることの大切さとか、そういうのをわかっ
32 たので。

ここで注目したいのは、3行でN少年が入院前の「当時の社会」及び入院からしばらくの間は、対人関係に問題を感じていなかったと初めて語っている点である。そして4行の反応にあるように、継続的に彼にインタビューを

行ってきた調査者はこの発言に意外性を表明している。というのも、データ1にもあるように、これまでのインタビューでN少年は逐次自身の対人関係能力を「問題性」として述べてきたのだが、ここにきて一定期間「対人関係に問題はないと思っていた」と回顧する彼の言明はそれまでの語りと食い違いが生じるからである。そうであるならば、われわれは次のように問うことができるかもしれない。すなわち、彼は――「再入少年」の典型であるように――、それまで体裁のいい嘘をついてきたのではないか。あるいは、出院準備期において、彼は過去に感じていたことや考えていたことを偽るようになったのではないか、と。

だが、われわれは彼の語りの「真偽」に目を向けるよりも、人の想起がもつ公的なカテゴリーに依存する特質に着目しよう。リンチとボーゲンは、O・J・シンプソン事件裁判の被告側弁護人による鑑識官への反対尋問を例に、ある過去の状況において、ある人物が何をしたか（しなかったか）という想起は、その人物が担っている職業等の成員カテゴリーがもつ規範性と密接に結びついていることを明らかにしている（Lynch & Bogen, 1997）。つまり、過去の想起の要請を受けた人々は、「ある特定の行為がなされる状況で〈起こりえる〉ことを参照することで、自分たちの説明や告白を構成する。そしてその行為とは、社会的なエージェントとしてみなせる類型から規範的に想起されるものである」（Lynch & Bogen, 1997, pp. 120–121）。

あるカテゴリーの担い手が、特定の状況下において行った（であろう）ことの想起は、当該カテゴリーのもつ規範と結びついている。「話者が彼／彼女自身の過去について語る権利を得たり、語りえなかったりする事柄は、話者の心の状態が決定するものではないし、一般的に理解されている心の理論によって聞き手が決定するといったものですらない。実際に話者が行う過去の場面の再構築は、思い描かれることも精査されることも、作り出されることさえもある」わけである（Lynch & Bogen, 1997, p. 120）。

N少年の場合、「非行当時の社会から入院してしばらくの間、自身の問題性に気づいていなかった」という想起は、「出院準備期」のいま「非行当時」について語ることと規範的に結びついている。換言すれば、「出院準備期」

にある彼から見て、問題を抱え過ちをおかした「非行当時」の自分や「更生」に向けて取り組んでいる最中の自分は、その問題性に明確に気づいていてはいけないのである。

　そしてこのことは、中間期前期（1）の「今の状態で「すみません」と言っても現実性がなく、表面的になってしまう」（17—18行）という言明に直結している。先に見たように、ある問題をもったとされる人物が、自身の心の詳細を指して「変わった」「反省した」と言ったところで、およそ私たちはそういった言明を信用することはない。同様に、中間期前期のN少年は、言葉の上で自身の問題性（対人関係能力）に言及することができたとしても、だからといってそれを改善・克服した主体として振る舞うことは許されない。むしろ彼は、積極的に「再入少年」としての自己を資源とし、その時の「失敗」と結びつけることで「今の状態」の自身の振る舞いを「表面的」なものになりかねない、と述べるわけである。このように、入院して間もない段階において、少年が自身の問題を「本当に」把握することは困難となる。それは実際的な問題であるというよりは、概念的、規範的問題である。そしてこのことは、ほかでもないN少年自身がそれを理解していたわけである。[6]

　したがって、この時の言明をもってきて、出院準備期の「問題性に気づいていなかった」という発言を精査したとしても、彼の言明には何ら矛盾が無いことがわかる。つまり、入院して間もなくの彼がいくら自身の問題性を言葉で述べていたとしても、それは出院準備期の彼にとっては「本当には気づいていなかった」こととして解釈されるのである。

　さてこのような想起のあり方は、少年院とそこで生活する少年たちに対する彼の理解のあり方とも結びついているといえるだろう。彼は少年院の成員たちを指して「普通の人」と述べているが、他の院生たちはそもそも彼と同様に非行をおかしてきた少年たちである。[7]一方、中間期後期（2）の語りでも「普通の社会」と対比されていたように、少年院は独特な規律をもった、その意味で「普通」ではない空間であるといえる。つまり、他の少年たちも少年院も、「普通」と対置されるべき存在として見ることは十分可能であるし、事実N少年はかつてはそのように述べていた。

だが出院準備期において、事態は劇的に変化している。すなわち「問題性」に親和的であった「非行当時の社会の不良集団」と対置された際、少年院とその成員たちはまったく逆の、「普通」というカテゴリーに帰属させられるようになったのである。そこでの少年たちは、彼が以前慣れ親しんだ逸脱集団とは対極にある、遵法的かつ公共的な主体（普通の人・赤の他人）として再定式化されていることが理解できるだろう。そしてそのメンバーとしてのN少年もまた、「普通の社会」の成員たりえる主体として自己を位置づけ直すことができるわけである。こうした自己・社会・「普通」概念のシフトを経ながら、彼は「自身の問題性に気づくことができた」と述べることのできる「主体」を獲得していったといえるだろう。

五　おわりに――少年院における「更生」とは

以上のように、われわれはN少年の語りの構造的な変化を観察してきた。すなわち、それは自己を織り成す際の参照枠組みの変化であって、時系列的な生活史の中にそれぞれ位置づく「自己」と「社会」のカテゴリー的な関係性の変容ともいえるだろう。そして「少年院」は常に「自己」と「社会」の接合点として位置づけられていたわけである。

それは端的にいえば、N少年と調査者のやりとりの中で、M少年院は、①入院初期においては、以前の少年院との対比の中で「自由な空間」として、②中間期後期では、自由な空間としての「普通の社会」との対比の中で「普通と違う空間」として理解され、③出院準備期には、「不良集団のいた当時社会」との対比の中で、遵法的・公共的な意味で「普通の人」の住まう空間として理解されていった。その際彼は、①においては「再入少年」として、

②においては「特殊な規律に苦しむ普通（usual）の人間」として、③においては「社会の成員に等しい普通（normal）の人間」として、自己同定をシフトしていったわけである。

　このようにして、社会から隔絶され独特な規律をもった少年院での生活は、「復帰社会」へと接合していくことになるわけであるが、それは単なる「言葉づかい」の問題などではないことは強調しておこう。というのも、彼のこのような概念的変容は、彼の過ごした空間が全制的施設としての特色をもっていたことで初めて成り立つものであったからである。すなわち、彼は過去の「社会」を、「普通（usual）」に過ごしており誤りに気づかなかった「非行当時の社会」とし、また出院後の「社会」を規律と公共性をもった「普通（normal）」の「復帰すべき社会」として再構成していった。そして「少年院」という空間とそこでの生活が、この過去・未来の「社会」を異なるものとして区分する、主要な概念的・経験的資源となっていたわけである。

　本章の課題は非行少年の「更生」がもつ公的な特質に着目し、少年院において矯正教育を受ける少年の語りとその構造的特質から、彼らの「更生」を再検討することにあった。そして本章が明らかにしたのは、彼らの「更生」とは、自己と社会の関係性の概念的・規範的な枠組みの変容と、それによる「社会の成員としての自己」の獲得であるということである。それは少年院内部において、そこで設定される通時的なコースや言語的資源を少年たちが用いながら、常に他者の精査にさらされる中で協同的に成し遂げていく実践の連続によって築き上げられていくものであるだろう。(8) その意味で彼らの「変容―更生」の過程は少年の内部の事象ではないのだが、同時にそれは少年院という空間内部にのみ限定された事象でもないはずだ。それは「外」から来たわれわれにとっても観察・接近可能な、統計的再入率とは別個の「社会的現実」としてみなすことができるのである。

注

（1）N少年のように、入院から間もない時期の再入少年は以前の少年院との比較でM少年院を語る傾向にあった。たとえば初入の

O少年は中間期前期のインタビューで、丁寧な言葉づかいや頻繁に行われる整列や号令といった規律について言及し、M少年院を「想像していたとおり」と述べ、「率直にそういう生活はやっぱり自由がないんで、嫌だなと思ってました」と語っている。一方N少年と同じ再入のP少年は新入期のインタビューにおいて、M少年院は前回いた少年院と違って規律が緩い分、自主性が求められるものであり「社会に近いって言ったほうが早いですね。少年院と社会はやっぱり違うものがあるんですけど、でも少年院の中で社会により近いっていうか」と述べている。このように再入少年にとっては「再入」であること自体が重要な自己参照枠組みであり、とりわけ入院初期においては積極的に「少年院文化に精通した者」として自己同定を行うわけであるが、そういった言動の特徴は、教官からは「施設慣れ」として解釈されうるものである。少年院においては、自己について真摯に語ることが求められるわけであるが、再入少年の場合「二度目」を語るために必要な経験や言語的資源を動員することになる。ところが、「施設慣れ」は教官たちにとって注意しなければならない事態であるため、より注意の目が向けられる。その意味で再入少年は入院時において、一種のダブル・バインド的状況に身を置いているといえるだろう。この場合、彼らは語ることを要請されながら、語ることでさらなるサンクションが起きる文脈を作らざるを得ないのである。

（2）M少年院では一般的に院内の少年を「院生」と呼んでいる。

（3）もちろん教官による再入少年の「深まりのなさ」の発見は、再入少年に対するセレクティブ・サンクションと見ることもできる。

（4）M少年院において不正交談は、過去の武勇伝を示したがる「虚栄心」や他者への「依存心」の現れである「馴れ合い関係」を象徴する行為とされており、たとえば、寮のホールにある寮生活の手引書はその問題性について丁寧に説明している。しかし「馴れ合い関係」という概念の適応範囲は広く、「馴れ合い」から生じる結果の重大性いかんによっても、その問題性の度合いが変化する。インタビューによると、少年たちはそこに戸惑いを覚えつつも、どこまでが「馴れ合い」となるか概ね経験的に了解しているようである。なお、不正交談以外の違反行為としては、たとえばわずかな眉剃りや制服のズボンを少しだけ浅く履く「腰パン」等をささやかに試みる者が時折いるようである。むろん、これらも「虚栄心の現れ」といった非行の原因として注意されるものであるが、一方で少年たちは「どこから注意の対象となるか」という教官との駆け引きを試みている節もあるようである。

（5）「院内での違反は非行と同じ」という文言は、M少年院における「語りのひな型」のひとつといえる。たとえば初入のO少年（中間期）の例を見てみよう。彼は、院内の生活において「何事も一生懸命にやる」ことをモットーとし、院内の盆踊り大会においても「一生懸命」踊っていた。するとその様子を見たある教官は、その一生懸命なさまについて彼を誉めたのだが、ところが別の教官は、そのさまを度が過ぎたものとして注意を行ったという。このことにO少年は戸惑いを覚えたと述べながらも、そのうえで暴走族であった自分は社会のルールを自分の都合よく解釈していたとして、「それを思い返せば、ここの生活でもそういう決まりやルールは、同じことなのかって考えるようになったんです」と述べている。少年院においてはその場の判断は教官の裁量にゆだねられているところが大きい。このケースのように、「一生懸命踊っている」のか「調子に乗りすぎている」のかの判断が教官によって分かれることがあるのはある意味で必然といえるのだが、彼はこの出来事を「ルールの本質」と「自己の非行原因」という「ひな型」に即して語っているわけである。

（6）N少年の、「今の状態」では謝罪することができないという言明は、換言すれば「更生」と「謝罪」が概念的に密接な結びつきをもっていることを示唆している。すなわち「謝罪」が「「表面的」にならない状態」もまた、彼自身の「心」の中の問題というよりは、ある社会的な規範・評価に属する公的な問題であるといえるだろう。

（7）実際データ2に「みんなそういうふうなやつ」（10行）とあるように、N少年の中間期後期の語りでは他の少年は違反行為に親和的な存在として語られている。

（8）本章では彼らの少年院生活自体の分析を行ってはおらず、その意味でここで述べていることは全体的な参与観察とインタビューデータの分析から導き出された「推論」の域を出るものではない。そのため、M少年院での彼らの生活、特に集会や面接における教官との相互作用過程の詳細な分析が求められており、今後の課題としたい。なお本書第5章は女子少年院における少年と教官とのやりとりから、少年たちのナラティヴの「変容」の構造を明らかにしている。

文献

伊藤茂樹、一九九六、「『心の問題』としてのいじめ問題」『教育社会学研究』第五九集
北澤毅、一九九七、「他者の不透明性について」『立教大学教育学科研究年報』第四〇号
北澤毅、二〇〇三、「構築主義実証研究のための方法論ノート」『立教大学教育学科研究年報』第四七号
クルター、J、一九九八、『心の社会的構成――ヴィトゲンシュタイン派エスノメソドロジーの視点』西阪仰訳、新曜社
ゴッフマン、E、一九八四、『アサイラム――施設被収容者の日常世界』石黒毅訳、誠信書房
野矢茂樹、一九九五、『心と他者』勁草書房
法務省矯正研修所、一九七八、『研修教材　少年院法』矯正協会
ホルスタイン、J／グブリアム、J、二〇〇四、『アクティヴ・インタビュー――相互行為としての社会調査』山田富秋・兼子一・倉石一郎・矢原隆行訳、せりか書房
牧野智和、二〇〇六、「少年犯罪報道に見る『不安』」『教育社会学研究』第七八集

ライル、G、一九八七、『心の概念』坂本百大・井上治子・服部裕幸訳、みすず書房
Holstein, J. A. & Gubrium, J. F., 2000, *The Self We Live by : Narrative Identity in a Postmodern World*, Oxford University Press
Lynch, M. & Bogen, D., 1997, "Lies, Recollection, and Categorical Judgements in Testimony," S. Hester & P. Eglin (ed.), *Culture in Action : Studies in Membership Categorization Analysis*, International Institute for Ethnomethodology and Conversation Analysis

第7章　少年の演技と「自己」への信頼
――〈演技〉はどのように把握され対処されるのか

山口　毅

一　はじめに

人間は演技をすることができる生物だが、しかしながら人は相互行為上で呈示された外見を通じてしか他者の内面を把握することができない。そのために、日常的に抱かれている他者への信頼が崩されることもある。

非行を反省させ更生を促す少年司法への不信がしばしば語られるのも、この点である。昨今の非行少年たちは少年法によって保護されていることを知っており、ずる賢く反省したふり（演技的な振る舞い）をしてみせ、より甘い処分を獲得しているのではないかといった不信や、少年院の入院者にしても、反省してみせ更生したふりをしているだけではないかといった不信などである。たとえばジャーナリストの藤井誠二は、次のように述べている。

少年院では早く進級し、出院時期を迎えたほうが、いい収容者だと思われる。そんなことは、実は簡単なんです。だって大声で挨拶すればいいんだから。（藤井、二〇〇六、一八八頁）

少年院では、教官が院生に対してさまざまな働きかけをする。たとえば規律正しい挨拶を求めるとか、課題作文で非行の反省を深めさせるといった働きかけである。だが、教官の働きかけに少年が表面的に応じることは可能であり、そこで少年が行っていることは、内面の変容を伴わない演技的な振る舞いであるかもしれない。少年院は、非行を反省させて更生を促す施設であるのだが、そうであるがゆえにかえって、教官の働きかけに対応して少年が演技的な振る舞いを試みるようになりはしないか。こうした懸念があるとすれば、それは、演技の可能性を認識する日常的な方法と深く関わっているといえるだろう。本章が照準するのは、その問題である。

本章は、演技の可能性を認識することで導かれる「自己」への不信を、少年院の実践と関連づけて検討することを目的としている。まず、演技を主題にしたドラマトゥルギー論において、「自己」への不信がもたらされた研究の経緯を見る（第二節）。そして主に教官への聞き取り調査をもとに、少年院の実践における演技的な振る舞いを検討していく。少年院の教官は、少年による演技の可能性を認識しながらも、最終的には、更生へと向かう少年の「自己」を信頼していく（第三節）。それは、内面を伴わない演技的振る舞いを発見し、少年院の生活における失敗を手がかりにして働きかけていく実践と関わっている（第四節）。それらを検討した後、少年院の実践が研究に対して何を示唆しているかを考察しよう（第五節）。

二　研究における「自己」への不信

演技を主題としたときに、例として取り上げるにふさわしい先行研究として、E・ゴッフマンのドラマトゥルギー論がある。ゴッフマンによれば、相互行為は、参加者が自己呈示によって役割を演技し合うことによって営まれている。[1]この役割演技に対する考え方は、構築主義的な自己論とセットになっている。それはたとえば、「自己は呈示される場面から［さまざまの印象を］寄せ集めて生ずる一つの劇的効果」（ゴッフマン、一九七四、二九八頁）だといった考え方である。

それと同時にドラマトゥルギー論は、相互行為場面で演じられた外見を通じてしか、他者の自己は把握できないという認識も提出する。行為の意図・動機や感情などの「内面」なるものも、相互行為場面で呈示された「外見」を通じてしか、他者からは把握できないと考えるのである。この点を踏まえて、ゴッフマンは次のように述べる。

誠実なパフォーマーが真実を伝えようと願っているかいなか、あるいは不実なパフォーマーが虚偽を伝えようとしているかいなかに関わりなく、両者はともに自分たちのパフォーマンスを適切な表現を用いて生き生きさせ、現に人に抱かれる過程にある印象に対する不信を招くような表現を自分のパフォーマンスから排除し、さらにオーディエンスが意図しなかった意味を読み込んだりしないように心を配る必要があるのである。（ゴッフマン、一九七四、七七頁）

つまり、詐欺師やうそつき（「不実なパフォーマー」）も、正直者（「誠実なパフォーマー」）も、信頼できる自己呈示を維持する任務に取り組むという点では同じである。そして、「きわめて不実なパフォーマンスを研究することによって、きわめて誠実なパフォーマンスについて知ることができるという利益をわれわれは得るのである」（ゴッフマン、一九七四、七七頁）。なぜなら外見からは、必ずしも両者は見分けがつかないからである。

ドラマトゥルギー論によるこうしたアプローチは、相互行為上の「自己」への信頼を損ねるものとして受けとめられることがある。A・W・グールドナーによるゴッフマンへの有名な批判を例に検討しよう。彼はゴッフマンの理論を「ゴフマニアック」と揶揄し、「この理論が一方で、外観（＝外見：引用者注）と現実そのものとを区別するのを拒み、外観のもつ意味をもっと重大なものとして受けとめるよう主張しながら、他方では、人びとが因襲的に尊重してきたものを、もう一つの〈みかけ〉にすぎないとして、価値剥奪しなければならない」（グールドナー、一九七五、五八頁）と述べている。価値剥奪されるものとして挙げられた例は、「忠誠、誠実さ、感謝、恋愛、友情など」である。

グールドナーがゴッフマンと対置するのはルソーであり、「ルソーにとって外観は不誠実さの仮面であり、人を互いに疎隔する妨害物であり、人を自分自身からも疎外させてしまう外的な見せかけを意味するものであった」（グールドナー、一九七五、六一頁）。ルソーにおいては「誠実さ」、すなわち内面の良心のレベルでの確信がすべてであり、外見がすべてであるようなゴッフマンの「道徳の商人」との距離は大きい。ゴッフマンは、こうした誠実な「自己」への信頼を掘り崩す「欺瞞の社会学」を作り上げたというわけである。(2)

もちろん、ゴッフマンの立場からは次のような反論が可能だろう。いくら「内面の良心」や「誠実さ」を主張したとしても、誰であれ、他者のそれを相互行為上の自己呈示を通じてしか把握できない。また誰であれ、自分のことは、相互行為における自己呈示を通じてしか伝えられない。それを考えれば、ゴッフマンを批判することは、（相互行為のありようを記した）手紙を運んだからといって郵便配達人を責めるような見当違いではないか、と。

とはいえ、ゴッフマンの著作がある種の態度変更を読者に促していることは確かだろう。外見にかかわらず確かな内面があるというルソー流の確信は、もはや入手しがたい。そして、誠実そうな他者の外見を見たときも、それと対応する内面があるかどうかはわからない。「誠実に見える振る舞いにも内面は伴っていないかもしれない」という相互行為上の「自己」への不信を、ドラマトゥルギー論はもたらしうるのである。

この不信がもたらされる理由のひとつは、詐欺師やうそつきがそうであるように、誠実な意図・動機といった「内面」を伴っていないにもかかわらず、誠実に見える「外見」というものがありうるからである。そこで、振る舞いに対応する（誠実な意図・動機などの）「内面」を伴わない演技的な振る舞いのことを、以下では〈演技〉と表記し、それに注目していくことにしたい。

以上をまとめよう。相互行為は、自己呈示を伴う役割演技によって営まれ、そこで呈示される「外見」を経由する以外に他者の「内面」は把握できない。これは原理的な事柄である。日常生活ではあまり顧みられないこの原理は、ひとたび意識されると、「誠実に見える振る舞いにも内面は伴っていないかもしれない」といった、相互行為上の「自己」への不信を生み出すことがあるのだ。

三　少年院の実践(1)――演技の推奨と信頼

ここからは、M少年院の調査データをもとに検討していこう。第一節で提起した問題は、少年院の実践と大いに関係がある。教官たちは少年による演技を意識しているし、場合によっては意図的な演技を推奨もするからである[3]。進級時の面接の会話データを見てみよう。以下では、少年に対してN教官が指導を行っている。

【断片1】

N：他にありませんけど、今ちらっと聞こえたのは、これからも面接を受ける場面があると思うけども、言葉づかいで「何々ですよ」という（ような印象の良くない）使い方はしないほうがいい。

（中略）

N：意識する時もね、眉間に皺を寄せるとか、あまり印象がよくないからね。そんなに気張って話す必要もないし、考えたことを自然体で話せばいいですから。ある意味、見栄や虚勢でね、かっこつけて話していると見られてしまうから、損するからね。それに気をつけて話してください。

この面接は処遇に関わる重大なイベントであり、その場の緊張感は少なからぬものであるという。【断片1】ではその場面で教官が、今後の生活に備えたよりよい役割演技を指導している。意図的な演技を訓練するこうした実践は、少年院のさまざまな場面で見られるものである。[4]

その一方で教官たちは、少年の更生に寄せる一定の信頼も語っていた。次の聞き取りではN教官が、表情という「外見」の変化の中に、更生した「内面」が表れていて、それは処遇の効果として信じられるという見解を語っている。

【インタビュー2】

N：入院したときの少年の表情と、出院のときの表情は、やっぱり違うんですよ。全然違うんですよ。もう生まれてきたような、（生まれて）すぐのような顔をしていてね。すべてこう防御してないっていうか、そういう表情になっているしね。処遇の効果はいろいろな部分であるので表現しづらいんですけど、何が一番変わったと思いますかと言われれば、やっぱり表情なんですね。

この院生の表情はむろん、自動的にもたらされるものではない。同じインタビューで引き続き語られた次の内容に見るように、教官の密接なかかわりの中で生まれるものであり、「真剣に向き合った」ということが伝わって形成される信頼関係が背景にあると把握されているのである。

【インタビュー3】

N：やっぱり私たちは少年に球を投げて、通じなくて、球投げて、通じなくて、それを何回も何回もやって、やっと少しずつ、ポンポンって心に当たっていくんですね。それで初めて、やっと、「本当にまあ（変わった）」と言って。嫌われて、嫌われて、最後は「あのとき本当に真剣に向き合ってくれて、先生がいなければ今の僕はいない」っていうその論理の展開を知ってるものだから。

少年たちの更生した自己に信頼を置くということのような見解は、インタビューにおいてたびたび聞くことのできるものだった。

以上を踏まえ、ここでは次のような問いを設定しよう。少年院の実践は、更生に向けた意図的な演技の推奨を含むゆえに、内面を伴わない〈演技〉についてもそれが可能であることを伝えてしまう余地がある。第二節で見たように、意図的な演技の可能性が意識されると「誠実に見える振る舞いにも内面は伴っていないかもしれない」といった、「自己」への不信を生み出すことがある。けれども、少年院の教官は一般的にそのような不信を抱いているとはいえない。むしろ教官たちは、不信に陥ることなく、観察と綿密な働きかけに基づいて少年の「自己」を信頼していくようである。それはなぜなのだろうか。

四　少年院の実践(2)――〈演技〉の発見と失敗の利用

再度、第二節の内容を確認しよう。相互行為上の「自己」への不信がもたらされるのは、対応する内面を伴っていない〈演技〉と、対応する内面を伴った自己呈示とを区別しがたいという認識によるものだった。他方、少年院ではどのような実践が行われているのだろうか。まずは、さまざまな場面を通じた〈演技〉の発見が、教官によってしばしば語られていることに注目しよう。

（1）〈演技〉の発見

以下は、O教官が新入時教育の段階にある少年について述べたものである。

【インタビュー4】

O：非行の話をして、自分の問題点を見つめるっていうのが、一番の目標になっているんです。これに対して、いろいろな「私のしたこと」や「自分らしさ」というふうな課題を出して、（院生の描いた）その絵を見ながら、本人と話をする。その中で、「どういう状況だったのかな」というふうなことを問いかけると、本人の気づき具合というものがあって。「ああ、このへんまで考えることができてるんだな」と。ただ、「絵には表したり、文章には表してるけれど、要するに内面化はあまりしてない」っていうことがあります。新入期の話ですので、気づくことができるかどうかというようなところも重点的に見ていました。非行をやったことに対して自分で気づいているのかどうか。どういうふうにまずかったのか。そうしないための方法は他になかったのかどうか。一つのやることに対しても、それと違う方法があったんじゃないか、というようなアプローチ。そういうふうにすると、本人たちがやっぱり考え込む。「そのときの状況はそうだったんだけども、でも他にもあったかもしれない」というようなことを考えてくれるということが、ひとつ、求めているものでした。

与えられた課題に対する教官の問いかけの結果、非行が「どういうふうにまずかったのか」、「そうしないための方法は他になかったのか」といった点で具体的な応答がない（ここでいう「考え込む」）ことが多いという。こうした状態を、「内面化はあまりしてない」というように、O教官は表現している。十分な内面の変化を伴っていない分、絵や文章を書くことも表面をなぞっているだけの〈演技〉に近い状態だとみなされているといえよう。同時に、それは新入時の少年としては不適切なことではなく、応答できずに考え込むこと、「気づき」があることが、働きかけの目標にもなるという。

それでは、教官の問いかけに対して少年がスムーズに応答できる場合はどうなのだろうか。中間期以降ならば、少年院の施設文化に通じることによって、〈演技〉に習熟してしまうことがありはしないか。ここでの問題関心にとって、その方がよりクリティカルである。とりわけ以前に少年院の生活を経験している再入少年の場合、そうしたことが起こりやすいと教官たちはみなしている。次の例を見てみよう。

【インタビュー5】

(IとRは調査者)

P：彼は施設はこれで二回目だと思うんですけど、よく(ここでの生活を)心得てますね。ええ。

I：「心得てる」というのは?

P：もう職員がこう言ったら、次はこう返さないとだめだとか。少年院生活のノウハウというか、それをもうきちんと身に付けてしまっているというか。

R：それは、ちょっと言葉は悪いけど、ちょっとこう演じるって言うとなんですけども……。

P：うん、たしかにそれは、あると思いますね。

「こう言ったら次はこう返さないとだめ」というように、少年が教官の問いかけにスムーズに応答してしまう。そこに〈演技〉が観察されるというのである。

とはいえ、先に見た新入時における応答の不在と異なって、ここでは少年が一見したところ模範的な受け答えをしている。そのような場合、評価はアンビバレントな側面を伴うことになる。「きちんと身に付けて」という肯定的な表現に、「しまっている」という否定的なニュアンスの表現が結びついていることからもわかるように、である。

それでは、教官に対して模範的な応答をするだけでは、なぜ肯定的に評価されないのだろうか。その理由は、少年院が多角的な評価を行う場であり、生活の過程で失敗があっておかしくないという見解を教官が抱いていることと関連しているように思える。

次の例を見てみよう。調査者が、「表面的にやると成績評価がよくなるというケースはあるのでしょうか」という質問をした。これに対してQ教官は、「再入の子はノウハウがわかっているので、ここではこういうふうなことは何も言われないとか、この作文ではこういうことを書けば褒められるとか、日記もこういうことを書けば褒められるとか、そういうのは熟知して来ていると思う」と語り、続けて次のように述べている。

【インタビュー6】

(IとRは調査者)

Q：表づらがいいので、ついてくる子も多いし、味方も多いけれども、敵も多いというタイプになりがちだと思いますね、そういう子は。

I：再入の子で。

R：どうしてですか、それは。

Q：結局、そのノウハウがわかっている。集団にすっと入ってきて、その日からもうすぐに生活の仕方がわかっているので、ホームルームでは積極的に手を挙げて意見するとか、集会でも上級生にかまわず、たぶん自分がどこかの少年院で聞いてきたような知的助言、うまい助言をするとかっていうことで、積極的に前に出てくるとね。それがたぶん上級生としては面白くない。生意気だなあとか、そういうふうになって、（発言を）叩かれるとか。そういうふうなことなので、うまくそこをやっていく子は本当に少ないと思いますね。

「ノウハウがわかっている」少年であっても、かえって上級生との軋轢を避けがたいなど、集団の人間関係のトラブルは避けられないだろうという推測である。本書第6章では、中間期の寮生活で「院生同士の軋轢や不正交談などの関係のトラブルが生じやすくなる」ことを指摘している。このトラブルや失敗は、非行という失敗と同質のものとして重ね合わせて捉えられやすいという。つまり、M少年院は、更生の「失敗」の局面――たとえば教官や他の少年との感情的軋轢や、規律違反など――を、あらかじめ想定しビルトインしている側面があるのだ[5]。

こうした「失敗」は更生に向けた「内面」の変化という点からすれば、もちろん成長や改善の不十分さを表すものであるといえよう。この不十分さを織り込んで、再入少年等の模範的な応答を見た場合、それは「内面」を伴わない〈演技〉として観察されることになるだろう。これは同時に、ある少年の振る舞いが〈演技〉でないという観察は、一場面だけで確定できるものではないということも示唆している。「失敗」は、院内の生活の過程で事後的に発覚することもあるからである。

たとえば、不正連絡などの規律違反について、「集団の雰囲気を見ているとそういうふうになりそうだなと感じたりするものなんでしょうか」という調査者の質問に対して、ある教官は、一人発覚すると仲のいい子の関係性をたどって、広がりの目途がつくと語っていた。「失敗」といえる出来事の事後的な発覚は、更生に向けた十分な「内面」が当人に備わっていないという解釈を促す。そのため、裏で不正連絡を行いながらの教官への応答など、発覚以前の振る舞いを〈演技〉として位置づけさせることになる。「失敗」の発覚の回顧的な性格は、〈演技〉の不在を、一場面の観察で確定させえないのだ。

このような事情は、本章の問いにとっては次の疑問を生じさせるものでもある。寮生活で遍在するともみえる少年の「失敗」を基準に、一見して模範的な振る舞いにも〈演技〉が観察されうるならば、何を見ても〈演技〉とみなす可能性を払拭できなくなってしまうのではないだろうか。実のところ、相互行為上の自己への「不信」をも、少年院の施設構造はビルトインしているのではないだろうか。もしそうだとすれば、第二節で見たゴッフマンの議論と、本質的な差異がないのではないだろうか。

もちろんそうではないのだが、以上の疑問に答えるためには、別の側面を検討する必要がある。

（2）失敗の利用

ここでは、〈演技〉から少年院生活の「失敗」へと視点を移してみよう。少年院内の生活でトラブルや規律違反を起こす少年は、むろん模範的な「内面」を持っていないとみなされる。だがそれは、「内面」に更生の意思がまったくないということと、イコールではない。

たとえば、【インタビュー3】に引き続きN教官は、次のように述べている。

【インタビュー7】

N：逆に子どもは、そういう処遇困難になっているときに求めてるんですよね、それ〔教官とのかかわり〕を。心が揺らいでいて、それを求めるときにその逆のことをやったりとか、気になるようなことをやってくれるんですよ。素直ですから、非行少年は。

I：なるほど。

N：それはシグナルで、職員に教えてくれるので、「はい、行きなさい」と。変わろうとしない子というのは、その変化さえこちらにシグナルは出しませんので。だから、たとえば規律違反した、職員に悪態をついた、暴言だといった、いろんなときに、変わりたいから、そういうふうな揺さぶりの中でかかわりを求めてくるんですよね。

ここで語られているように、失敗や処遇困難などネガティブな事柄は、それに対応しようとする教官と少年の密な「かかわり」を生むことになる。教官はその中で少年に「変わりたい」という更生の意思としての「内面」を見出していく[6]。それは十分に模範的な(すでに非行から立ち直った)「内面」ではないから、その変化の基礎的な表れとして把握されているといえよう。

他方、同じインタビューでは、「こちらにシグナルは出しません」という「変わろうとしない子」についても言及されている。成績評価でCばかりずっと続いて進級していく目立たない少年の方が、かえって問題があるかもしれないという認識はしばしば耳にするものだった。

これについて、引き続くインタビューでもN教官は、「すべての少年に疑問を持って、これでいいのか、こんなのでいいのかという疑問を持って見つめていかないと、かかわりが生まれてこないですよね」と述べている。「これでいいのか」という疑問は、表面的に適応する〈演技〉を見破るまなざしであると同時に、単なる不信でなくかかわりを生み出すきっかけともなるのだ。

このように失敗や感情の揺れを表出した少年たちは、更生の基礎としての「内面」はあるとしても、「外見」が伴っていない状態として教官から認識されている。それに対して教官は、「内面」をしっかりとさせれば、「外見」にもそれは反映されるはずだという解釈を資源として、「内面」と「外見」を一致させるように働きかけていく。

次に引用するのは、「対人関係」をテーマにした夜のホームルームでのS教官の発言である。S教官は一人の院生を例にまず、「A君はどういうふうに心がけているかなんて、胸の中はわからないわけだから」と言い、「表に出たA君のその言動や態度を見て、「ああ、A君って、こんな人なんだ」ということを」他者は感じ取ると述べている。これは、「外見」を通じてしか他者の「内面」を把握できないという、ドラマトゥルギー論と同型の認識である。しかし、そこにとどまるわけではない。教官は続けて、「心がけたこと、いわば決意したことというかね、それはどのくらいの思いを込めて実践していかなければいけないのかということを、考える必要があるんじゃないですか」と言い、次のようにまとめている。

【インタビュー8】

S：それは、うまい伝え方を自分で身に付けているに越したことはありませんけれどもね。でも、その人の信念だとかね、固く自分に言い聞かせている思いというのは、何もうまい表現ができなくても自然と伝わるもの。ふだんの生活のなかで、黙っていてもその人から伝わってくる雰囲気というのはあると思うんですね。

ここにあるのは、「内面」がしっかりしていれば、「伝わってくる雰囲気」として「外見」に反映され、他者にそれとして把握されるという解釈である。つまり、一般論としては「内面」と「外見」はズレうるのだが、思いが込もった確固たる「内面」は、他者に自然と伝わる「外見」となり、「内面」と「外見」は一致するということである。

しっかりした「内面」は「外見」に反映されるというこの解釈は、少年院におけるさまざまな場面での多角的な評価と関連づけて用いられる。次に引用するものは、「問題点の反省が深まっていないとか、なかなか進まないようなことはありますか」という調査者の質問に答えて、中間期以降の段階について述べるT教官のコメントである。

【インタビュー9】

T：実際に、社会に自分の感じたこと、反省したことが実感として伝えられているのかですね。当然自分で自分の昔の姿を振り返って、本当に実感したとすれば、表に出てくるはずですよね。家庭の手紙であったり、保護司の手紙であったり、それから将来の就職活動の手紙であったりですね、いろいろするわけですから。また問題性別（指導）なんかもやっていますが、（ここでは）本人の問題にかかわらずすべて問題性別（指導）に全員が参加する形をとっていますけど、そこの反論などでも出てきますし、毎日の日記の中でも表れてくることもあります。いろんなところでそういう目で見てみれば、評価できてるかなという気がしますね。

「実感＝内面」は、それが本当のものならば、いろいろな場面で「表＝外見」に表れるものとみなされている。教官が働きかけを積み重ねる中で、少年が多様な場面での「外見」の評価基準を満たしていくことで、更生に向かう「自己」が信頼を獲得していく（「反省が深まっている」とされる）のだといえるだろう。

以上をまとめよう。M少年院では、少年たちに生活上の失敗が生じやすく、失敗することは非行への反省が不十分な「内面」の表れだと解釈されている。ただし、それは事態の半面にすぎず、失敗は教官とのかかわりを生む資源となり、少年には更生への意思という「内面」の基礎が見出されもする。そして教官の指導や他の少年とのやりとりを積み重ねる中で、さまざまな場面でよりよく「外見」の評価基準を満たすことで、更生へ向かう少年の「自己」への信頼が獲得されていくことになる。そこでは、「内面」をしっかりとさせれば「外見」にもそれは反映されるはずだという解釈の資源が用いられているのである。

先に、少年院において遍在するともみえる少年の失敗は、何を見ても〈演技〉とみなす可能性を払拭できなくさせるのではないか、という疑問を提出した。それに対してここで次のように答えることができるだろう。少年の失敗によって見出された（「外見」を伴わない）「内面」は、更生への基礎として、教官による働きかけの手がかりになる。働きかけの積み重ねと絶えざる観察によって、少年が多様な場面で相対的に齟齬のない「外見」の呈示を行っていくことで、〈演技〉でなく一貫した「内面」を伴っていると評価されるようになっていくのである。[7]

五　議　論

第三節と第四節では、相互行為上の「自己」を信頼していく少年院の実践を分析してきた。[8] 引き続き、ゴッフマンの議論及びグールドナーの引用するルソーの議論との対比によって、以上の実践のインプリケーションを検討しよう。

ゴッフマンによれば、誠実に見える「外見」の呈示は、〈演技〉の可能性を常に払拭できない、その意味で不信を抱いてしかるべきものだった。ゴッフマンがサルトルを参照して語る、「表現と行為のジレンマ」を引用しておこう。「外見」に気を遣うと、むしろ「内面」は等閑視されてしまうというのが、ゴッフマンの見解である。[9]

注意深くあろうとしている注意深い生徒は、目を教師に据え、耳は大きく開かれていて、注意深くするという役割を演じて疲れ果ててしまう。その結果、彼は何も聞かないのである。（ゴッフマン、一九七四、三七頁）

この点では、グールドナーの引用するルソーも実は似通った見方をしており、誠実そうに見える「外見」は、誠実な「内面」を伴っていないとみなしている。もちろん、ルソーは「外見」に気を遣うことを堕落と考えたのに対し、ゴッフマンは「外見」に気を遣わざるをえないと考えていたという点で違いはある。けれども「外見」と「内面」の不一致を常にありうるものとして措定し、両者の一致を例外的な事態とみなすという点において、二人は共通しているのだ。

そうした見解と異なり、少年院では、「内面」がしっかりしていればそれは他者に伝わり、すなわち「外見」に反映されるものとみなされていた。そして多角的な評価により〈演技〉は発見でき、それを介入の手がかりにしうるとみなされていた。ここでは、「内面」と「外見」の一致が本来のあり方である。この見地からは両者の不一致は、発見され、解消に向けた働きかけを受けるべき例外的な事態なのだ。

失敗を手がかりに、「内面」を伴う「外見」を呈示するよう訓練していくという少年院の実践を考えるためには、「外見」と「内面」の不一致を強調するゴッフマンを批判して、A・トラヴァースが述べる次のような例示が有用かもしれない。

> フルオーケストラで演奏されている交響曲は、実に繊細なバランスをとっている。曲の演奏は、誤った音符がひとつあっただけでも傷つけられるだろうけれど、だからといってそれで破壊されはしない。音楽がいっそう正確かつ上手に演じられるほど、演者は音楽に関与するだろう。また言うまでもなく、自分が誤った音符を発したことを聞きとった音楽家は、よりいっそうよい演奏へと動機づけられるだろう。(Travers, 1992, p. 221)

よい演奏への動機づけという「内面」は、演じそこないという「外見」の失敗を経て、よりいっそう注意深くなり、演奏への関与を増していく。より研ぎ澄まされた「内面」と完成度を高めた「外見」へ向けて。そしてまた、相互行為一般もそのように考えてよいのではないか、というのがトラヴァースの議論である。「表現と行為のジレンマ」のように「内面」と「外見」の不一致が典型的なのではなく、不一致を例外化し、両者が一致するように修正されるものとして、相互行為を考えるべきではないかというわけだ。相互行為上の自己への「信頼」を維持する少年院の実践は、そうした議論と折り合いが良いだろう。

それでは、以上のような少年院の実践は、研究者に何を教えているのだろうか。最後にその点の考察を行おう。ひとつのありうる解釈は、次のようなものである。少年院の実践は、現象への介入や価値的指向を伴った日常的な実践である。それに対してゴッフマンのドラマトゥルギー論は、社会学一般がそうであるべきように、現象の理解や記述に特化した研究であり、理解や記述の一貫性を重視している分、認識のうえで優位に立っている。たとえば、「外見」が「内面」を伴っていないかもしれないということは認識上は原理的であるが、日常的な実践は幸せにも、そうした真理の忘却のうえに成り立っているのだ、と。[10]

しかし、そうはいえない。ゴッフマンを取り上げた北澤毅の議論を参照して、その点を検討しよう。北澤によれば、先の「表現と行為のジレンマ」が見出される背後には、「「心の中」と「外見」という二元論」があるが、それは不要である（北澤、一九九八、六七頁）。たとえば「「聞いている」といった社会的事実は、行為者本人の内面の問題であるというよりも、一連の相互行為系列のなかで達成される性格のもの」である。「もし、熱心に聞いていたように見えた生徒に質問をして、その生徒がまともに答えられなかったとするなら、教師は聞いているフリをしていたに過ぎないことを見やぶることになる」（北澤、一九九八、六七頁）。これはいわば、構築主義を徹底させた態度であるだろう（その徹底の困難については注(11)を参照）。この態度に基づけば、「表現と行為のジレンマ」のように（模範的な振る舞いは内面を伴っていないと）先験的に〈演技〉を想定すべきではない。研究者は相互行為の観察に専心すればよいということになるだろう。

要するに、「内面」と「外見」を二元論的に捉えるゴッフマンは、構築主義論争でいう存在論的ゲリマンダリングによる「外挿」（相互行為の外部にあると措定された現象——この場合は内面——を分析に持ち込むこと）を行っているということができる。[11] 相互行為上の自己に「不信」をもたらすドラマトゥルギー論の手続きは、この二元論を用いてなされていたわけである。そして北澤も示唆するように、相互行為一元論というべき態度が、認識のうえでは一貫している。したがって、先の解釈（研究の認識上の優位性）は、否定されざるをえない。

翻って考えれば、本章が依拠したトラヴァースの引用も、内面と外見の二元論を用いている。トラヴァースは、演者の実際の「内面」の存在を括弧に入れて、相互行為的達成のみを扱っているわけではない。したがって、批判対象となるゴッフマンの議論と同様、日常の実践に比べた認識上の優位は、本章において主張できないのである。

以上を踏まえて結論をまとめよう。少年院の実践は、〈演技〉の可能性をシビアに意識しつつも、「自己」への不信に陥らずに信頼を抱くための手続きを備えたものであった。この実践は、研究者にとって二重のインプリケーションを有している。第一に、ドラマトゥルギー論がもたらしがちな「自己」への不信は、必然ではないということである。〈演技〉の可能性に気づき、そこに仔細に配慮し介入していく実践は、「自己」への信頼を高めるものでありうるのだ。第二に、少年院の実践を認識してそれをもとに研究の営みを振り返るならば、ドラマトゥルギー論は、認識上の優位性の自己主張に失敗していたと把握するしかないということである。少年院の実践は、「研究者のゲーム」（中河伸俊）における論理的一貫性の主張が、失敗していることを教えてくれるのだ。

この先には、複数の方向がありうるだろう。徹底的に外挿を避けつつエスノメソドロジーに接近した形でゴッフマンの有効利用を図る方向として、たとえば中河伸俊の議論がある（中河、二〇一〇）。そうした方向に多大な実りはあるかもしれないが、外挿を避けるための制約も多そうだ。本章では、きわめて多くの論者が外挿を避ける論陣を張りつつ、それに失敗してきた経緯を受け、外挿の避けがたさを前提とした議論を行おう。

この場合、まず考えねばならないのが、本章で参照したゴッフマンやトラヴァースの（外挿を用いた）議論が、それぞれ相互行為上の自己に対する「不信」や「信頼」という効果を、読者に対して与えていたということである。もちろん議論のどこを切り取るかによって効果は違い、たとえばゴッフマンの多義的なテクストからは不信を導かない切り取り方もありうるし、トラヴァース自身、ゴッフマンをアレンジして信頼を読み取るような議論を作り上げているともいえる。いずれにしても、外挿が（第一節の問題設定で述べたような）実践的な価値とのかかわりを生むということを認識する必要がある。そしてそれを認識したならば、研究者が提出する知見は他人が実践的に考えるための素材であって、直接価値的な議論はしない、といったようなスタンスは採用できないだろう。したがって、研究と実践的な価値をめぐる検討は不可欠となる。

この先に考えるべきことは、紙幅の関係によって今後の課題とせざるをえない。しかし、次のことを付け加えておきたい。更生する「自己」への一定の信頼を記述する本章のスタンスは、筆者が少年院を訪れ、教官や少年たちの「表情」を垣間見、彼らが抱いているように見えた他者への信頼に感情を揺り動かされた経験と切り離せない。調査における把握は少年院の日常的な実践の蓄積に比して断片的なものであるが、そうだとしても研究のアウトプットを調査の経験と切り離して論じる必要はない。

ただし他方で、「このように良い実践をしているのであるから、少年院の収容者数をもっと増やすべきである」というような示唆を生み出したいのではない。この分析をもとにそうした提言を行うとすれば、短絡的に過ぎるだろう。価値的なコミットメントが避けがたいならば、その適用できる範囲の限定を慎重に考える必要があり、それを踏まえた規範的議論に携わる必要がある。[12] 以上が本章の暫定的な結論である。

注

(1) なおゴッフマンのいう役割演技は、日常的な演技概念とは異なり、意図して行わないものも含んでいる。

(2) ゴッフマンに対するこうした見解は、それ以降も連綿と提起されている。たとえばC・レマートは、ゴッフマンの論文集『ゴッフマン・リーダー』に寄せた冒頭論文で次のように述べている。「彼はおそらく、私たちが聞きたくないことを語った最初の人物だった。それは、真実や美、自由、良き自己など、近代生活のすべての根本的美徳よりも、外見が重要だということである。私が思うにゴッフマンは、彼の時代に起源を持つわれわれの時代の基本的事実を、同時代の誰よりも（そして確かにどんな社会学者よりも）考え抜いたのである。だから彼は、今日読まれるべきなのだ」（Lemert, 1997, p. xxxiii）。A・トラヴァースによる詳細な議論も参照（Travers, 1992）。

（3）もちろんここで推奨されているのは、内面を伴わない〈演技〉ではない。第四節（2）で示すように、対応する内面を伴った演技が推奨されているのである。

（4）本書第8・9章、及び伊藤・仲野・平井（二〇一二）によるSSTの分析も参照。

（5）さまざまな場面で複数の人から多角的に評価され、失敗が見出されやすくなるというばかりでなく、評価の基準もまた調整される。【インタビュー5】の続きでは、「心得ている」少年に対し、評価の基準や目標を高めにしてチェックしていく――その結果、基準をクリアできずに失敗が見出されやすくなることを意味する――ということが述べられている。

（6）また、別のインタビューでは「目標設定集会」の一場面について教官が、「口ではわりかしわかっていることを言う子もいるんですよ。つまり、それこそ二度目なんていうとですね、もうどう答えていいかわかっているみたいなね。それはむしろ、腹立ててくれていたほうがいいですね。本当に問題が認識されていないわけですから」と語っている。ここでも「失敗」による感情のゆらぎが、かかわりを生み出すきっかけとみなされている。

（7）そこで用いられる手続きについては、さらに詳細な検討が必要である。ここでは本章の問いにとって必要な限りでの素描にとどめている。

（8）主に、少年の「自己」に対する教官の信頼を中心に検討してきたが、教官が信頼していく過程は、【インタビュー3】で語られているように、少年が教官に対して信頼を深めていく過程とパラレルである。

（9）「道徳の商人」についての記述も参照（ゴッフマン、一九七四、二九六頁）。

（10）ゴッフマン自身、それに近いことを考えていたと思われる。『フレーム・アナリシス』の中の、人々の眠りを覗く有名なくだりを参照（Goffman, 1974, p. 14）。

（11）なお二元論の使用に関しては、ここで引用した北澤の論稿も免れていないように思える。彼は、問題行動や犯罪を反省する行為者が示す〈身体化された涙〉に〈演技としての涙〉を対置し、従来の社会化論に疑問を投げかけている。だがそれは「なるほどわれわれは、（中略）相応しい状況で「本当の涙」を流すほどに社会化されている。それは経験的にも自明」（北澤、一九九八、七〇頁）であるといったように、相互行為上の達成とかかわらない内面（経験的に自明な領域）の存在を引き合いに出し、二元論に訴えかける手続きを経由してなされているのである。

（12）矯正施設を題材に、この範囲の限定を検討した例として、平井（二〇一〇）。

文献

伊藤茂樹・仲野由佳理・平井秀幸、二〇一二、「少年矯正の教育テクノロジー――SST（Social Skills Training）の導入過程からみ

る矯正『合理性』」『駒澤大学教育学研究論集』第二八号
北澤毅、一九九八、「『子ども問題』の語られ方――神戸『酒鬼薔薇』事件と〈少年〉カテゴリー」『教育社会学研究』第六三集
グールドナー、A・W、一九七五、『社会学の再生を求めて（3）――自己変革の理論へ』栗原彬ほか訳、新曜社
ゴッフマン、E、一九七四、『行為と演技――日常生活における自己呈示』石黒毅訳、誠信書房
中河伸俊、二〇一〇、「『自己』への相互行為論アプローチ――経験的探究に有効な再定式化のために」『大阪府立大学人文学会人文学論集』第二八集
平井秀幸、二〇一〇、「『解放性』ゆえの〝収斂〟、〝収斂〟ゆえの『困難性』」『日本大学文理学部人文科学研究所研究紀要』第八〇号
藤井誠二編著、二〇〇六、『少年犯罪被害者遺族』中央公論新社
Lemert, C., 1997, "Goffman," in C. Lemert & A. Branaman (eds.), *The Goffman Reader*, Blackwell
Goffman, E., 1974 (1986), *Frame Analysis : An Essay on the Organization of Experience*, Northeastern University Press
Travers, A., 1992, "The Conversion of Self in Everyday Life," *Human Studies*, 15 (2-3)

第8章　「役割」行動の役割

――「子ども」役割への抵抗と受け入れ過程に着目して

越川葉子

一　はじめに

われわれ日常生活者は、一生を通じてさまざまな役割を遂行している。同じ一人の人間であっても、所属する組織や場面に応じて「親」や「従業者」、「夫」といった異なる役割の担い手となる。しかし、自分が今、何者としてこの場に参与しているのかを知るためには、他者が担う役割もまた知る必要がある。たとえば、ある場面で「親」としてふるまおうとする者は、他方に「子ども」の存在を想定し、彼らとの関係を前提にして自身のふるまいの方向づけを行っていく。そして、他者もまた自ら「子ども」役割を引き受け、相手を「親」とみなすことが可能なふるまいを行っていくとき、そこに一定の安定と秩序をもった「親子」関係を維持することが可能となる。つまり、役割とは、他者との関係において自分が担うことになるカテゴリーであり、他者を何者としてカテゴリー化するのかといった類型化の実践を内包する概念なのである。そして、われわれは役割を媒介として他者との関係に安定性をもたらし、自己や他者のふるまいの理解可能性を維持しているといってもよいだろう。

以上の役割概念を踏まえつつ、本章では女子少年院の少年が担う役割について考えてみたい。まず、本書第4章でも述べられているように、少年院に収容された少年は「二級下」から「一級上」までの進級制度に編入され、所属する級に応じて「新入生」や「下級生」、「上級生」といった役割が割り当てられる。また、寮ごとに設けられた役割を担うこともある。そして、教官の前では少年院に収容された一人の「少年」であり、外部講師や面接に訪れた親の前では一人の「女の子」や「子ども」となる場合もある。少年院の内部ではこうした役割が顕在化しやすいが、少年院の外部世界との関わりを見るならば、少年は「友人」や「彼女」といった役割を担っていたはずである。さらに、少年の多くは、家庭や学校、職場などで社会的に好ましくない活動に恒常的に従事し、「問題児」や「不良少女」など否定的な評価を伴う役割を引き受けてきたと考えられる。

ゴッフマン（一九八四）は「全制的施設」の特徴として、被収容者が外部世界で自己を支えてきたさまざまなものを物理的・制度的に切り離すことで個人の自己を無力化し、施設内の生活に従順な自己へと作り上げていく仕組みの存在を指摘している。[1] こうした仕組みの一つが、被収容者が外部世界で担ってきた役割の剝奪である。少年院もまたゴッフマンのいう「全制的施設」であるが、少年が外部世界で担っていた役割を剝奪しているかというと決してそうではないように思われる。先述したように、少年は家族や学校、職場などでさまざまな役割の担い手であった。しかし、少年がこれまで担ってきた役割は社会的に見れば否定的な評価を受ける傾向にあり、少年の問題行動に深く関わる原因と認識されている。そのため、少年院では問題群別指導やＳＳＴ[2]といった集団指導を通して（巻末・用語解説参照）、少年を取り巻く従来の人間関係、特に親や友人など少年に大きな影響力を与えた他者との間で担ってきた役割を考えなおす指導が試みられている。また親や友人、恋人との関係について教官と個別面接で話し合い、日記や内省ノートに文章化することを通して、自身が担ってきた役割を見つめなおす作業が行われている。つまり、少年院では、外部世界で担っていた役割を少年から物理的・制度的に切り離す側面はもちつつも、外部世界での役割を意識させながらその役割に対する解釈枠組みの変更を促していくような実践が行われているのではないかと考えられるのである。

そこで本章は、以上のような実践の一つとして、P女子少年院のSSTに着目する。ここで付言しておくならば、本章が取り上げるSSTは、全体のほんの一局面にすぎず、女子少年院の、さらにはP女子少年院ならではともいえるような教官と少年の関係が反映された場面であると考えられる。しかし、そのわずかな一局面においてさえも、少年矯正に特有の一つの実践的志向性が見られるように思われる。すなわち、教官は少年自らがある役割を遂行したとの実感をもたせるような役割の帰属を行い、その役割に対して少年が適用してきた解枠枠組みの変更を促しているのではないかということである。

では、SSTに内包された、役割に対する解釈枠組みの変更を促す仕組みとはどのようなものなのか。また、それがどのような観点から役割の解釈枠組みの変更に寄与していると考えられるのか。本章ではこれらの問いに応えるために、少年矯正におけるSSTの特徴を概観した後、P女子少年院で行われたSSTでの少年と教官の相互行為に焦点化し、その仕組みを明らかにしていくこととする。

二　少年矯正におけるSSTへの着目

SSTとは、ソーシャル（Social）・スキルズ（Skills）・トレーニング（Training）の略であり、一般的には対人状況で適切なコミュニケーション・スキルを学習するための技法とされる。少年矯正におけるSSTの目的も一般のSSTと同じ目的をもつが、少年院では少年の出院後の社会生活を視野に入れ、社会で直面する対人場面（職場や家族、友人など）で必要とされる望ましいコミュニケーションを中心に前もって練習しておく方法と位置づけられている（品田、二〇〇五a、一四七頁）。また、少年院に入る多くの少年が一般的なものの見方や考え方などのいわゆる「常識」からはズレた認識を身につけているといわれており（魚住、二〇〇二）、SSTはそうした少年の認知の歪みに働きかけつつ、適切な「ものの見方」や具体的な「行動の取り方」を学んでいく専門的な援助方法（品田、二〇〇五a、一四四頁）と捉えられている。

以上のように少年矯正におけるSSTは、認知行動療法を理論的土台としながら、社会との接合を担う効果的な技法として確立されている[3]。しかしながら、少年矯正の現場からはSSTの基本理念や個別の実践方法が紹介されるに留まり、SSTのプロセスで何が達成され、どのような作用があるかに着目した研究は多くはない。そうした中で、男子少年院のSSTを分析した本書第9章は、SSTが「技能獲得」に留まらない機能を有していると指摘する。それによれば、SSTに参加する少年たちは「それぞれの役割を演じつつ、アドリブを含む台詞を通して、相互の置かれている立場を確認し、トラブルとなっている問題に向き合」いながら、個別の課題を協同で乗り越えることが可能になっているという。そして、こうした少年たちの参与の仕方は、SSTを個別の課題克服の場から「協同的な意味構築」の場へと転換させ、現実の忠実な再現とは異なる、まさにこの場でのリアリティを立ち上げていくという。

一方、更生保護施設でのSSTを分析した松嶋（二〇〇五）は、SSTを職員が望むような適応能力や良い自分を提示する場として捉える少年の姿を描き出している（一三七―一三八頁）。こうした少年の姿は、職員の意図とは異なる予期せざる結果であり、SSTの失敗と捉えることもできる。しかしながら、松嶋は、SSTでうまくふるまおうとする少年にとって、それはもはや社会に出るための「練習」ではなく、それ自体が「本番」であり、すでに社会の一場面として意味づけられている可能性を示唆している（一三九―一四〇頁）。いわば、他の少年や職員に対して自己イメージの維持をはかる少年のふるまいは、それが「演技」であるとの評価を受ける可能性を孕むものの、与えられた状況の中でいかに自分を表現し、相手に伝えるかといった課題と向き合う姿として理解できるように思われるのである。

松嶋の事例は更生保護施設でのSSTであり、さらに実演後の振り返りでの少年の言動を分析の中心に据えていることから、男子少年院のＳＳＴと単純に比較することはできない。しかしながら、いずれのＳＳＴに参与する少年たちもそこで与えられた役割に自分を仮託し、目下の課題と向き合っていると考えられないだろうか。それはもはや「演技」でも「行動のリハーサル」でもなく、どのようにふるまうかをその都度、考え判断しなければならない実践の場なのではないだろうか。つまり、少年は与えられた役割を「演じる」という外観をとりつつ、その役割に自己を投げ込みながら、少年自らがそこで期待される役割を遂行していると考えられるのである。

では、Ｐ女子少年院のＳＳＴでは、どうだろうか。Ｐ女子少年院では、これらの先行研究とは異なるプロセスを経ながら、与えられた役割を少年が演じていく様相が見られた。次節では、女子少年院という特徴を踏まえつつ、Ｐ女子少年院のＳＳＴの特徴を描き出すことを試みる。

三　Ｐ女子少年院におけるＳＳＴ

Ｐ女子少年院では、出院準備期（仮退院までおおむね三ヶ月程度）の長期生全員を対象としてＳＳＴが行われ、指導期間は六ヶ月一二単元で実施されていた（二〇〇六年二月現在）。指導内容は、「職場場面」「社会生活上の対人関係」「交友関係」「家族場面」に関する問題を振り返って原因を考えさせ、日常生活や危機的場面において必要な対人スキルを生かすことができるようにするというものである（Ｐ女子少年院「ＳＳＴ」指導要領より）。筆者が見学した日の単元は「家族場面」で二回目の授業であった。そのため参加した少年たちは、まだＳＳＴに馴染んでおらず、初回に近い状態であった（二〇〇六年一一月職員インタビューより）。

次に、見学時のＳＳＴ参加者と授業展開について簡単に紹介しておきたい。授業は教室（教育棟）で行われ、参加者は教官二名、一級生の少年四名（うち一名は他の指導のため授業終了間際からの参加）であった。参加者が少人数であったため、少年は黒板の前に立つ教官を取り囲むように並べた椅子に座り、教官と少年の距離が非常に近く、親密な雰囲気の中で授業が行われていた。また教室内には筆者を含む複数名の調査者が同席した。

調査者が教室内に入った際には、前回の振り返りと今回の課題（「親に謝罪の気持ちを伝える」）の確認が行われていた。続いて、少年に出院後、親に何を言うかを考える時間をとり、少年が考えたことの話し合いが行われた。その際、まずは親に謝罪の気持ち伝えるのが大事と主張する教官に対し、少年たちは最初にごめんなさいというのは難しい、謝る前にいろいろなことを伝えたいとの意見を述べていた。教官はこうした少年たちの意見を踏まえながらも、まずはごめんなさいという気持ちを伝えることの大切さを説明し、実演へと進めていった。

三名の少年が親役の少年を前に一人ずつ言葉を述べている間、他の少年は、実演する少年が見える位置から見学していた。また、教官は少年の傍らで様子を見守り、場合によっては少年の問いかけに応じるなど臨機応変な対応をしていた。そして、少年が親役に一通り言葉を述べると参加者に拍手を求め、少年には自分の気持ちを伝えられたか、相手役には少年の気持ちが伝わったかを確認していた。

以上が見学時のＳＳＴのおおまかな流れである。詳細は後に見ていくが、ここでいくつかの特徴を挙げておきたい。第一に、教官は出院後の少年と家族との関係を重視した発言を行っている点である。先述したように、まずは親に謝ることが繰り返し強調されていた。この点と関連して、第二に、家族と接するうえで必要な対人スキルの獲得よりもむしろ、「親に謝罪の気持ちを伝えてみる」ことが実演場面では焦点化されていた。そして第三に、どの少年も親役を前にして時に涙まじりの言葉を述べており、そうした少年の姿に一方の親役もとまどいながら反応しているように見え、全体を通してスムーズとは言い難いやりとりが展開されていた。次節では、これら三つの特徴を具体的な場面と照らし合わせながら、ＳＳＴの仕組みを検討していくこととする。

四　分析

（1）女子少年院における「家族」観

はじめに授業冒頭場面である【断片1】を見てみよう（以下の【断片】1から4では、（（　））は筆者による補足、（　）は何か言葉が発せられているが聞き取り不可能な箇所を表す）。

【断片1　「一番味方になってくれるのは、やっぱり家族」】

（A少年、B少年、C少年とN教官のSST冒頭場面での対話　二〇〇六年十一月）

01　N：今まで最初に一番、考えてたことって何？　帰ってからのことで。考えるでしょ？
02　　何考えてた？　一番最初に。
03　A：家族のこと。
04　N：家族のこと考えてた？　本当かしら？　本当かしら？
05　　（（笑い））
06　N：ああ、（（本当に））そうだったの？
07　　違ったんだよね、Aさんね。何食べよーとかね。
08　A：自分がここで我慢してたじゃないですか。（　　　　）そういうことばかり考えてた。
　　（中略）
12　N：やっぱり、帰ってから、一から作り直さなきゃいけないわけでしょ？　Aさんにはさっき話したけ
13　　ど。友達関係も、もう一回、一から作り直さなきゃいけないし。仕事もすぐに見つかるのか。仕事の

人と、うまくやっていけるかっていうと、そういう保証もないわけだよね？　まず一人なわけでしょ？　そうしたら誰を頼るのとか、一番味方になってくれるのは誰なのかといったときに、やっぱり家族なんだよね。じゃ、家族に、一番伝えなきゃいけないこと、一番、最初にまず言わなきゃいけないことっていうのは、何々食べたいとか、そういうことじゃないはずだよね？　だから、どういう言葉を伝えよう、何を話そうっていうことになったときに、きちんと、これまでのことを謝ろうかなという気持ちになったのが、たぶん、前回だったと思う。そこまで、なかなか気づけなかったんだよね。親は社会にいて、自由にやっていて、いいなあって思っていたのかもしれないけど、自分が親だったらどうなのって考えたときに、やっぱりつらいと思う。みんなが親だったら、自分の子どもが、一生懸命育てた子どもが、自分の知らないところで、そうやって悪いことをしてたとき、どういう気持ちで待ってるのかな？　複雑だよね。親もやっぱりつらかったと思う。みんなももちろんつらいと思うけど。親だけじゃなくて、他にも傷つけた人がいてやっぱり謝りにいかなきゃいけないとか、謝罪の気持ちを伝えなきゃいけないっていう人ももちろんいると思うけどね。

（間）

N：伝えられるかな？（少年の顔を見る）

（間）

N：伝えられるかな？（少年の顔を見る）

N：そう思うと、ごめんなさいって、ご、め、ん、な、さ、い、ってたった六文字なんだけど、すごく大事な言葉だと思う。

【断片1】での教官の語りを要約すると、おおよそ次のようにいえるだろう。前回の授業で少年たちは、出院後のことで最初に考えるのは何かと問われ、自分がしたいことばかりを挙げていたが、それではいけないことに気づいた。出院に向けてまず家族のことを考えていく必要がある。というのも、少年たちにとって親は唯一頼れる存在なのであり、それゆえまずは親に謝罪の気持ちを伝えなければならない。

ここで教官は、出院後の少年にとって家族がどういった存在となりうるかを説明している。友人関係は出院後に新たに作り直すものであり、職場の人間関係もうまくいく保証はない。その中で、家族は唯一頼ることのできる人であり、一番、味方になってくれる人であると位置づけられる（12—16行）。こうした家族の位置づけ方には、女子少年院における一種独特な「家族」観が反映されていると考えられる。大河内（二〇〇六）は、女子の場合、窃盗、薬物、虞犯の占める割合が多いこともあり、出院後、それまでの交友関係を断ち、落ち着いた生活を送るためにも、彼女たちを保護する第一の「居場所」として家族との関係調整が重要であると指摘する。また、「就職しなさい、しなければという圧力は、女子少年に対しては相対的に小さく、就職しなくても家に定着することは、一定の成功である」（一六八頁）ともいわれる。つまり、女子少年と家族との関係調整は、非行の原因を取り除くという意味だけではなく、出院後に少年がまずは安心して身を置くことのできる「居場所」と考えられており（本書第4章）、家族は少年が第一に頼るべき存在とみなされているとさしあたりいえるだろう。

さて【断片1】の教官の語りに議論をもどそう。教官はこれから少年が家族を頼っていくうえで、家族に最初に言わなければいけないことは、親への謝罪の気持ちであり、ごめんなさいという言葉であるという。こうした【断片1】での教官の語りは、少年が出院後に再び「家族」の一員となるためにはどうすべきかを説明するものと理解できる。つまり、ここで教官が言及する「家族」のありようとは、社会的に期待される一つの「家族」像であり、教官は少年がそのような「家族」の一員となるために親に最初に何をすべきかを提示していると理解できる。

しかしながら、少年の多くが家族との関係に何らかの問題を抱えている現状がある中で、家族を頼ることは非常に困難な課題であるという側面も見逃すことはできないだろう。もちろん、ＳＳＴに参加している少年たちは出院を控えた一級上生で、これまで時間をかけ家族との関係調整がなされてきたと考えられる。それでもなお、家族を頼る、まずは親に謝るといった課題は、少年にとって容易には受け入れ難い課題なのではないか[4]。こうした課題の困難さは、次に見る【断片2】において顕在化することになる。

(2)「抵抗」の表明

【断片1】では、前回の授業を振り返りながら、出院後に第一に頼るのは家族であり、まずはこれまでのことを謝ることが大切であるということが確認されていた。この点について、【断片1】では異論を差し挟む少年はおらず、教官と少年の間で一定の了解が得られていたものと思われる。しかしながら、教官が少年一人一人に親に何を言うかその内容を確認する場面【断片2】で、親に会って最初に謝罪することへの「抵抗」の感覚が少年たちから表明される。

【断片2 「最初にごめんなさいっていうのは、難しい」】
(A少年、B少年、C少年が親に伝えることを考えたのちのN教官との対話 二〇〇六年十一月)

01 N:大丈夫? 伝えることとか、まとまった?
02 A:まとまんない。
03 N:まとまんない? なんだろう。何を伝えようと考えてる?
04 A:まず、それまでに、ありがとうとか、ごめんなさいとか言うのを、言ってくまでに(声をつまらす))
05 N:言いたいことといっぱいある? Bさんは?
06 B:親を、親を苛つかせたりとか、そういうのをしてきたから、そういうのを謝ったり、そういう話をして、流れで( )
07

08　N：流れで？
09　B：流れでっていうか、やっぱり、最初にごめんなさいって言うのは、難しいから、いろいろ、
10　N：なんで難しいのかな？
11　B：なんか難しい。
12　（（間））
13　B：すぐ、ごめんなさいって言うのは、わからないけど、なんでごめんなさいって言いたいのか、わから
14　なくなりそう。こういうことしたりとか、傷つけちゃったから、親（のこと）考えて、わかんない。
15　N：今までやってきたこととか、そういうこと全部、これもして、あれもして、なにもして、全部、
16　A：それは、
17　N：全部あげて、あげてというか、言い尽くしてからじゃないと、ごめんなさいって言えないかな？
18　A：それは、面会でもう伝えたから、私はもう一回ちゃんと伝えたいから。私のお父さんは、ちゃんと話
19　を聞いて（（声をつまらす））くれないから、あんまり、まじめな話をしてきてないから、ちゃんと聞
20　いてほしいんだって言って、自分の言いたいことを伝えたい。
21　N：Cさんはどうかな？
（中略）
27　C：え？　でも、謝りたいって気持ちだけじゃなくて、直接、お母さんに謝れる気持ち、謝る、謝る、そ
28　ういう心みたいな。
29　N：謝るより心が一番？
30　C：謝るより先に、心が（　　　　　）

この場面でまず確認しておきたいことは、親に謝罪の気持ちを最初に伝えるのは難しいと少年たちが表明している点である。Aは「ありがとうとか、ごめんなさいとか言うのを、言ってくまでに」（04行）、「ちゃんと聞いてほしいんだって言って、自分の言いたいことを伝えたい」（19―20行）と謝ることのほかにも親に伝えたいことがたくさんあることを表明する。Bもまた「最初にごめんなさいって言うのは、難しい」（09行）、「なんでごめんなさいって言いたいのか、わからなくなりそう」（13―14行）と最初に謝ることの難しさを表明している。一方、Cの発言からは「謝るより先に、心が」（30行）と謝ることよりも心が大切だと言おうとしていることがうかがえる。いずれの少年も親に謝ること自体を拒否しているわけではなく、ほかにも親に伝えたいことがある中で最初に謝ることへの「抵抗」の感覚を示しているのである。

こうした少年たちの「抵抗」の表明からは、教官が示す親子像と少年たちの現実の親子関係の間に齟齬が生じているということもできるだろう。実際にAは、「私のお父さんは、ちゃんと話を聞いてくれない」（18―19行）、「あんまり、まじめな話をしてきてないから」（19行）と父親と向き合って話をすることの難しさを訴えている。おそらく少年たちが現実の親の姿を考えれば考えるほど、親にまずは謝罪の気持ちを伝えるという課題は困難になっていくと思われる。それは他方で、少年たちがこれまでの親子関係の中で築いてきた役割に固執しているということであり、だからこそ、困難な部分が見えてしまうということもできるだろう。つまり、【断片2】で少年たちが示した「抵抗」は、現実の親子関係と少年がSSTで担うことが期待される「子ども」役割との間の距離感の表明と考えられるのである。

以上のように【断片1】と【断片2】での少年と教官のやりとりからは、「子ども」役割をめぐる教官と少年の解釈の違いが見てとれる。教官は【断片1】で社会的に期待される一つの規範としての「家族」像を提示し、その「家族」の成員である「子ども」としてどうふるまうべきかを少年に示していた。しかし、【断片2】での少年の「抵抗」の表明が明らかにするのは、教官が主張するような「子ども」役割に含まれる、現実の自分とは異なる虚構の自己の受け入れ難さであると考えられる。すなわち、【断片2】で現れた少年の「抵抗」は、少年が教官の想定する「子ども」役割自体を拒否しているのではなく、その役割の中に含まれる虚構の自己——最初に親に謝罪の気持ちを伝えるという仮そめの私——を受け入れることへの拒否と捉えることができるのである。[5]

(3) 状況に投げ込まれる自己

では、教官が示す「子ども」役割の受け入れに部分的にではあるが拒否を示す少年たちに、教官はどのように働きかけているのか。次に【断片2】の続きを見てみよう。

【断片3　「ごめんなさいというただ一言でも伝わるものがある」】
(A少年、B少年とN教官の対話　二〇〇六年十一月)

N:いいと思うよ。伝えようという気持ちがうまく言葉にできなくて泣いてしまったり、たとえば言いた
いことがうまく伝わらないっていうのは、それは悪いことじゃないと思うよ。思うのは、いろいろ話
してから謝りたいっていう気持ちもすごくわかるし、ただ、なんだろうな。こういうこともあって、
ああいうこともあって、こういうこともして、どういうこともして、そういうことも話して、だから
ごめんなさいっていう言い方ももちろんあるけどね。でも、帰って、そのままじゃなくてごめんなさ
いって、そのごめんなさいって、ただ一言いうだけでも伝わるものってすごくあると思う。具体的
に、ああして、こうして、どうしてって、だから、そういうこと含めてごめんなさいって伝えるのも
もちろん大事なことだけどね。でも、伝わるんじゃないかなって気がするよ。ほんとにごめんなさ
いって。
((間))((Aに視線を向ける))

刊行案内

＊ 2013.11 〜 2014.2 ＊

名古屋大学出版会

シェイクスピア時代の読者と観客　山田昭廣著
絵画の臨界　稲賀繁美著
プルーストと創造の時間　中野知律著
美食家の誕生　橋本周子著
イスラームの写本絵画　桝屋友子著
山下清と昭和の美術　服部正／藤原貞朗著
島々の発見　ポーコック著　犬塚元監訳
モンゴル覇権下の高麗　森平雅彦著
マルコ・ポーロ／ルスティケッロ・ダ・ピーサ　世界の記　高田英樹訳
公共善の彼方に　池上俊一著
日本型排外主義　樋口直人著
アメリカ研究大学の大学院　阿曽沼明裕著
現代インド経済　柳澤悠著
ポンドの譲位　金井雄一著
宇宙機の熱設計　大西晃他編

■お求めの小会の出版物が書店にない場合でも、その書店に御注文くだされればお手に入ります。
■小会に直接御注文の場合は、左記へお電話でお問い合わせ下さい。宅配もできます（代引、送料２００円）。
■表示価格は税別です。小会の刊行物は、http://www.unp.or.jp でも御案内しております。

◎第56回日経・経済図書文化賞『近代日本の研究開発体制』（沢井実著）８４００円
◎第35回サントリー学芸賞受賞『ヨーロッパ政治思想の誕生』（将基面貴巳著）５５００円
◎第８回樫山純三賞『中東鉄道経営史』（麻田雅文著）６６００円
◎第１回フォスコ・マライーニ賞受賞『イメージの地層』（水野千依著）１３０００円

〒464-0814　名古屋市千種区不老町一名大内　電話〇五二(七八一)五三五三／FAX〇五二(七八一)〇六九七／e-mail: info@unp.nagoya-u.ac.jp

山田昭廣著

シェイクスピア時代の読者と観客

A5判・338頁・5800円

劇場へと通い、書物をめくる人々——。英国史上未曾有の「演劇熱」を、推定観客数や戯曲の刊行点数などから捉えるとともに、当時の戯曲本への書き込みを読み解き、読者のリアルな反応を探る。文化史および社会史の両面から、読者と観客の生きた姿に迫る労作。

978-4-8158-0748-1

稲賀繁美著

絵画の臨界

—近代東アジア美術史の桎梏と命運—

A5判・786頁・9500円

「海賊史観」による世界美術史に向けて——。近代以降の地政学的変動のなかで、絵画はいかなる役割を背負い、どのような運命に翻弄されてきたのか。浮世絵から植民地藝術、現代美術まで、「日本美術」「東洋美術」の輪郭を歴史的に捉え、国境を跨ぐイメージと文化の相互作用を考察。

978-4-8158-0749-8

中野知律著

プルーストと創造の時間

A5判・492頁・6600円

それが存在しない世界に——。科学的な実証知が勃興し、旧来の人文教養が失墜した世紀末の憂鬱の只中で、それでも「文学に賭ける」決断を下したプルースト。作家が格闘した、『失われた時を求めて』誕生以前の文の地形を明らかにすることを通して、その出現の意味を探る労作。

978-4-8158-0754-2

橋本周子著

美食家の誕生

—グリモと〈食〉のフランス革命—

A5判・408頁・5600円

食卓のユートピアへ。大革命後のフランス美食文化の飛躍をもたらした〈食べ手〉による美食批評は、レストランガイドの起源となる一方、それにとどまらない深遠な美食観を宿していた。『美食家年鑑』の著者グリモを通して、〈よく食べる〉とはどのようなことかを探究した美味しい力作。

978-4-8158-0755-9

桝屋友子著

イスラームの写本絵画

B5判・372頁・9200円

書物の文化とともにさまざまな地域・王朝で花開き、驚くべき美の表現を達成してきたイスラームの写本絵画。その多様なる作品世界はどのように読み解くことができるのか。科学書から歴史書・文学書まで、色彩豊かな図版を多数掲載し、イスラーム地域の絵画芸術を基礎から本格的に解説。

978-4-8158-0760-3

樋口直人著

日本型排外主義

―在特会・外国人参政権・東アジア地政学―

A5判・306頁・4200円

ヘイトスピーチはいかにして生まれ、なぜ在日コリアンを標的とするのか？「不満」や「不安」による説明を超えて、謎の多い実態に社会学からのアプローチで迫る。著者による在特会への直接調査と海外での膨大な極右・移民研究の蓄積をふまえ、知られざる全貌を鋭く捉えた画期的成果。

978-4-8158-0763-4

阿曽沼明裕著

アメリカ研究大学の大学院

―多様性の基盤を探る―

A5判・496頁・5600円

研究者・専門職双方の輩出で世界をリードするアメリカの高等教育は、どのように支えられているのか。大学院を動かす仕組みとお金の実態を、インタビュー調査や文献から見通しよく整理。その多様性に富んだあり方を初めてトータルに解き明かす待望の書。

978-4-8158-0761-0

柳澤　悠著

現代インド経済

―発展の淵源・軌跡・展望―

A5判・426頁・5500円

インド経済の歴史的な成長を準備したものは、経済自由化でもIT産業でもない。植民地期の胎動から輸入代替工業化、緑の革命の再評価も視野に、今日の躍動の真の原動力を摑み出す。圧倒的な厚みをもつ下層・インフォーマル部門からの成長プロセスの全貌を捉え、その見方を一新する決定版。

978-4-8158-0757-3

金井雄一著

ポンドの譲位

―ユーロダラーの発展とシティの復活―

A5判・336頁・5500円

ポンドはなす術もなく凋落したのか。ユーロダラーの発展と国際金融市場シティの隆盛も視野に、戦後ポンドの役割を再評価、基軸通貨交代の知られざる意義を描きだす。福祉国家化による国内均衡優先へと舵をきったイギリスの政策転換をも捉えて、一面的な衰退史像を大きく書き換える。

978-4-8158-0759-7

大西　晃他編

宇宙機の熱設計

B5判・332頁・15000円

過酷な宇宙環境において、人工衛星や惑星探査機は温度制御が必須である。本書は、宇宙の熱環境や伝熱過程などの基礎的事項から、熱真空試験、熱制御材料の評価、そして実際の設計例まで、最新情報を含め宇宙機の熱設計の全てをまとめた初の成書。宇宙開発に関わる研究者・技術者必携。

978-4-8158-0758-0

41 N：（Aを見て）大変かな？
42 A：なんか、癖っていうか。
43 N：今までまじめな話、あんまりしてこなかったというと、
44 （間）
45 N：あれもこれもって言ってる間に、どんどん謝ろうっていう気持ちが小さくなったりしないかな？
（中略）
55 B：いや、なんか、ああ言って、こう言ってって、考えるけど、その場になると、やっぱり頭真っ白に
56 なって、伝えたいことが出てこない。
57 N：一番伝えたいのはなんだろう？ 一番伝えたいのは、ごめんなさいという気持ちだよね。そうした
58 ら、まず、それを伝えればいいんじゃないの？
59 （間）
60 N：どうかなって、先生は思ったけど。

教官が「伝えようという気持ちがうまく言葉にできなく」（31行）てもよい、「ごめんなさいって、ただ一言いうだけでも伝わるものってすごくある」（36行）というのに対し、Aは、自分の「癖」（42行）であったり、「その場になると、やっぱり頭真っ白になって、伝えたいことが出てこない」（55―56行）と現実の自分に言及することで、親に「ごめんなさい」ということの難しさを訴える。それに対して教官は、「一番伝えたいのは、ごめんなさいという気持ちだよね。そうしたら、まず、それを伝えればいいんじゃないの？」（57―58行）と提案する。

こうした教官と少年のやりとりからは、教官が一貫して「親に謝罪の気持ちを伝える」ことが大事だと述べていることがわかる。たとえ少年にとってそうすることが困難であるとしても、教官は「謝罪の気持ちを伝える」とい

う活動に専心してみることを少年に提案するのである。それは、AとBの繰り返される「抵抗」の表明に対して虚構の自己に自分を投げ入れてみることを教官が促しているといえるだろう。

さて、ここで確認しておきたいことは、教官は出院後にまずは親に謝罪の気持ちを伝えるという一つの方向性を示しているのであって、どういったふるまい方が適切であるのかといった行動レベルでの指示はほとんど行っていないということである。場面設定やセリフは大枠を確認するに留まり、詳細な設定に踏み込んだ確認はここまでほとんど行われていない。あまり多くの事柄を決めずに実演へと移行していくのである[6]。

このように、不確定要素を多分に含んだ場面設定を少年の立場から見れば、何かを言わなければならないという強制力となって作用する一方で、何を言うかを決める判断は少年自身に委ねられているということになるだろう。しかし、この場面が埋め込まれた少年院という制度的な文脈を考慮するならば、少年はまったく自由に言葉を述べてよいというわけではなく、設定された状況の中で教官が示した方向性に従ってふるまうことが期待されているともいえる。さらに言うと、少年は、少年院の「少年」と「教官」という役割関係の担い手としてこの場面に参与しているのであって、そのふるまいは親役の少年というよりはむしろ、教官を志向して決定されていくと考えられる。したがって、与えられた状況設定の中で何かを言わなければならないという制約と「少年」という役割に課された期待とが、少年にSSTで与えられた「子ども」役割へと自己を投げ込むことを促していると考えられるのである。

（4）手探りの中での役割の遂行

ここまでのプロセスで明らかになったことは、SSTで想定される役割と少年の現実の親子関係には距離があり、この距離感を「謝罪の気持ちを伝える」という教官の提案に対する「抵抗」――「最初にごめんなさいっていうのは、難しい」――として少年は表明していたということであった。そして、こうした少年の「抵抗」の表明に対して教官は一貫して「謝罪の気持ちを伝える」という活動への専心を提案し、少年が受け入れを拒否する虚構の自己を含む役割に自分を投げ入れてみることを促していた。次に場面設定を行った際のやりとりをみてみよう。

【断片4 「実際にやったら、やれた」】

（出院後にB少年が父親と対面する食卓場面を設定。B少年は父親役のC少年と机を挟んで向い合って座る。N教官は机左脇から、他の二少年と保安担当の教官は机の右脇から、B少年とC少年の様子を見守っている。）

01　C：なんて言えばいいですか？
02　N：なにか言うことある？
03　B：（間）
04　　なんて言ってくれるかわからない。
05　N：じゃ、まず先に話をしますか？
06　B：（うなずく）
07　N：じゃ、聞いてて下さい。
08　B：今まで、反抗したり、（涙で言葉をつまらせながら）きついこと言ったり、して、ごめんなさい。
09　　（間）
10　　少年院に来て、
11　　（間）
12　　お父さんのことすごく考えて、
13　　（間）
14　　やっぱり大事な人だなって思うことができて、ほんとに良かったと思う。

15 （間）
16 手紙とか、いっぱいくれて、
17 （涙をぬぐう）
18 （間）
19 励ましてくれて、すごい嬉しかった。
20 （間）
21 （涙をぬぐう）
22 これからは、
23 （間）
24 反抗したり、きついこといったり、しないように、がんばるから、
25 （間）
26 これからもお願いします。
27 C：なんて言うんですか？
28 N：（Bの顔を見る）
29 B：（首をかしげる）
30 N：彼女の気持ち伝わった？　Bさんの気持ち伝わった？
31 C：うん。
32 N：伝わった？（Cに聞く）
33 伝えられた？（Bに聞く）
34 B：でも、やっぱり本人とか、練習とかしてるけど、（　　　　）言いたいこととかをまとめても、やっぱ

35　　り難しい。
36　N：でも、今実際やったらやれたでしょ？
37　B：（うなずく）
38　N：今まで、ついさっきも、難しい、難しいって
39　B：（笑い）
40　N：言ってたけど、やれたよね？
41　　伝わったでしょ？（Cに聞く）
42　C：（うなずく）
43　N：まず、一歩踏み出すことが大事なんじゃない？
44　B：（うなずく）

まず、【断片4】の冒頭におけるCの問いかけ（01行）とBの応答（04行）に着目したい。Cは、実演を始める前の段階で「なんて言えばいいですか？」（01行）と教官に問いかける。この問いかけに対し、Bは「なんて言ってくれるかわからない」（04行）と応えている。また、CはBが話し終えた後にも「なんて言うんですか？」（27行）と教官に問いかけるが、ここでもBは教官に向かって「わからない」というように首をかしげている（29行）。Cは父親役である以上、何らかの応答をBに示すことが期待されるが（Cもその期待に応えようとして「なんと言えばいいか」と教官に問いかけている）、それをこなせていないし、教官に応答の仕方を確認することでBとのやりとりを寸断している。また、Bにしても父親の反応を想定できず、Cとのやりとりを再開させることに失敗している。つまり、B、Cともに父親役に適切な反応を割り振るという点では不十分であり、場面の進行にうまく寄与できていないのである。

ここで着目したいのは、B、Cともに父親役の反応を想定することができていないという点である。Bが「子ども」役割を引きうけるならば、そのふるまいは「父親」を想定して決定づけられていく。しかし、Bにとってみれば、父親がどのような反応を示すかはまったく予想がつかないのが実際のところなのだろう。父親役から応答がない（応答が予想できない）ということは、Bの遂行した「子ども」役割は不安定な状況にあるということである。実際、Bは「本人とか、練習とかしてるけど、言いたいこととかをまとめても、やっぱり難しい」（34—35行）と、再び教官が期待する「子ども」役割を受け入れることへの「抵抗」を示している。こうしたBの反応に対して教官は、父親役の応答の不在には言及せず、「今実際やったらやれたでしょ？」（36行）と肯定的な評価を与え、Bの同意を得ている（37行）。さらに教官はCに「伝わったでしょ？」（41行）と再度確認し、Cからも承認を得ている（42行）。こうした教官と少年のやりとりからわかることは、本当の「父親」がどういった反応をするかよりも、Bが父親役に向けてまずは何かを言ってみることが重要視されているということである。つまり、教官が【断片1】で示した親子関係が理念型に終わらないためにも、実際に少年が父親役の少年に向かって期待される「子ども」役割を教官の前でしてみせること自体が重要なのである。そしてB自身も「まず、一歩踏み出すことが大事なんじゃない？」（43行）という教官の問いにうなずいて応え（44行）、自身の活動に承認を与えていくのである。

以上のやりとりからいえるのは、Bの実演に対する教官の評価とCの承認は、難しいと思っていることでも実際にやればできること、さらに謝罪の気持ちを父親役に伝えることができたとの合意を教官の先導により作り上げているということである。こうした合意の形成は、Bが父親役に「謝罪の気持ちを伝える」ことができたとの事実を立ち上げる。それはつまり、Bの目の前にいるのが本当の「父親」やそれに匹敵する人物でなくとも、「父親」の「子ども」としてこの場面に登場し、「謝罪の気持ちを伝える」ことができたという事実が構築されたということである。こうした事実の構築をBの側から見るならば、自らの言葉で謝罪の気持ちを伝えることができたという出来事の達成を意味し、教官が期待する「子ども」役割の担い手として自らを位置づけることを可能にすると思われるのである。

さらにここでは、Bが一人で「子ども」役割を遂行したわけではないことに注意したい。先述したように、Bの言葉の受け手となり、気持ちが伝わったことを承認するCと、それを評価する教官がいてはじめて、Bに「実際にやったらやれた」という評価を帰属することができ、少年を「子ども」役割の担い手として位置づけることが可能になっている。すなわち、少年はSSTという協同的な場面構築の場を通して、「子ども」役割を遂行したとの教官の評価と他の少年からの承認を得ることではじめて、自身の解釈とは異なる別様の解釈パターンに依拠した「子ども」役割を理解していくと考えられるのである。さらに、こうした教官の評価や他の少年からの承認の積み重ねは、少年の成功体験へと活動を繋げていく可能性を開く。それは少年院の集団指導が果たす一つの効果といえるだろう。

五　「子ども」役割をめぐる解釈パターン変更の可能性

本章では、教官は少年自らがある役割を遂行したとの実感をもたせるような役割の帰属を行い、その役割に対して少年が適用してきた解釈枠組みの変更を促しているのではないかという仮説のもと、P女子少年院におけるSSTのプロセスに焦点化して考察を行ってきた。そこで明らかになったのは、次の三点である。

第一に、少年がSSTで演じる役割と少年がこれまでの親子関係で担ってきた役割との間には距離が存在していたということである。少年は、こうした距離感を「抵抗」として表明していた。そうであるならば、できる限り現実に近い役割の設定が必要だということもできるだろう。しかし、これまで日常生活を共有してきた少年と親の間には、固定化された親子役割が形成されており、たとえそれが望ましくない関係であったとしても、少年はその親子特有の役割にコミットし、親子関係を安定させてきたと考えられる。少年を取り巻くこうした状況を踏まえるならば、家族場面を想定したＳＳＴにおいて少年と役割の間に距離が生じ、少年に「抵抗」の感覚をもたらすのは必然であるともいえる。

第二に、少年が表明した「子ども」役割への「抵抗」に対して、教官は、「謝罪の気持ちを伝える」ことに専心することでその役割に没頭するよう促していたということである。しかしながら、これまで少年が担ってきた「子ども」役割とはおおよそ結びつかないと考えられるふるまいを少年が受け入れるのは容易ではない。その一方で、少年院という場である以上、少年は教官が期待する役割を引き受け、なんとかその場をやり抜けなければならない。つまり、少年からすれば、なかば強制的に教官の示す「子ども」役割を引き受けざるを得ない状況が作り上げられているわけだが、それと同時に「少年」という役割への期待も課されていくがゆえに、与えられた「子ども」役割を機械的に演じるのではなく、少年が試行錯誤する可能性もまた生み出されていると考えられる。(7)

第三に、教官や他の少年との間で「謝罪の気持ちを伝える」ことができたとの合意が形成されることで、少年の「子ども」役割の帰属が達成されていたということである。父親役からの応答の不在という事態に直面しながらも、そのことはさして問題にはされず、むしろ「実際にやったらやれた」という評価を教官が少年に与えることがここでは重要視されていた。日常の生活場面では、自分の気持ちが相手に伝わったかどうかを確認するためには、その人から承認を得るか、そう確信できるまでその人とのやりとりを繰り返すことになるだろう。本章で検討した場面のように第三者から「伝わった」との承認を得る場合もあるが、当人から得る承認に比べてその確証性は弱いものと考えられる。しかし、少年院では教官からの「評価」が極めて重要な位置を占めていると指摘されるように（本書第４・11・12章を参照）、少年が外部世界で担ってきたであろう「子ども」役割とは異なる解釈パターンをもった「子ども」役割を少年に帰属するうえで、教官の評価は決定的な影響力をもつと思われる。

以上の仕組みを内包するＳＳＴを少年の側から見るならば、次のように捉えることができる。少年は、教官が期待する役割と実際の自分との間に距離を感じつつも、まずはやってみるというかたちで役割を引き受け、設定された状況に自己を投げ入れこんでいった。そうすることで、教官や相手役の少年から役割の遂行が承認され、自分自身でも「実際にやれた」と肯定的な評価を獲得する。こうした評価の獲得は、「謝罪の気持ちを伝える」という、従来の「子ども」役割には想定されることのなかった新たな活動を、「子ども」役割に結びつけることへと繋がる。それはつまり、少年がこれまで適用してきた「子ども」役割の解釈パターンに修正が生じ、「子ども」役割と結びつく新たな意味を立ち上げることへと繋がるということである。もちろん、一回のSSTでそれを達成することは困難であるかもしれない。しかしながら、本書第1章が指摘するように、少年院のきめ細やかな個別指導と多様なプログラムが、少年が「変わる」ための潜在的な契機になっているとすれば、本章が着目した場面も、少年の担ってきた役割の解釈枠組みを「変える」可能性を含む一つの断片ということはできるだろう。

六　おわりに

以上のSSTの特徴を踏まえ、最後にこうした取り組みがもつ限界について言及し、本章のまとめとしたい。

少年院では、家族との関係調整が重視され、少年が抱える問題の改善と切り離すことのできない課題として認識されている。家族は出院後の第一帰住先と位置づけられており、面会や通信、行事への参加などを通じて在院中から直接的な働きかけが行われている。しかしながら、複雑な環境や経済的困窮を抱え、少年との関係修復が容易ではない家族も少なくない。いくら少年が少年院で「更生」したとしても、必ずしも家族が少年を受け入れる万全の体制にあるわけではないという現実は避けがたく存在している。それゆえ、家族との関係調整は、少年の「更生」に向けた喫緊の課題であり、さまざまな働きかけが試みられているものの、家族の「変容」には限界がある。こうした限界を一方に踏まえるならば、「親」と「子ども」の役割内に少年を留めておくのではなく、「大人」と「大人」へと、役割を転換させることも場合によっては必要だろう。

ところが、少年院で制服やジャージに身を包み、化粧もせず、髪をまとめた少年たちは、実年齢よりもずっと若く見え、幼ささえ感じられる。さらに、身体的なふるまいの細部まで施設特有の規則体系のもとで管理され、矯正の対象とされていくことで、少年は一から指導が必要な無力な存在として位置づけられていく。いわば、少年院では、ゴッフマンが指摘した無力化とは異なる方法と志向性をもった少年の無力化が意識的に行われているといえるのではないだろうか。さらに言うならば、少年院で行われる無力化は、少年を再び「子ども」に返し、「子ども」としての経験を施設内で積み重ねさせるための手だてなのではないだろうか。それは、少年院が少年の「育て直し」を行っているという認識にも関連してくるように思われる。この点については本章で充分検討することができなかったが、今後の課題としたい。

注

(1) しかしながら、全制的施設は被収容者が外部世界から持ち込む文化を完全に圧倒することを意図しているわけではないとゴッフマンは指摘する。全制的施設は、その外部世界と内部世界の間に一種独特の緊張をつくり出し、それを維持し、被収容者を扱う際の戦略的挺子として使用するのである(ゴッフマン、二〇〇三、一五頁)。

(2) 少年矯正におけるSSTの実践上の位置づけや基本的なプログラムについては品田(二〇〇五a、二〇〇五b、二〇〇五c)、櫻井・品田(二〇〇六)を参照されたい。

(3) 少年矯正において、SSTを支える理論的枠組みの歴史的変遷の経緯については平井・仲野(二〇一〇)に詳しい。

(4) 教官はインタビューの中で、まず、出院後に遊ぶことしか頭にない少年に、それではまずいという問題提起の意味があること、さらに、相手の気持ちよりも自分の気持ちを優先している部分が感じられるため、相手の立場から見たらどうなのかを少年に気づいてほしいという意図があると述べており、親に謝ることが少年にとって困難な課題であることを十分に予測していたと考えられる。

（5）こうした虚構の自己への拒否は、決して否定されるようなネガティブなものではない。むしろ、現在の自分を客観的に見つめつつ、教官が【断片1】で示した親子像との距離を自ら修正しようとする試みとみることができる。

（6）職場場面や交友場面では、設定された状況の中で適切なふるまい方を事前に検討し、実演後に再度、その修正や変更を行うといった方法がとられる傾向にある。一方、本章が検討した家族場面では、少年のふるまい方への言及があまりなされていなかった。こうしたことの背景の一つには、家族という場がもつ独特のありようが影響していると思われる。Aが【断片2】で表明していたように、現実の親は話を聞いてくれない可能性も十分に考えられ、親子だからこそ一般的に考えられる手だてが通用しない場合がある。本章では検討できなかったが、同じSSTといっても、想定される場面によって実演までのプロセスや実演そのものがもつ意味は異なると考えられる。

（7）ライル（一九九七、一七三―一七九頁）によれば、「考えること」とは、目に見えない内的な行為ではなく、ある目的のために確信のないことを暫定的に言ってみたり、疑問を差し挟んだり、新たな類推を行ったりと、ありそうな道をあれこれと探索する行為であるという。

【断片2】と【断片3】では、教官が「謝罪の気持ちを伝えてみる」と提案したのに対し、少年は「抵抗」の感覚を示し、さらに教官が疑問を投げかけ、その疑問に再び少年が応えるといったやりとりがなされていた。少年が親との間で抱える問題を解決する明確な解答があるわけではない中で、こうした暫定的で、時に迷いや躊躇を含む発言の往復は、ライルの言う「考えること」を少年と教官が行っていると言うことができるのではないだろうか。つまり、少年の「抵抗」の表明が介在したことで、これまでの親子関係で担ってきた自分自身について少年が「考える」契機が生み出されていたと考えられるのである

このように見ていくと、【断片4】もまた、少年が「考え」ながら実演しているといえるように思われる。SSTの実演場面は、相手の反応が不確かな中で何かを言い、相手の反応を受けて再び何ごとかを言ってみるということの連続によって構成されていく。相手が次に何を言うかを完全に予期することはできず、それゆえ次の自分の反応を隠しもって心の中で復唱しておくこともできない。たとえ少年が語った言葉が他の少年と類似していたり、ありふれた言い回しになっていたとしても、それは単なる模倣ではなく、新しい会話的な状況の中で臨機応変につくられた、新たな発言である（二二六頁）。もちろん、同じ場面を繰り返し実演することで、ある程度の展開が予想可能となり、自分の反応を準備しておくことはできるだろう。しかし、男子少年院のSSTで見られたように、言い回しに変化を加えたり、仕草や表情に注意を向けるなど、少年自身が「一回かぎりの状況における一回かぎりの要因」（二四二頁）となり、偶発的な状況が絶え間なく生み出されていく。したがって、どれだけ詳細な設定をあらかじめ行ったとしても、少年が用意周到に準備をして実演に臨むことは不可能であり、そうした偶発的な作用がSSTを少年に「考え」ながら参加する場にしている可能性は十分にある。そのとき少年は演技をしているのではなく、一回かぎりの

状況に自身を投げ込み、それがこれまで少年が獲得してきたありうべき方法を試す場を生み出していると考えられるのである。

文献

魚住絹代、二〇〇三、『女子少年院』角川書店
大河内透、二〇〇六、「少年院――男子および女子少年院の特質にも言及して」生島浩編『現代のエスプリ――非行臨床の課題』第四六二号、一六〇―一六九頁
ゴッフマン、E、一九八四、『アサイラム――施設被収容者の日常世界』石黒毅訳、誠信書房
ゴッフマン、E、二〇〇三、『出会い――相互行為の社会学』佐藤毅・折橋徹彦訳、誠信書房
櫻井英雄・品田秀樹、二〇〇六、「SST」矯正協会編『矯正教育の方法と展開――現場からの実践理論』矯正協会、二二七―二四三頁
品田秀樹、二〇〇五a、「ソーシャル・スキルズ・トレーニング(SST)①」『刑政』第一一六巻一号、一四二―一五〇頁
品田秀樹、二〇〇五b、「ソーシャル・スキルズ・トレーニング(SST)②」『刑政』第一一六巻二号、一一四―一二一頁
品田秀樹、二〇〇五c、「ソーシャル・スキルズ・トレーニング(SST)③」『刑政』第一一六巻三号、一四六―一五三頁
平井秀幸・仲野由佳理、二〇一〇、「少年矯正の教育テクノロジー――SSTの導入過程からみる矯正『合理性』とは」日本教育社会学会第六二回大会発表原稿
広田照幸、二〇〇九、「日本における少年院の教育手法」国連アジア極東犯罪防止研修所第一四二回国際研修報告資料
松嶋秀明、二〇〇五、『関係性のなかの非行少年――更生保護施設のエスノグラフィーから』新曜社
ライル、G、一九九七、『思考について』坂本百大・井上治子・服部裕幸・信原幸弘訳、みすず書房

第Ⅳ部　指導の過程

第9章　指導過程の構造

――集団指導と個別指導の関係に着目して

広田照幸・古賀正義・村山拓・齋藤智哉

一　はじめに

少年院は矯正教育を実施する機関であり、非行を犯した少年、とりわけ補導検挙された者の中でも重い逸脱傾向を持つ少数の少年を、一つの施設に収容して、その生活のすべてにわたって社会適応・再非行防止のための教育を施している。これまで日本の少年院は、出院後の少年たちの再入率の低さと若年成人の犯罪率の低さとが示しているように、この課題を一定程度達成してきたといえる。

では、それはどのような制度化された教育指導の内容や方法によって可能となってきたのだろうか。それを明らかにするためには、実際に指導に携わる当事者たちには自明の経験知として蓄積されていながら、これまで充分には言語化されずにきた教育実践の構造を理解することが必要であろう。ここでは、従来実施されることが困難だった少年院での内部の観察調査を踏まえ、この問題の一端に迫りたい。

本章では、特に集団指導と個別指導との関係に注目して、指導過程の構造について考察し、その教育的意義を理解していく。M少年院における指導の大半は、集団指導の形態をとっている。しかし、それはおそらく単に個々の少年に一律の処遇を行うにとどまらない意味を持っている。個別の指導計画に基づいて行われる少年院教育の多くが、「集団指導」という形態をとる背景には、集団指導と個別指導との複雑な入れ子的な関係があるのではないだろうか。

一般的に集団指導は、グループ・ダイナミックスの観点から、生徒相互の関係と変容を捉える。また、学校教育における集団主義教育のように、生徒一人ひとりが役割を担い、分業し、協働することで、グループの目標を達成するものだと考えられることも多い。しかし、少年院の集団的生活指導の目標は少年たちの更生であるが、少年一人ひとりの課題は異なっているため、全体で指導しながらも個別の課題に対応するといった難しさが存在する。それゆえ、少年院には、多様な個別課題を抱えた少年たちを更生に導くための、集団的生活指導のロジックやメカニズムが用意されていると考えることができる。[1]

まず第一節では、M少年院におけるSST（巻末・用語解説参照）の実施過程を分析する。それは、グループで行われる活動であるが、機械的に進められるわけではなく、個々人の主体化の作用——独自に考え、関与し、反省する主体としての作用——を含んでいる。集団指導が個別の少年の課題とかかわる一つの場面であると言えよう。

次に第二節では、個別課題を見出す実践のいくつかを検討した後、目標設定集会（少年たちによる到達目標達成状況の発表の場）や寮担任会議から考察する。個々の少年の個別課題が、集団指導の場面でどう扱われていくのかが、分析の焦点になる。集団での活動が同時に個別の少年の主体的関与や反省とどうつながっているのかを考えることになる。

以下、具体的な分析に入りたい。

二　「職業補導」の構造と機能——SSTの特長を手がかりに

（1）SSTの心理学的位置づけと院内での実践

少年院における職業訓練は、指導領域上「職業補導」に位置づけられる。M少年院では五つの実科において、配管や電気工事などの資格や専門的技術付与のための職業訓練を実施している。

本節では、M少年院において職業補導の一環として実施されているSSTの実践について検討する。一般に、矯正教育におけるSSTは、謝罪の気持ちがある程度深まった段階で、「自分の気持ちを誤解なく伝える」ための方法、あるいは「社会生活上望ましい生活態度、基本的な人間関係、日常の言葉遣い、応接の仕方などを含めた指導」として、あるいは「状況に対する認知能力を高め、具体的、実際的な行動の取り方を学習」するためのものとして導入されている。これらの学習目標に即して、謝罪の仕方、生活態度の涵養などをねらいとした対人行動リハーサルという形で実践されている（前田、二〇〇一、犬塚ほか、二〇〇四、品田、二〇〇五a・b・c）。

しかしSSTは、実際にはスキル習得のための個別の「訓練技法」としてのみ位置づけられるものではない。集団による指導・訓練の過程を通して、対人スキル訓練以上の有用性を持っているものと考えられる。こうした観点からSSTの機能を現場での実践の観察データによって検討することを通して、SSTと職業補導との矯正教育における特異な関連性を提示したい。

（2）トラブル場面のSST

他の多くの少年院が生活指導領域の一環として実施するSSTを、M少年院では職業補導領域の一環として実施している。SSTは、同院での出院を控えた最上級生である「一級上」生のための職業指導内容として位置づけられており、基本的にそれ以外の進級段階の少年がこの訓練プログラムに参加することはない。また、職業補導の指導目標とも関係して、職業関連場面を想定した重点的な訓練を行っているのが、同少年院におけるＳＳＴの特徴である。

実際、就職面接のアポイントメントや職場でのトラブルなど、具体的な場面を想定した訓練がなされていた。職業補導を重視するＶ１施設としての同少年院の特徴を考慮すると、同少年院で処遇されている少年たちにとって、就労を前提とした社会的自立が目標として共有されていると思われ、そのためには具体的な社会的実践を含んだ準備教育が必要であるという認識が、次のようにＡ教官からも強調されていた。

【ＳＳＴの説明場面１】

Ａ：職場の中とか家族の中を想定して、実際にロールプレイをやってもらって、今自分はどんな感じかなというのをチェックする訓練なんだけども、今日は職場での対人関係について考えてみようと思う。

ＳＳＴのこうした実践は、職業補導の中でも独自の意味と位置を有していると考えられる。職業技能の習得と資格取得が重視される職業補導にあって、ＳＳＴには、職場での対他関係を補完する機能がある。言い換えれば、習得した技能・資格も対人関係に埋め込まれて初めて実効的なものとなるのであり、獲得した能力を有用ならしめる対人関係の調整場面の学習としてＳＳＴは位置づけられていると言えよう。少年個々が習得、獲得した職業技術は、集団指導の中で、統一的なカリキュラムを通して習得可能なものとなるが、それぞれの進路となる職場の中で、獲得した技能がどのような形で活用され、また、それらを通して、どのような形で職業達成を果たしていくのかについては、技能水準の向上とは異なる個々人の準備が必要になるという認識がＳＳＴにおいては強調されている。

SST実施にあたっては、少年の出院後の社会環境を意識した具体的な職場環境や就職活動場面が設定されていた。例えば、就職面接のためのアポイントメントの電話をかける場面であるとか、自分がよかれと思ってしたことが問題となり職場で上司から怒られる場面などである。「ガテン系」（求人情報の雑誌『ガテン』（二〇〇九年に休刊）に掲載される肉体労働のことをさす。別の回のSSTでは「ガテンを見て応募しました」と少年が発言する場面が見られ、少年たちにとってもなじみのある求職メディアであると見られる）の職場で遭遇しそうなトラブルである。これらのトラブルのケースは、少年個々が施設に入る前に経験している場合もあるし、また、似たようなケースを見聞きしたという例もある。また、場合によっては、出院生が実際に経験したトラブルも含め、教官が少年個々の経験を受け取り、SSTの課題として再構成することもある。

M少年院で行われているSSTの内容は、教官が教育的な方向づけはするものの、細部については、実演する少年たちが自主的に設定したり、あらかじめ想定されていなくとも実演場面で少年から発せられた発言から職場のリアリティが随時構成されるケースがあった。そこには、職場環境における対人関係の調整や職場適応といった、SSTに参加する少年に共通した課題が基礎としてある一方で、個々の少年によって想定されるリアルな職場環境のイメージがそれぞれにあり、また、後で検討するSSTの発話の中でも、個々の少年が想定している職場環境が、訓練中の発話内容に反映される場合がある。このような形で、SSTは集団指導としての側面と個別指導としての側面を、同時並行的に要請し機能する訓練であり、そこにもSSTの特質を見ることができる。

以下、ある回のSSTの発話を追いながら、そのプロセスと指導の側面を検討したい。

（3）SSTの活動プロセスにおける意味の協同的な達成

一般に、SSTの実践は、SSTを展開するうえでのルールの確認（例えば、演技が終わったら拍手するなど）から始まり、①「導入」として、課題とされる対人関係場面の設定と、それに関わる少年の経験の確認、②「実演」

として、少年の代表による課題場面の演技（アドリブ）、③「振り返り」として、演技に関する少年たちの感想や観客となっていた少年の感想、教官による総括、といったプロセスで進行する。

次に示すのは、B教官がこの日のSSTの訓練場面の設定について説明しているところである。「新聞配達員が、配達先の住所を書いたメモを持っていたために社長から怒られた」という、ある少年の実体験を元にしている。その際B教官は、社長の家で社員がご馳走になっていたところを個別に呼び出されて注意を受けたという状況の説明をしているが、それに関連して次のようなやりとりが見られた。

【観察場面1　SSTの導入部分】
（Bは教官。Nは訓練に参加している少年）
N：酒は飲まないんですか。
B：酒は飲んでなかった。家の中のリビングで普通の食事。あと何か確認することがありますか？
N：でも、そういう時はほとんど酒の場ですよね。
B：でも、酒は飲んでない。普通の食事。
N：相当、真面目な会社ですね。
B：真面目な会社だ。もちろんです。（笑）

通常はSSTの導入の時間に、少年が職場等での失敗の経験を語り、それらの事実や類似場面が題材とされる。題材の提案者となっている教官あるいは少年が細部にわたって課題の状況を設定するのではなく、訓練場面の詳細な場面設定は、実演ないし参観している少年たち相互のやりとりの中で形成されるケースが多い。ここでは、怒られる役を演じる少年だけではなく、社長をはじめとした数人の少年たちがそれぞれの役を演じることによって、その場面が協同的に構成されていく。このような形で、個々の少年たちは、自分たちが直面するであろう個別的な職場環境や社会環境を想定したうえで、そこで予想される課題の克服の方法を模索することになる。個々の課題は、特にその場面や文脈が、具体的であるという意味において、個別的であるということができる。

【観察場面2　実演1の進行】

（O少年は社長、P少年は新聞配達員、Q少年は社長夫人、S少年は先輩社員の役割を演じている。Bは教官）

O：ちょっとP君いいか。
P：はい、失礼します。
O：P君、S君から聞いたんだが、住所を写した紙を持ってるそうじゃないか。
P：あ、はい。
O：それは何に使ってるの。
P：配達に回ってて、あの紙だと大きすぎて不便だったので、自分でまとめて手帳に写して。
O：そういうの、写していいのか。
P：えっ、いやあ、いいんじゃないんですか。
O：もしそれ落としたらどうなるの。
P：いやあ、ちょっと。ああ、そうですね、そこまで考えてなくて。
O：そんなんじゃ仕事にならんだろう。

（中略）

P：はい、すみませんでした。
O：次からは気をつけろよ。

Q：今は（個人情報の管理が）厳しいからね。
O：肩持っちゃいかんよ。だめじゃないか。
Q：わざとじゃないのね。分からなかったものね。
P：すみません。ありがとうございます。
Q：向こう行って食べなさい。
S：悪かったな、チクって。
P：すみません、ありがとうございました。失礼します。
S：いやあ、ごめんな。
P：いや、自分のためになったので。ありがとうございました、先輩。これからも何かいろいろあったら、皆さん方もよろしくお願いします。
B：はい、拍手。（拍手）

この実演場面では、少年がそれぞれの役割を演じつつ、アドリブを含む台詞を通して、相互の置かれている立場を確認し、トラブルとなっている問題に向き合っている。そこでは、個々の少年が、自分の演じている役割という視線から描いた、職場のリアルな像が現れる。そして、それぞれの立場から、その職場環境を構成するような発話が現れている。あらかじめ設定された訓練場面を前提としながら、実演をした少年たちによって協同構築された職場環境とそこでのトラブルが、右記のような形での対話として表出されているのである。怒られる役の少年だけでなく、社長、社長夫人、先輩といったそれぞれの主体をも少年たち自身で演じることによって、被雇用者としてのP少年の経験やその行動の取り方を、マニュアルに示されるような方法としてインプットするだけではなく、P少年の発話に対する応答という形で、あるいは、その場面を構成する様々な発話を通して、P少年の行動に対する意味付与が行われていく。実演がこうして進められることによって、個別の課題を、そこに参与する少年たちによって協同で乗り越えることが可能となる。

さらに、その意味付与によって、それぞれの少年たちもP少年の取った行動やそのトラブルの課題に対して個別的な仕方で自らの課題として引き受けることが可能となり、またそれらを通して、個別課題の達成が目指されているということができる。

このような形で、SSTにおいては、意味の協同生成の達成、言い換えれば、「協同的な意味構築」の実践が実現すると考えられる。そこでなされているのは、単に被雇用者としてのP少年の具体的な行動の取り方や、マニュアル化された受け答えの方法の習得・定着のための訓練と定義されるものに留まらない。そこで実演する少年（ここではP少年）によって遂行される個別課題の克服は、そこに参与する少年たちによっても協同的に目指されるものなのである。

【観察場面3　振り返りの部分】

（B教官の語り）

B：それでは、みんな黒板を見てほしいんだけども。（今のロールプレイで）良かった点としては、「素直に聞き入れられた」、「先輩にお礼ができた」とか、「むしろそれで変な感情を持つこともなくて、きちっと了解を取れた」。あと「開き直ることがなかった」などですね。今後より良くなる点としては、「姿勢」だね。それから「解決法を先輩に聞いたりすると、もっと良くなるんじゃないか」と。では、今のことを踏まえてもう一度やってみたいと思います。はい、拍手。（拍手）

この場面では、先の実演1を踏まえて、参観していた少年たちや教官が、実演の中で良かった点や改善すべき点としてそれぞれ指摘したものを、教官が振り返って総括している。ここでも参観した他の少年によって、SSTの振り返りの中で、実演のある部分を「良かった」と指摘する発言があることによって、少年たちが望ましい行為や態度としてP少年の発言を認識し共有することができている様子がうかがえる。他方、「改善すべき」「より良くなる」と指摘する内容も、同様に、それぞれの少年にとっての社会のリアリティや、そのような場面に遭遇したときのそれぞれの少年にとっての選択すべき望ましい行為を示唆している。

ここでも、すでに指摘したような個別課題の克服と集団指導を通した協同的な課題解決との往復を見て取ることができる。観察場面2では、被雇用者として、言ってみれば当該の実演の中で主人公としての役割を演じているP少年にとっての個別課題が、社長、社長夫人、会社の先輩といった、そこに応答的に関わる少年たちによっても課題として担われ、個別課題が協同的に達成されるという側面が見られた。この観察場面3においては、実演に参加した少年たちだけではなく、それを参観していた少年たちによっても、協同的な意味付与と課題達成がなされていることが示されている。そこでも、職場や社会のある場面において想定されうるトラブルや、その解決や回避といった共通した課題を通した集団指導の一貫性は保たれている。少人数グループによる実演を踏まえ、集団全体での問題点の指摘や討議を通して課題を共有する集団指導としての側面は保たれつつ、少年たちは職場適応についての個別課題の克服を並行的に求められているのである。

このように、課題の設定と課題をめぐる意味付与のプロセスにおいて、訓練主体としての集団の機能が作用することによって、個別課題が集団指導の中で、協同的に目指されている。それは言い換えれば、少年の個別課題が集団指導の訓練内容に埋め込まれ、そこでの協同的な意味付与や訓練を通して学習されたことが、個別の課題の解決に返されていくことを意味している。

（4） 集団による意味の再構成

次のＳＳＴでは、振り返りを踏まえて、実演1を演じた少年たちが再度同じ場面でやりとりするＳＳＴの二度目の実践が行われている。紙幅の都合で実演の詳細を掲載することはできないが、実演者の少年たちは、振り返りの場面で指摘されたことを修正するだけでなく、細かな状況設定、問題となる行動の意味づけをも変化させている様子が見て取れた。例えば、座りながら上司の話を聞くことを咎めたり、問題となった行動の結果、会社にどのような迷惑がかかるか、といったことを意味づける発話が見られた。同一の場面で実演をし直した少年たちは、一度目の実践のやり直しとして、受け答えが流暢かつ自然になるよう、発言を定着させるためのスキルの訓練をするということに加えて、新しい情報や観点と触れることによって語り直すということがしばしば起こり、その語り直しによって内容の更新や修正、別の物語への展開が行われる可能性が常に存在していることがわかった。

職業補導全般についての教官へのインタビューからは、技能・資格の取得を重視する側面と、資格を取らせればよいのではなく、そこに教育的意義を見出そうとする側面の、二つが共存していることが明らかとなっている。職業スキルの習得は、少年にとって自信や意欲獲得の機会となり、自己肯定感をもたらす契機となっているともみられている。すなわち、少年の職業的レディネスが形成されること自体に意義があるという認識が共有されていた。実際、職業補導を体験した少年には、「手段としての資格」取得という意識から「やりがいと自信獲得の場」としての職業スキル習得という意識への変容が起こっており、また成績評価等を通して、規範的なルールの習得としての職業補導の教育的な意図も学習されていた。

前述したように、ＳＳＴの訓練は、少年たちの経験あるいは想定している社会環境の場面を協同的に再設定した上で実践されている。その際、職場や社会でのトラブルの解決やその回避といった少年たちに共有されるべき課題が教官によって設定されていた。その題材としては、少年たちが実際に経験したり、身近に理解してきた職場や社会でのトラブルやその類似場面が挙げられ、課題の共有がよりリアルな形で行われ、その課題を協同で達成することによって、集団指導としての特質が維持されていた。被雇用者としてのP少年のような立場だけではなく、雇用者の役割や先輩の役割などを少年たちが演じること、当該SSTで直接の台詞を持たない少年もそれを見て問題点や改善点を指摘するという参加の仕方を確保することなども、その一つの側面として挙げられる。少年たちに社会での就労場面で語るべきことを具体的に想起させ、実際に応答させる機能を持っていたからである。このような形での実演や応答を行うことによって、集団指導としてのSSTは、マニュアル化された技術の個別的習得に留まらず、個別の課題を集団で乗り越えるという特長を保持しているものと考えられる。

三　集団的生活指導に見られる「個別性」

次に本節では、個別課題を見出す方法について検討したうえで、目標設定集会や寮担任会議の考察を通して集団的生活指導のロジックやメカニズムを、個別課題との関係から読み解いていくことにしたい。

（1）個別課題を見出す方法――日記指導と面接指導を中心に

少年たちは、教育過程に合わせて、中間期から各寮で共同生活を行っている。ここではまず、寮内で実践されている日記指導と面接指導に焦点を当てて、各少年の個別課題が見出されていく様子を、職員インタビューから明らかにしていこう。

①日記に見出す少年の内面の変化と課題

【C統括専門官への聴き取り】

（Rは調査者）

R：日記を通してその少年の動静というのを把握するというのは、すごい重要なんでしょうかね。先生のお話をずっと聞いていると、日記をかなり重要視されていらっしゃるんだなという感じがします。

C：自分は現場に入っていないから、日記は情報源です。……（略）……自分の場合、寮に入ってないから、少年の動きを知る手掛かりはやはり日記ですね。

少年が日々記している日記は、C教官の言葉を借りれば、教官にとって「情報源」になっている。少年の過去や少年院での生活を通した内面の変化など、教官たちが直接把握しきれないことを知る媒体として日記は機能している。また、日記は情報源以外の役割も有しており、ある程度の期間が経過してから日記を読み返せば、少年たちの記述は変容の軌跡としての意味を帯びてくる。それは、どのような課題に取り組み、いかにして乗り越えてきたかの軌跡であり、少年自身によって語られた変容と更生の物語なのである。

しかし、日記は少年のモノローグではない。少年から提出された日記は、教官がコメントを書き込んだうえで返却されるため、いわば少年と教官の往復書簡になっている。調査の際に、何人かの日記を閲覧させていただいたところ、少年と教官の間で紡がれている言葉からは、ゆっくりとお互いの距離を縮めていく様子が見受けられ、それが印象に強く残ることを付言しておく。

②面接指導を通した共感的な関係の形成

【D教官（中間期寮担任）への聴き取り】

D：少年が私に対して、……（略）……構えてしまうですとか、あるいは話ができないというのはよくない。そうすると正しい見方がなかなかできませんので、そういうときは面接を繰り返すことが一番です。そうすることで、……（略）……「先生だけに話しますけど」なんていう言葉が出てくれれば、少しはこちらにも話がしやすくなっているのかな。そういう環境を作ってあげられればいいのではないかと思っています。

【E教官（教務担当主任専門官）への聴き取り】

（Rは調査者）

R：面接を通じてやる気を出してもらうにはどういったアプローチというか心がけというか。

E：まず、褒めることですね、あと、その子が考えたことをまず認めてやることですね、はい。

R：やっぱり、そういう経験が少ないんでしょうかね。

E：はい。やっぱり、社会にいたころは親から叱られ、それから学校の先生から叱られ、警察に叱られ、ずっと叱られっぱなしで来て、結局はどんどんアウトロー的に行っちゃいますので。……（略）……褒めてやって認めてやらないと、こっちの話に聞く耳を持ってくれないですよね。ですから、こっちの話を聞けるような状態になってからじゃないと、こういう問題点があるんだよとか、そういう突っ込みができないから。

R：じゃあ、その指導の前の段階をいかに充実させていくかっていうのが重要なんですね。

E：はい、そういうふうなところをほんとに一番考えながら勤務しています。

D教官の言葉からは、生活指導の前提と言える共感的関係（ラポール）の形成にとって、面接を繰り返し行うことが重要な役割を果たしていることがわかる。また E教官の言葉からは、少年の言葉を共感的に受容することが、共感的関係を形成していく要諦であることが読み取れる。さらに、E教官は「褒める」という表現で少年を受容していく様子を語っているが、これはまさに少年との間にケアの関係を結ぼうとしているものと考えられる。少年院に入っていっそうヴァルネラブルになっている少年の存在を、教官が心を砕くように受けとめていくことで、少年は他者の存在を受容し、他者の言葉に耳を傾けるようになるのであろう。このように、少年と教官の間に共感的な関係が形成されることによって、少年は反省的に自己認識を深め、課題を見出すことが可能になっていくと考えられる。

③個別課題の顕在化——二つの指導実践のまとめとして

日記指導と面接指導の検討を通して、両者とも少年の個別課題を明確にするための指導であることが明らかになった。とりわけ、個別課題を顕在化するためには、言葉を媒介として結ばれる少年と教官の共感的関係が重要であることが見出された。そして、把握された少年の個別課題は、集団指導の指針として活かされるのである。

（2）集団的生活指導の場面

M少年院における集団的生活指導の中心は寮内の役割活動にある。役割活動を遂行するためには、他者とのコミュニケーションが不可欠であることは言うまでもない。ここで重要なことは、コミュニケーションをとる際に、他者（他の少年）の存在を自己内に顕在化していくことである。自分の言葉や行動を他者はどのように受けとめるだろうかと忖度したうえで、あらゆる行動を選択しなければならない。また、今までの自己中心的な世界から、他者と共存し他者との関係を紡ぐ世界への移行を余儀なくされる。いずれも他者を自己内に住まわせることで可能になるものである。

この項では、右のことを明らかにするために、目標設定集会と寮担任会議に焦点を当てて、集団的生活指導の場面を検討してみよう。

①目標設定集会における自己認識の変容

【目標設定集会】

（T少年は、目標の達成について発表する少年。U、V、W少年は、意見を述べる少年。Fは教官）

U：部活動のとき、自分も見ていたんですけど、たぶん感情的になっていたのかわからないですけど、眼鏡を投げなければ、そうは思われなかったと思うんです。自分ではたぶん眼鏡が邪魔だからと思って投げたのかもしれないんですけど、それを見た人は勘違いして、怒っているのかなとか思うんで、そういうところを気をつけていってください。

T：ありがとうございます。

U：以上です。

（中略）

F：眼鏡のことばかりちょっと出てきているけど、勝手にいらついて、そうしたわけじゃなくて、いちおう原因や理由はちゃんとしたものがあって、でも、それだけを押し通さず、みんなの前で謝ったんだよな。

T：それもなんですけど、感情的に怒ったというわけではなくて。ちょっと何か言い訳みたいなんですけど、眼鏡が曲がって邪魔だったから、次のプレーを早くしたくって、眼鏡が邪魔で投げたんですけど。

（中略）

F：はい、ほかに。

V：失礼します。

T：お願いします。

V：眼鏡のことがクローズアップされて、聞いていると、「感情的になっていなくても、そう思われてしまうような行動だった」って言ったじゃないですか。

T：はい。

V：そういう部分は、ほかでもいろいろあると思うんです。「自分はそんなつもりじゃなかったのに、言い訳じみてしまうかもしれないけど」と今言っていたんですけど、本当にそういうのは言い訳にしかならないと思うんですよね。眼鏡が邪魔だから投げたのかもしれないですけど、ほかの人が見てしまうと、気持ちよくはないなと思うし。部活動に限らず、そのほかの院生活とか、これから社会に出てからでも、そういう一つひとつの行動を、自分はそうじゃないと思っても、他人は違うふうに見るときとか、あると思うんですね。

T：はい。

V：だから、そういうところを気をつけていけば、部活動のこととかも楽しみになっていくんじゃないかと思うんで、考えてみてください。

（中略）

W：前回の集会で、たしかに何人かの目つきの議題が出たじゃないですか。

T：はい。

W：あの時に、自分ははっきり言えなかったんですけど、いろいろ感じていたところがあったんですよ。
T：はい。
W：最近、係を一緒にする場面が多いのですが、そういうのは全然感じなくなったんですよ。T君はその後どういうふうに変わりましたか。
T：中学のときから、多少なりそういう目つきのことでいろいろ言われて来て、よく考えてみると、やっぱりそういう目つきになっているときって、どこか相手を見下していたり、なぜできないんだろうとか、相手に対して非難めいた気持ちをもっているときに、自分ってそういう目つきをしているんだなと自覚しました。自分でわざとそうしようと思っているわけじゃないですけど、やっぱりそういう感情をもっているときって、目に表れて、「目は口ほどにものを言う」というのがあって、やっぱりそういうところで自分の気持ちが表れているんだなと思って、今でもそういう気持ちがないと言ったらうそなんですけど、そういう気持ちになったときに、ああ、だめだな、またそういう目つきになっているんじゃないのかなと心がけました。そう心がけていたから、たぶん、ちょっとずつそれが出ていたということ……。

目標設定集会は、各少年が掲げた個別目標の達成の可否に関して、少年同士で検討を行う場になっている。少年たちは、目標設定集会のような公的な場面で発言する際に、ある「型（作法）」[2]に従って発言を行う場合が多い。例えば、ある少年が発言する意思を示すと、発言を承認したうえで発言者に椅子を向けて聴くといった身体の所作から、少年同士でも丁寧語を用いるなど言葉のレベルに至るまで、多岐にわたっている。もちろん、発言内容までが形式的になることはないが、「型（作法）」に従うことによって、相手が取り組んでいる課題に対して踏み込んだ発言をすることが可能になっている。

例に挙げたT少年をめぐる議論からもわかるように、中学や高校の部活動の最中であれば、下手をすると喧嘩になってしまいそうな内容であっても、お互い冷静になって事実を見つめ合うことができている。さらには、部活動での出来事から派生して、T少年が昔から抱えていた「目つき」の問題が新たに浮上するきっかけになっている。眼鏡や「目つき」の問題を感情的にならずに議論できたのは、やはり「型（作法）」が存在したからであろう。つまり、「型（作法）」があることで、話し手と聞き手の双方が感情の表出をいったん留保し、事実と客観的に向き合うことが可能になったのである。そこでは、「型（作法）」に従っているうちに、感情の高まりが収まってくるという効果に加えて、感情的な発言をしたら相手がどのように受け取るだろうかなど、相手の立場に立って考える経験がもたらされる。T少年に対して意見をした少年たちは、単なる個人ではなく、ともに処遇の課題を抱えた寮生として発言することで、設定された教育的な場面で互いを磨きあう、いわば「公共的な語り」を獲得していったと考えられるのである。その結果、参加していた寮生すべてにとって、自己・他者・世界との関係を編み直す更生の契機となっているとみられる。

②寮担任会議におけるT少年の評価と集団的生活指導のメカニズム

【寮担任会議】

（F、G、H教官の会話）

F：私、個別担任なので言わせてもらいますけれども、部活の代表として意欲的に取り組んでいるわけで、その分ほかの寮生には、迷惑をかけているというようなことをきちんと自覚して、心がけて生活しているんじゃないかなというふうに思います。また、キャプテンとしての立場上、また、能力の高い少年なので、どうしてもまわりの職員からもいろいろ、あれやこれや頼まれやすく、要求レベルも非常に高いので。

H：高いですね。

F：それについても、彼自身はいやがる素振りを見せたり、できませんと言うわけでもなく、きっちり受けとめて、しっかり取り組むところを持続させていたんじゃないかな。

G：前は、自分は何でもできるみたいなところを鼻にかけて。

F：鼻にかけているところがあって、反発を受けていました。

G：ものすごく鼻につくところがありましたよね。

（中略）

F：われわれから見ていてもそうなので、まして一緒に生活している少年たちから見れば。それで何人かの寮生とトラブルっていいますか、反発を招いたりというような経験もして。

（中略）

F：さすがにね。ただ、彼がいちばんできるし、頼めばやってくれるので、われわれもちょっと、甘えるところがあって、（珠算の不得手な）○○少年に、誰かに珠算を教えさせようか迷ったとき、「T君ちょっと教えてあげてくれ」なんて言うと、快くちゃんと受けとめて。

G：そうだね。

F：ええ、ていねいに教えてやって。かなり忙しいんですけれども、でも、だからといってそうしたイライラ感をほかの少年たちにぶつけることはなく、ちゃんとやっていると思うんですよね。

寮担任会議では、各教官たちがT少年の能力の高さを認識している様子を見て取ることができる。T少年の個別担任（F教官）は、T少年がまわりの職員からもいろいろと頼まれやすい存在であることを分かったうえで、責任ある仕事を任せることを通して間接的にT少年を教育しようとしている。教官同士のやりとりを見ると、寮担任会議は目標設定集会の舞台裏（off stage）ともいえる場面であり、集団的生活指導の屋台骨を構成しているといえるだろう。こうした集団的生活指導は本来少年一人ひとりの個別課題によって成り立っているが、少年は独力で解決するのではなく、絶えず他者との関係の中で自分の課題を解決していくことが目指されていることを確認できる。

（3）集団的生活指導に埋め込まれた「個別性」

少年たちは更生という大きな目標に向けて、個別課題を、他者を見る、他者から見られるという関係の中で、他者と協同しながら乗り越えていく。しかし、この協同は自然発生的に生起するものではない。最後に、M少年院における集団的生活指導の特徴を、二つの点に分けてあらためて指摘しておきたい。

一点目は、各少年の個別課題の設定や調整が、教官の側で綿密に行われていることである。少年たちの日々の様子は、本節で見た寮担任会議だけではなく、成績予備調整会議など、あらゆる場面で教官たちに共有されている。もちろん、日記指導や面接指導といった個別の指導場面も重要になる。それらの個別指導場面は、少年をより深く理解する機能だけでなく、少年とともに個別具体的な更生のイメージを描くことを通して、課題を少年に自覚させる場として機能しているからである。また、そこで得られた情報や更生の課題が、教官の間で共有されることで、日々の様々な集団場面における個別的な指導を可能にしている。

二点目は、少年それぞれに個別化された目標―実践―反省のプロセスに、他の少年がかかわるという相互性が組み込まれていることである。目標設定集会における議論は、その端的な事例を示している。しかし、少年同士のかかわりは、偶発的なものではない。教官が議論の場をきちんと制御している点がポイントであろう。また、議論の方法（=「型」）によって、公共的な場での振る舞い方を身に付けさせている点も重要である。したがって、議論があらぬ方向に逸脱する可能性が排除され、次第に自発的な語りが誘発され、少年たちの間に教育的な作用をもたらしていると考えられる。お互いに見る／見られる身体として存在しながらも厳しい相互監視に陥ることなく、外部社会へ復帰するために自らを「主体化」していく経験をもたらしていると言えよう。

以上二つの特徴によって、M少年院の集団指導には「個別性」が担保され、個別的な教育効果が生み出されていると考えられる。

四　おわりに

(1) 内部観察研究が示唆するもの

以上のように、集団的な活動を通して個人の改善目標を追求することが可能になっていくこと、とりわけ社会に適応するための規範意識が個人に醸成されていくメカニズムが明らかにされ、隔離された少年院という場でありながら他の院生や教官の力が対他的に実効力あるかたちで作用している実態が指摘された。言い換えれば、規律統制型に見える少年院の組織的な実践には、少年個々の問題性の改善を意識化させる仕掛けが数多く埋め込まれており、一見、集団一律で全体主義的に見えながら、「主体化」——少年が独自に考え、関与し、反省する主体としての作用——への契機が指導実践の各局面に発露していると考えられる。

第一節では、SSTが心理学的な対人関係のスキル形成ばかりでなく、出院後に予想される職場の問題場面の理解やそこへの適応として、応用的、実践的に構成されていることが明らかにされた。少年個々の職場体験の語り方によって、その内容や進行、振り返りにかなりの違いが生じていたが、その理由は、SSTが少年の過去の経験をすくい上げる課題設定をしており、アドリブやそれに対する相互の感想を通して、職場問題の意味理解についての「協同的達成」の仕掛けが構築されていたからであり、繰り返されるSSTの実践によってその意味は再構成されることがしばしばだった。

第二節では、目標設定集会という、各少年の個別処遇目標の理解とその改善の様子が少年たち相互によって議論される場が取り上げられた。ここでは、個人の発表や他者からの意見を支える「型（作法）」が習慣化されており、また、寮担任会議など教官による「舞台裏」での課題設定への配慮もあることによって、個々の発表が単なる個人攻撃や甘言におちいらない仕掛けになっていた。これによって、集団内部での問題傾向を有した院生同士の「磨き合い」が可能になっていく。一見、統制的な集団討議に見えながら、集会それ自体が個別指導の特質を帯び、少年個々の自己呈示を伴った問題改善を導くのである。

このように、集団活動の実践を通して、非行事由の異なる個人の課題達成を意識化していく仕掛けが随所に埋め込まれており、とりわけ対話を介した討議やロールプレイなどによって、主体――すなわち、「問題性を抱えた主体」――の認識が言語化されて形成されるように働きかけがなされていた。だが、そうでありながら、重篤な非行傾向を抱える個々人が「馴れ合い」にならず、負の交友関係に進まないように、個々人の間の距離をとり分断化しておく個別指導すなわち個人化の戦略――「意思決定可能な主体」の構築――も随所でとられているのである。

（2）「主体化の契機」としての規律統制的実践

すでにゴッフマンも指摘しているように、少年院は矯正教育を実施する機関であり、少数の重篤な非行少年を、一つの施設に収容して、生活のすべてにわたって社会適応や再非行防止のための教育を施すべく、外部との関係を切断し、徹底した訓練や学習を求めていく「全制的施設」である。入院する少年は、非行原因にかかわる自分自身の問題性を改善し再度非行を犯さないように求められ、社会の中で人々との関係修復が可能なように人格の矯正を行っていかなければならない。こうして少年院は、社会との直接的な関係を断絶しつつ、施設内部の集団生活を通して社会的人格を再構築するという、見ようによってはアイロニカルな課題を抱えてきた。

かつてフーコーは、パノプティコン（一望監視システム）による刑務所の自己訓化作用を、近代社会における規律統制的な自己の獲得と理解した。そこには、院内で構築される自己イメージに管理されていく「社会的自己」のモデルがある。制度化された評価の基準とその身体化によって、「教育される個人」(ここでは、非行少年)は逃れられない自己の檻に閉じ込められ、自らを自らの手によってコントロールするようになる。つまり、施設内での個人化が生み出す訓化の罠があると言う。

しかしながら、ここまで述べてきたように、見方を変えて言えば、逸脱的なコミュニティや集団の共同性から隔離した場をあえて作ることによって、その自明性に呑み込まれ読み取りえなかった、「主体」を表出させる仕掛けが少年院内にはあった。逸脱する個人を既存の慣れ親しんだ逸脱の文化から切り離し、矯正の場に参入させることで、「責任ある主体」を戦略的に構築しようとしてきたともいえる。問題性を抱えた個々の非行少年の自己呈示を、集団という場の中で表出させることで、むしろ個別的な指導・個人の指導という論理が貫徹されていくのである。

こうした実践を「主体化の契機」と呼ぶならば、二四時間にわたる少年院での集団生活自体が、協働性の中で、個人＝主体への眼差しを誘発する場の構築であったといえるのではないだろうか。

もちろんわれわれは、規律統制型の方法論を是認しようというのでもないし、一方、治安を維持し保全するために、戦略上規律統制システムが必要なことを否定するものでもない。思想家のアーレントら(二〇〇四)も論じたように、参加可能な立場性を有した個人の現れこそ「社会的自己」であり秘匿された「真性の自己」などありえないという立場に立って、こうした「主体の存在証明」をするという課題が矯正教育にも存続していると感じるのである。集団指導において社会の中で生きられる包摂できる少年個々人を育てていこうとする姿勢があるときにのみ、「主体」は言語的、身体的に発露するものであり、反面、集団の力の中で排除される限り、「主体」としての呈示や存在証明は無用になってしまう。

少年院のような規律統制型のコミュニティでは、個々人に教育や訓練を施し、その人自身を社会の雛型にあった存在へと作り変えることが意図される(藤村、二〇〇八)。それは手間暇のかかる営為であり、規範が流動化する今日の社会ではいっそう手探りの交渉的な作業となろう。このようなあえて非効率的とも見える実践を試みる目的には、「社会的自己」への作り変えを信じ試みる教育的態度の継承があったといえる。いかなる境遇や生い立ちの個人にも再教育の可能性があると感じ取れるのは、「主体」を発露させる少年院という場への意味づけが継承されてきたからなのであり、「主体の消滅」を回避することは今日の非行少年を排除しかねない社会においては重要な課題である。

(3)「経験知」を探る内部観察研究の今後

すでに見てきた研究の事例が示唆するように、社会的排除が深刻化する現代、少年院での重層的な指導実践を実証的に再解釈することは重要である。こうした教育の存在がなければ非行集団の世界に埋め込まれて自己の存在を言語化することもなく過ごしてしまっただろう個々の少年が、新たな集団の中でリカバリー・ストーリーに挑むこともできるのだから。

これまでの少年院研究には、統制的な集団指導のステレオタイプな管理的イメージ(いわば、「フーコー・モデル」)や、施設内部の場の力学や少年・職員の演技性に特化した制度的理解(いわば、「ゴッフマン・モデル」)が根強かった。しかしながら、そのいずれでもなく、協働での集団活動でありながら「主体化」の契機が埋め込まれているような個別指導の実践が展開されている日々の生活世界そのものの多義性や多元性に目を向ける必要がある。すでに見たSSTや目標設定集会などの分析は、そのことを教えている。

こうした視点に立つことによって、参与観察やインタビュー研究から、少年院における集団指導/個別指導の実践を支えている「暗黙の仕掛け」や「現場の教授学」(古賀、二〇〇一)を解明する方途が開け、その経験知を言語化することの意義を示すことも可能になってくるのである。

注

（1）少年院における集団主義は昭和三十年代後半から昭和四十年代前半にかけて導入された。当時は、学校教育でも生活指導を中心に集団主義教育が脚光を浴びており、少年院の職員間でマカレンコの著作が読まれたことや、「核作り」「核となる少年」などといった言葉づかいや班活動を組織化していくプロセスからも、学校教育における集団主義教育の影響が強いと考えられる。この事実を踏まえたうえで、その後の少年院における集団指導がたどった変遷と独自に生み出した教育方法の一端を明らかにすることが、本章の関心の一つである。

（2）齋藤（二〇〇六）は「儀式的行動様式」と表現している。しかし、少年たちの言動の儀式性を強調するよりも、定型化された言動を梃子にして議論が深まっていく様子を表現したいため、本章では芸道や武道における「型」概念を用いて表現することを試みた。なお、「型」概念については、世阿弥『風姿花伝』や源了圓『型と日本文化』（創文社、一九九二年）などを参照。

文献

アーレント、H／ルッツ、U編、二〇〇四、『政治とは何か』佐藤和夫訳、岩波書店
犬塚石夫編集代表、二〇〇四、『矯正心理学　下巻　実践編』東京法令出版
矯正協会編、二〇〇六、『矯正教育の方法と展開――現場からの実践理論』矯正協会
古賀正義、二〇〇一、『〈教えること〉のエスノグラフィー――「教育困難校」の構築過程』金子書房
ゴッフマン、E、一九八四、『アサイラム――施設収容者の日常世界』石黒毅訳、誠信書房
齋藤裕司、二〇〇六～二〇〇七、「学寮集団の指導　全四回」『刑政』第一一八巻九～一二号
佐藤学、一九九九、『学びの快楽――ダイアローグへ』世織書房
品田秀樹、二〇〇五a、「ソーシャル・スキルズ・トレーニング（SST）①」『刑政』第一一六巻一号
品田秀樹、二〇〇五b、「ソーシャル・スキルズ・トレーニング（SST）②」『刑政』第一一六巻二号
品田秀樹、二〇〇五c、「ソーシャル・スキルズ・トレーニング（SST）③」『刑政』第一一六巻三号
千田有紀、二〇〇一、「構築主義の系譜学」上野千鶴子編『構築主義とは何か』勁草書房
野口裕二、二〇〇二、『物語としてのケア――ナラティヴ・アプローチの世界へ』医学書院
ノディングズ、N、一九九七、『ケアリング　倫理と道徳の教育――女性の観点から』立山善康・林泰成・清水重樹・宮崎宏志・新茂之訳、晃洋書房

フーコー、M、一九七七、『監獄の誕生――監視と処罰』田村俶訳、新潮社
藤村正之、二〇〇八、『〈生〉の社会学』東京大学出版会
法務省矯正研究所編、一九九三、『矯正教育学』矯正協会
前田ケイ、二〇〇一、「矯正教育と更生保護事業におけるＳＳＴ――ふりかえりと今後への提言」『テオロギア・ディアコニア』臨時増刊号、二九―五一頁
松嶋秀明、二〇〇五、『関係性のなかの非行少年――更生保護施設のエスノグラフィーから』新曜社
保木正和、二〇〇二、『矯正教育の展開』未知谷

第10章　生活指導の教育目的とその困難
――少年の自己充足をいかに超えていくのか

岩田一正

一　はじめに

少年院における矯正教育は、教科教育、生活指導、職業補導、保健・体育、特別活動という五つの指導領域から構成されている（本書第1章参照）。この中でも、以下で照準していくこととなる生活指導は、矯正局長通達「少年院における生活指導の充実について」（一九五八年）、また同前「少年院における教育課程の編成、実施及び評価の基準について」（一九九六年）を踏まえれば、少年院において最も重要視されている領域だと言うことができる。しかも、生活指導は、生活指導領域のみで実践されるわけではない。

実際、われわれが、M少年院を二〇〇七年二月に訪問した際に閲覧した『生活ガイド』には、同少年院の生活指導の内容は、次のように記されていた。すなわち、新入期には、㈠過去の非行や社会生活の反省、㈡基礎学力と基礎体力の養成、㈢日常生活における基本的な行動様式の習得、という項目が記載され、中間期・出院準備期と進むにつれて、㈣適切な自己表現や自己抑制の能力の獲得、㈤他人の立場を尊重する習慣の形成、㈥充実した職業生活を送ることができる考えの涵養、という項目が指導内容として記述されていた。そして、それらの指導は、学寮・

院内の生活全般に及び、面接、日記、集会、役割活動、クラブ活動、職業補導、教科教育、レクリエーション、特別活動などで実践されるものであり、換言すれば、少年院の全教育活動に生活指導は関連しているとされていた（第II部補論参照）。

この『生活ガイド』を踏まえれば、少年たちが社会や他者と自己とを結びつける関係性を読解し、自分の生活を再構築しようとする行動を、院内生活を通じて指導する活動、換言すれば、少年が社会や他者と自己との関係性に一定の方向性を見出すことを支援する活動、と生活指導を把捉することができる。

生活指導をこのような教育活動と認識するならば、少年が他者に対して自分自身をどのように説明するのかという談話行為に照準を合わせることによって、院内の諸教育活動がどのように重畳的に作用して、少年院の生活指導が実効的なものとなっているのかを分析することができるのではなかろうか。というのも、過去の行為に対する説明であれ、少年院での生活において生じる諸事象に対する説明であれ、出院後の生活や被害者への贖罪についての説明であれ、あるいはその他の事柄についての説明であれ、少年はさまざまな場面で他者に自分自身を説明するという談話行為を遂行することを院内で要請され、その説明を通じて、他者によって生活指導領域における少年の成長や変容が評価されるからである（もちろん、説明という談話行為によってのみ、少年の成長や変容が評価されるわけではないが）。

単に他者と記したが、その他者には他の少年と教官が含まれ、両者のあいだには大きな差異が存在している。少年にとって他の少年は、両者とも相手のことをまったく知らないという対称的な関係にある他者であり、相互の背景などを知る冗長なコミュニケーションを通じて親しい関係になることが禁じられている。もちろん、少年院での生活や学習を通じて、時間の経過とともに、相手の名前、性格、思考、行動などを知ることはできるが、それぞれの少年が更生に向けて学習していることを忘れるような「馴れ合い」関係に陥ることは禁止されている（その禁を破れば、集中指導や調査の対象となる）。それゆえ、ある期間を寮で共に生活するにもかかわらず、少年同士は、お互いの本件非行、連絡先などを知らないまま過ごすという関係にある。そのような関係にある他者に対して、少年は集会などの場において自分を説明していくことが要求される。

一方、教官について言えば、教官は少年の本件非行、家族構成、家族関係、交友関係、鑑別結果などを熟知しているのに対し、少年は教官のことをまったく知らないし、当然のことながら、少年は自らの意思で少年院に入ることを選択したわけでない。そのような状況において、少年は教官と出会っている。そして、少年から見れば、教官は自分を指導する具体的他者であると同時に、自分をそのような状況に入れることとなった社会規範の代理表象として存在する他者である。それゆえ、少年は少年院において、相手は自分のことを知悉しているが、自分は相手のことをまったく知らない、という教官との非対称的な関係を通じて、自分のものとは言うことのできない社会規範に即しながら、自分をどうにか説明し、行為を通じて自分を提示していく作業を反復していくことと想定される。そして、他の少年とは異なり、教官は少年にとって院内生活における最終的な審級の位置を占める存在である。

以上のような質の異なる二種類の他者に対して、自分を説明することによって自分を差し出し、差し出した自分を他者によって吟味され評価され、その吟味や評価に即してあらためて自分を説明することによって自分を他者に差し出し、その説明によって差し出した自分を他者によって吟味され評価され……という循環を通じて、少年院において少年は成長し変容していくこととなるのであろう。では、少年による自身の説明は、他者によってどのような観点から吟味され評価されるのであろうか。この点に関しては、他の少年による吟味や評価は、彼／彼女らにとっても最終的な審級の位置を占める教官の観点を踏まえるものとなるのであろうから、少年による自身の説明を吟味し評価する教官の観点を検討することが課題として浮上してくる。

少年院の生活指導に関してではないが、学校における道徳教育について、ジョン・デューイは「道徳についての観念」(ideas about morality) と「道徳観念」(moral ideas) とを区別している。彼によれば、前者は情報であり、直接教えることができるが、情報の所有者の行動を方向づけたり、規制したりするとは限らないものである一方、後者は行為を指導し、方向づけたりする観念であり、また行為者の性格の一部となった観念であるという。そして彼は、学校の道徳教育の目的は「道徳観念」であり、「道徳についての観念」ではないとしたうえで、「道徳観念」を育成するには、学校教育全体で間接的に教えなければならない、と論及している（デューイ、二〇〇〇）。

出院後五年以内に少年院に再入した者や刑事施設に入所した者の割合の低さ[1]に象徴される少年院の教育活動の実効性に、その生活指導が寄与しているならば、デューイの論述を踏まえ、少年院における生活指導が、単なる情報を意味する「生活についての観念」ではなく、少年の行為を指導し、方向づけ、少年の性格の一部となる「生活観念」の育成を教育目的として設定しているからであり、しかも少年たちは「生活観念」を生活指導領域だけでなく、院内生活全体を通じて間接的に教えられているからであると想定することができる。

生活指導領域だけでなく、院内生活全体を通じて生活指導を実践するという点は、前記『生活ガイド』が示している通りであるが、問題となるのは、その指導を通じて少年たちが獲得することを期待される「生活観念」の内実であろう。なぜなら、その内実が、少年による自分の説明を構成する観点、またその説明を吟味し評価する他者の観点に関連しているのであるから。

少年院の生活指導の機制を分析するには、生活指導は全教育活動に組み込まれているのであるから、全教育活動を分析対象とする必要がある。しかし、紙幅の関係から、本章では生活指導領域に焦点を合わせ、少年の自分についての説明に対する、夜間のホームルームや目標設定集会という集団指導の場における教官や他の少年からの評価、成績告知面接という個別指導の場における教官からの評価を分析することを通じて、少年院における「生活観念」の内実の一端を考察していくこととし、他の指導領域に生活指導がどのように折り畳まれているのかという課題に関しては、別の機会に取り組むこととしたい。以下では、夜間のホームルーム、目標設定集会、成績告知面接について許可を得たものを録音し、それをトランスクリプトしたオーラル・データを、主たる分析対象として考察を進めていく。

二　集団指導における他の少年や教官からの評価

集団指導の場において、ある少年が自分の行為や思い、迷いなどを表現した際に、教官や他の少年はその説明をどのように捉えて評価しているのであろうか。ここでは、夜間のホームルームと目標設定集会の一場面を検討していくこととしたい。

まず、対人関係で何を心掛けているのか、そしてその心掛けを阻む障碍は何なのかということをテーマとして、M少年院中間期寮で実施された、夜間のホームルームにおけるやりとりを見ていくこととしよう（いくつかの相槌は省略した）。

【断片1】
（対人関係をテーマとする夜間のホームルームにおけるN教官とA少年、B少年の会話　二〇〇七年二月）

A：例えば、後片付けをしているときに、横の人とか、二人横にいたとするじゃないですか。その自分の隣の人がいて、その右の人に、泡が飛んだりするじゃないですか。でも、そうしたときに、何と言うか、例えば謝らなかったとするじゃないですか。そこで注意しようと思っても、なかなか注意できない。

N：ふーん。細かいね、結構（笑）。

A：その場の状況判断というか。

（中略）

N：いろいろな見方があっていいと思うけれども、B君はどう見ますか、これ。

B：やっぱり自分が間違いないと思ったことをまず言葉にして、相手に言わなきゃ、自信は持てないと思うんですよ。

N：まあね。

B：だから、まあ、自分で、まあ、正しいと思ったことは、とりあえず口に出してみて。で、まあ、それが相手と話してみて、自分に自信をつけることしか、ないんじゃないですか。

N：まあ、彼が自信が持てないということが原因で言えないでいるとすればね。Aにとってはね、やっぱり泡（不明）したら、飛ばしたほうにも、特に飛ばしたほうがそんな無関心でいて無頓着だったとしたらね。「あなた、泡飛ばしたんだから、やっぱり飛ばされて付いたりした人はあまり感じよくないだろうから、ごめんなさいって一言言ったらいいじゃない」って、言ったほうが。ねえ。まあ、自信がつくというのは受け入れてくれればな（笑）。「それはそうですね、確かに」とか言ってくれると自信はついてくるけれども、「そんなことで、お前、何で」とか言われたらどうするの。

B：それはちょっと。

N：それは予測しちゃうんじゃないの？　予測はしないの？

B：しちゃいますね。

N：だから、そこはさ、難しいよね。でも、根本的に自信がないから言えないでいるんだという自分が自分で何となく嫌なんだとしたら、どんな反応であれ、僕は、飛ばしたりすることは相手にとって、飛ばされて付いたりしたのは感じが悪いわけだから、一言、ごめんなさいと言ったりしたほうが僕はいいんだと思うんだ、というね。主張はやっぱりしてみるべきだと思いますよね。だよね。

他の少年の行為を注意しようと思うができないという自分をA少年が説明し、それに対してB少年は、間違いないと思ったことは言わなければ自信を持つことはできないという評価を下している。そして、その評価はB少年による自分自身の説明でもある。この両者の説明に対して、N教官はB少年の説明が抱える難点を指摘しつつも、基本的にはB少年の説明の妥当性を承認している。

次に、第9章で扱われていた目標設定集会における、眼鏡を投げたことをめぐるやりとりを見てみよう。第9章には、ある少年が「だから、そういうところを気をつけていけば、部活動のこととかも楽しみになっていくんじゃないかと思うんで、考えてみてください」と述べている場面が引用されている。そこでは省略されているが、O教官はその少年の発言に続けて、次のように述べている。

【断片2】

（目標設定集会における少年同士のやりとりに対するO教官の評価　二〇〇七年六月）

はい、今結構いいこと、でね、言い訳にしかならない。だから、非行とか犯罪がまさにそうだよな。やった行為で裁かれるんだから。なっ。それが法に触れてれば犯罪だし、そうじゃなければ、理由とか、後から、いや自分はとかって。あいつがやれって言ったから、それでやったんですと言っても、やった本人も裁かれるよな、絶対な。やれと言った本人も裁かれるし、共犯ていうやつだよな。だから、そこに自分の感情とか理由とか、まあ、百歩譲って言い訳したとしても、行為が駄目だったら駄目なんだよね。

眼鏡を投げた少年は自分の行為の裏に潜んでいた自分なりの理を説明したが、先に言葉を引用した少年は、重要なのは行為の裏にある理ではなく、他者がその行為をどう認識するかということだと指摘している。そのやりとりを受けて、教官はこの少年の指摘を評価し、自分の内面や感情よりも、他者によって行為がどのように認識されるのかが重要であると述べている。

夜間のホームルームでは、自分が正しいと思ったことは主張しなければならないとN教官は述べ、目標設定集会では、自分がどう思うかではなく、自分の行為を他者がどう評価するのかが重要だとO教官が論じている。一見すると、両教官が主張しているところは異なっている。しかし、N教官はB少年の説明をそのまま承認しているのではなく、「自信がつくというのは受け入れてくれればな」と述べつつ承認しているのであり、この発言は自分の行為に自分なりの正当性があるとしても、その行為を他者がどう認識するのかということも重要であると指摘するものであろう。この点を踏まえれば、自分の理・感情・行為の宛先である他者によるそれらに対する評価の重要性を主張している点、そしてそこではディスコミュニケーションが生じうる点に言及している点において、両教官は一致していると見ることができる。

集団指導において、少年は自らを説明、表現することによって、他の少年や教官に自らを提示し、教官だけでなく他の少年も、提示された少年の説明を吟味し、ある評価を下していく。しかし、少年同士がどのような評価を下そうとも、少年たちにとって少年院における最終的な審級は教官の言説であり、事実、そのように機能していることが、夜間のホームルームや目標設定集会の場面から見えてくる。

では、「生活観念」の内実を暗示する教官の発言内容は、どのようなものであるのだろうか。両教官の発言は、自分の説明を含む少年の行為は、その宛先である他者によって判断されるものであり、そのことが少年に自己に対する反省性をもたらすということを示唆するものである。このことは、少年たちがある規範意識を強化することではなく、対応できるかどうかわからない他者にどうにか応答していく受動性に開かれていくことこそ、生活指導において少年に要請されている、ということを含意しているのではなかろうか。

三　面接指導における教官からの評価

少年は、集団指導では他の少年の視線に曝され、それゆえに彼/彼女らからの評価を意識せざるを得ないが、個別指導ではその視線や評価を気にすることなく、教官と向き合うことができる。そして、少年院における個別指導の最も基本的な指導方法は面接指導である。面接指導には、篤志面接委員や地方更生保護委員（巻末・用語解説参照）によって行われるものも存在するが、本節では、教官が実施する面接指導に焦点を合わせ、少年が教官に対してどのように自分を説明し、その説明において提示された少年を教官がどのように吟味し評価しているのかを検討していくことによって、少年院の生活指導が教育目的としている「生活観念」の内実を分析していくこととしたい。

教官が実施する面接指導には、定期的に行うもの、行動観察などに基づいて適切な時宜を捉えて行うもの、日記などを通じた少年からの申し出によって行うものが存在し、「究極的には少年の自己実現を図る」機能を有し、実務的には「少年院の目的に沿って個々の少年の問題を解決し、考え方や態度の改善を図ること、現在生じている問題を解決していくこと、将来に対する不安を取り除き、情緒の安定を図ること、生活設計を具体化することなど」の機能を有している（金子、二〇〇六、一〇七頁）。また、教官が実施する面接指導には、少年と複数の教官で行われる進級面接も存在している。これらの各種面接指導は、作文・絵課題、日記指導などとは異なり、面と向かって行われるものであり、各種の指導の後にその結果を踏まえて実施され、他の指導の際に現れた少年の姿、またその姿に対する少年の説明を、その少年と教官が面と向かい合いながら協働で反省的に捉え、少年の認識を深めていくものであるという特徴を有し、少年院における諸指導の結節点という重要な位置を占めている。

以下では、定期的に実施される成績告知面接における二つの場面に焦点を合わせ、少年による自分自身の説明を、教官がどのように吟味し評価していくのかを見ていくこととしたい（いくつかの相槌は省略した）。まず、M少年院中間期寮に在籍する再入のC少年（二級上に進級して三ヶ月経過）とP教官との対話を検討しよう。

【断片3】

（C少年とP教官の成績告知面接時の対話　二〇〇七年二月）

C：自分の感情を抑えられていると思わないですか。自分であまり怒ったりしないですよね。

P：でも、それが一〇〇％本当の自分というわけではないんだろう。

C：どういうことですか。

P：もともと根っからこんな温厚だというわけでもないということではないの。社会にいたころと同じようなケースだと、社会だったらこれは我慢できなかったなということでも、ここでは我慢しているということではないの。

C：そうですね。

（中略）

P：だから、逆に言えば、それだけ今までもやろうとしなかったりやっていなかっただけなのかもしれないけれども、やろうとしてやってみたらば、結構自分というものをコントロールできるなということの証明ではないの、逆に言えば。

C：そうなんですかね。でも、頑張っていると思わないですか。

P：うん、頑張っていると思うよ。例えば毎週の集会なんかでも、それに対して腹を立てるかどうかわからないけれど、他にも言い方があるんだろうけれども、そういう言い方で来るかみたいなところもあったりするじゃない。

C：ありますね。

（中略）

P：そういう言い方をしなくたってわかるよ、と。何でそういう言い方をするか。俺に対する敵意、（不明）みたいなところもあったりとかするわけでしょう。

C：はい。

P：そういったことに対しても君自身はちゃんと気持ちをコントロールして、そして自分の問題点として捉えようというようなところで考えているわけじゃない。

C：はい。

P：だから、大したものだと思う。でも、それというのは今まであんまり自分がしないことだったかもしれないけれども、やってみたら自分はそういうところができた人間なんだということの証明でもあるじゃない、逆を返せば。そういったことというのは、例えば集会のやりとりとか、君とその当日のやりとりとというのは周りにいる人はみんな見ているわけじゃない。みんな見ているわけじゃない。周りで見ている人たちだって、それは感情出ますよ。あっ、そんな言い方しなくたっていい。ひょっとしたらこの人怒ってしまうんじゃないかとパッと見ると、ちゃんと冷静に対応できているというところを周りの人はちゃんと見ているわけですから。

C：ちゃんと……。集会のときはすごい顔に出そうで。

P：出そうだった？

C：ちょっとこれを捨ててとか思ってとか。でも、自分は短気だと思っていたんですけど、実は短気ではないですね（笑）。

P：そう。それは新たな発見じゃない。

頑張って感情を抑制している自分を提示し、その姿を肯定的に評価してもらおうとするC少年に対して、P教官は、集会の場面において他の少年からの厳しい口調による指摘を、自分の問題点を提起したものとして受け止めようとしたC少年の姿を想起し／C少年に想起させ、P教官や他の少年はその姿を周囲で見て肯定的に評価しているということ、そして「社会」とは異なった現れを示すようになったC少年の院内生活を通じた変容を把捉しているということ、これらのことを伝達している。

次に、C少年と同じくM少年院中間期寮に在籍する再入のD少年（二級上に進級して一ヶ月経過）とQ教官との対話を検討していくこととしよう。

【断片4】

（D少年とQ教官の成績告知面接時の対話　二〇〇七年九月）

D：この前集会があったんですけど、そのときも何か、周りに気を使ったりとか、何か助言とかって、年上に言われたときとかも何かこう嫌な顔とかしないで、ちゃんと聞けているから、そのまま続けてどうしろというようなことも何人か言ってくれたりして、あとは何か寮内のこの生活様式というか、来たばっかりだからあれだけど、早めにこう覚えてというか、慣れて、迷惑というかそういうのをあまり掛けないように生活して欲しいみたいなことを言われたりとか。

Q：うん、うん。それは、集会といういわば公の場面で、それはそういうふうにまともに、それは悪い助言はもちろんしてくれないし、普段の生活の中では……（略）……厳しい縛りがいっぱいあるでしょう。だから普段の生活の中で、例えば「何でそういう口のきき方なんかして、そんなのまずいよ」とかと思ったとしてもなかなか言わないものですよ。同じ生徒間でな。いちいち、しかも先生に了解をもらわないと駄目なわけですから。先生、誰々君に、これについて何々しますなんて了解をもらわないと、やりとりできないわけですからな。そうすると、面倒くさがって、確かに面倒くさいし、もうまあいいかって、その場で対応しちゃうことだってあると思う、あなたもね。だけど、やっぱり相手はどう受け止めているだろうかとか、それからどういうふうに伝えるべきだろうかということには、やはり慎重を期さないと駄目なんですよ。

D：はい。

（中略）

Q：入ってきたばっかりのころは誰に対しても一番新しい新人ですから。ヘコヘコヘコヘコするわけだ。「あ、すいませんでした」とかって、常に頭を下げまくって。だけど、それは最初から最後まで通し続ける。それで初めて、そんなのいちばん新しい人なんか、寮の人たちから見たら、やっぱり上級生意識みたいなのがあるから、謙虚に接してくるなんていうのは当たり前だと思っているけど、一番今、出院間近な古株の人が、昨日今日入ってきた新人の新入生の人に、「あ、ごめんなさい」とか、「あ、すみませんでした」とかって、謙虚な姿勢を取ることは、周りから見たらどういうふうに映るかというのは、この人はもう寮内で古株で大きな顔ができるはずなのに、何だ、昨日今日来たばかりの人に、きちっと丁寧にあいさつしたり、謝罪したりできて、いや、大したもんだなというふうなことになっていくわけでしょう。

D：はい。

Q：そう見るんですよね。それが大事なことで、それをこうやり続けるということだな。来たばかりのころというか、今、あなたはそういう立場でしょう。

D：はい。

Q：それを最後まで続けるということが大事だな、対人関係においてはね。それが、やっぱり同じ寮生の信用、信頼につながっていくわけだ。

D：はい。

D少年の最初の発言は、Q教官の「自分の感触としてはどうなの、寮内で。皆から、僕はどう見られているだろうかとか何とかっていうの考えない？」という言葉に促されたものであり、D少年は集会での場面を例として挙げながら、特に問題なく過ごしている自分の姿を説明している。その説明に対してQ教官は、集会における他の少年からの評価は「公の場」ゆえのものであり、実際には、他の少年は発言した評価とは異なる評価を下しているのかもしれないということ、したがって語られた評価に満足することなく、語られない評価を組み込みながら生活することがD少年には要請されるのであり、結果的にそのような生活が他者からの語られない評価を高めることへと繋がるであろうということを述べている。

成績告知面接の二つの場面において、P教官とQ教官の両者とも、C少年とD少年の他の少年とのかかわりを素材としながら、両少年による自分の説明を吟味し評価している。前記したように、C少年は二級上に進級して三ヶ月が経過した段階であり、他方のD少年は二級上に進級して一ヶ月が経過した段階である。この期間の差異を反映しているのか、P教官のC少年に対する評価と、Q教官のD少年に対する評価とは異なっているように見える。

しかし両教官とも、少年自身がどのように感情を抑制しているかということよりも、また他者が言葉で語る評価がどのようなものであるのかということよりも、他者が少年の説明や行為をどのように把握し観察しているのかということが重要である、と伝えていると見ることができる。換言すれば、自分の行為に対する自分の評価や説明よりも、語られないものも含めた他者の評価が優先するのであり、自分の規準とは必ずしも一致するとは限らない他者の規準が上位の審級を占めているということを、両教官は少年に伝達している。したがって、前節で検討した集団指導と同様の内容の「生活観念」の獲得が、個別指導においても少年に期待されていると言うことができる。しかし、少年にとって、この観念には大きな困難が存在しているのではなかろうか。次にそれを検討してみよう。

四　「生活観念」に内在する困難

まず、仮退院を三日後に控えたE少年（一級上生、再入）に対する聴き取りの一場面を見ることとしたい。なお、E少年は、M少年院での生活を通じて最も学んだのは対人関係であると述べる少年である。

【断片5】

（R調査者によるE少年への聴き取り調査　二〇〇七年一二月）

R：現在の心境はどう？

E：不安ですけど、でも社会生活に向けて今やっていかなきゃいけないいんだなと、そういう決意はあります。

R：さっきも言ったけど、やっぱり不安のほうが強い？

E：まあ、自信はないですね。悪い意味で、自信がないというのは何か、生活したくないとかそういうのじゃなくて、先生にも言ったんですけど、やっていけるのかみたいな意識はあります。

（中略）

R：やっぱり我が強いって今思う？　自分で。

E：まだ思います。というか、今も思います。

R：本当。あまり言われたことはないんでしょう、ここへ来るまで、我が強いとかって。

E：それがもしかしたら、皆がもしかしたら我慢してくれているかもしれないし、結構わがままだって言われたこともあったんですけれど、わがままなんて当たり前だなと思っていたんですよ。皆、どっちにしろあると思うから。

R：皆わがままだと。

（中略）

E：相手の立場になったとき、例えばもし自分と同じ行動を取られたら自分がどう思うかとかそういうことをここで学ぶことができたんですけれど、社会だとそんなことは気にしないじゃないですか。相手の受け方がどうだとか、相手の立場になって考えるということも知らなかったし、そういった部分でやっぱり、多少はもしかしたら友だち同士であるかもしれないんですけれど、だから、普通の友だちがあまりできないのも、悪い友だちばっかりできてくるのも、そのせいだと思うんですよ。

R：なるほどね。どっちかといったら、ここへ来る人たちもわがままな人が多いだろうけれどね、そう言ってはいけないかもしれないけど。でもどう？　そうやって思って周りを見ると、周りはそんなにわがままじゃなく見える？

E：いや、だから、何かちゃんと配慮した行動が皆、節度があるので。自分みたいに、自分の思ったことをすぐ口走るような人もいたんですけど、そういう人を見るとやっぱり自分のことを照らし合わせて、例えばその我の強い人が現にいたんですけれど、そういう人から発言されて自分が結構イラっとすることもあったんですけれど、そういったことを自分がやっているんだなと気づく要素もありました。それでほかの人も結構いろいろ、ほかの人も結構我が強い部分ももしかしたらあったかもしれないんですが、それをちゃんと出し入れしている。こういうときは言ったほうがいいんだなとかそういうことを見て、ああ、こういうふうにしなきゃいけないんだなというのを一番最初は感じました。

Ｅ少年は、Ｍ少年院に入る以前は、他者からの評価に惑わされることなく、また他者に配慮することなく、自分の考えに固執していたが、Ｍ少年院での生活を通じて、院内での他の少年の姿などを参照しながら、他者の評価を自分の行為や説明に反照させていくことの重要性を学んだと述べている。Ｅ少年は、この聴き取りの別の場面で、他者に謝罪することについて、以前は謝罪することは負けだと考え、謝罪するとしても軽い気持ちで適当にしていたが、今では謝罪することは生きていくために大切なことで、億劫ではなくなったと語っている。この言明は、彼が他者の評価を自分に反照させていくことを習慣化しつつあることの反映であると見ることができる。

個別指導と集団指導において少年が自分を説明し、その説明を他の少年と教官が吟味して評価する場面を通して、少年院の生活指導領域の教育目的である「生活観念」の内実がどのようなものであるのかを、第一・二節で分析してきた。Ｅ少年の自分の変容に関する説明から、その「生活観念」が彼に獲得されつつあるということを認識することができる。

しかし、その「生活観念」には少年にとっての困難が存在している。他者の評価、視線などを受容し、それを自分自身の説明や行為に折り畳んでいくことは、確かに少年の更生を意味しているのであろう。行為の結果を懸念することなく、また他者に配慮することなく、自分を断固として主張する「道徳的ナルシシズム」（バトラー、二〇〇八）から離脱し、少年は他者と繋がり、他者の規準を引き受けることによって自分を組み替えていこうとしているのだから。したがって、他者に自分自身の説明や行為を曝し、それに対する吟味や評価を受け、その吟味や評価を組み込んで、あらためて自分の説明や行為を提示していく、という循環を梃子として更生の道を歩みつつある少年の姿は、自分自身の規準を絶対的な倫理的判断の基盤とする自己充足的なものではなく、他者の規準を上位の審級に位置するものと認識し、その規準を自分自身に反照させつつ、自分を他者に説明し、他者に向けて行為していこうとするものである。

しかしながら、少年のものとはなっていない他者の規準が先行し、優先するため、少年院に入る前とは異なり、少年は他者に自分を説明し、自分を提示する際に絶えず不透明性を抱え込むこととなり、少年の存在は少年院に入る以前よりも不安定なものとなっていると捉えることができる。絶えず不安定であり続けることが、更生なのかもしれない。

E少年は、同じ聴き取りにおいて、少年院仮退院直前の現在の心境を、「まあ、自信はないですね。悪い意味で、自信がないというのは何か、生活したくないとかそういうのじゃなくて、先生にも言ったんですけど、やっていけるのかみたいな意識はあります」と語っている。不安を表出するE少年の言葉は、前述の不透明性を抱え込むこととなったことを一つの要因としているのではなかろうか。

もちろん、すべての他者の規準を引き受けるわけではなく、E少年の「普通の友だちがあまりできないのも、悪い友だちばっかりできてくるのも、そのせいだと思うんですよ」という言葉が示唆するように、その規準を引き受ける他者とそうでない他者とのあいだには境界線が引かれ、不安定さを低減する補助線が存在している。事実、少年院では、少年院に入る前の交友関係をいかに切断するのかという課題が、面接やSSTなどを通じて、繰り返し少年に提起され、少年院に入る以前とは異なった境界線を引き直すように少年を促している。この点を踏まえるならば、問題は、その境界線が確固たるものなのかどうかということなのかもしれない。しかし、境界線が強固なものであれ、またどのように境界線が引き直されるのであれ、それは前述の不安定さを低減させるものでしかない。そして、その不安定性が、少年院を出院した少年を、再び少年院をはじめとする矯正施設に召還することとなる一要因となっているのかもしれない。

では、この不安さはネガティブなものかと言えば、おそらくそうではない。その不安定さは、根源的には、「道徳的ナルシシズム」に充足するのではなく、他者に関与し、他者と共に生活し、他者と共に世界を形成していくことに必然的に伴うものであるからだ。この点に関して、ジュディス・バトラーは次のように論じている。

私たちは、倫理とはまさしく非知の瞬間に自分自身を危険に曝すよう命じるものだ、ということを認めなければならない。非知の瞬間とはつまり、私たちを形成しているものが、私たちの目前にあるものとは異なるときであり、他者への関係において解体されようとする私たちの意志が、私たちが人間になるチャンスを与えてくれるときである。他者によって解体されることは根本的な必然性であり、確実に苦しみである。しかし、それはまたチャンス――呼びかけられ、求められ、私でないものに結ばれるチャンスでもあり、また動かされ、行為するよう促され、私自身をどこか別の場所へと送り届け、そうして一種の所有としての自己充足的な「私」を無効にするチャンスでもある。（バトラー、二〇〇八、二四八頁）

それゆえ、前述の不安定さは、少年院で「生活観念」を獲得した少年に固有のものではない。しかし、（実際にそうなのかについては留保が必要であるが）他の人々以上に「道徳的ナルシシズム」に充足してきたと想定される少年院の少年にとって、あらためて他者に開かれていくことが、他の人々以上に要請されているのであろう。少年院の生活指導が教育目的としている「生活観念」は、生活指導領域に照準するならば、個別指導や集団指導、そして少年の院内生活を資源としながら、少年を他者に関与し、他者と共に社会や世界を形成していく存在へと変容させていくこと、換言すれば、少年を、他者の評価を自己に反照させつつ、自己を反省的に認識し、「他者によって解体される」受動性を引き受ける存在に再生させていくことを、その内容の一端としている。そしてその受動性、他者の先行・優位は、少年を自己充足しない不透明性を抱える存在とするが、このような存在となることは更生の一部を構成している。

五　おわりに

生活指導には、領域説と機能説という二つの立場が存在する。学校教育の分野では、一九五〇年代末から六〇年代初めにかけて、小川太郎と宮坂哲文が、前者が領域説の立場を、後者が機能説の立場を採り、論争を展開したことが知られている。論争の結果、領域説が優勢となり、その結果、生活指導は教科外領域における諸指導の目的や方法を表す概念となり、教科領域における科学的・芸術的な知識技能の系統的な教授を表す概念である教科指導と領域的に分割されることとなった。

また、「青少年の不良化増加」を背景として、一九五八年の学習指導要領改訂によって「道徳の時間」が特設され、六四年に生徒指導担当指導主事の配置と生徒指導研究推進校の指定が行われ、また同年に生徒指導講座（中学校・高等学校の教頭対象）と生徒指導主事講座が開催された。さらに翌六五年に『生徒指導の手引き』（文部省作成）が中学校と高等学校に合計一五万部配付されたことなどが画期となり、文部省は学習指導要領や諸法令をはじめとする公的文書において、従前は使用されていた生活指導を生徒指導に置換していくこととなった。

学校教育における生活指導は、敗戦前からの生活綴方運動をはじめとする数多くの実践が蓄積され、その歴史を通じて、子どもたちが自分たちを囲繞する現実の生活を批判的に認識し、その認識に基づいて自分の生き方や仲間たちとの協働生活を再構築しようとする活動を指導することを意味するものとなっていた。しかし、前述の置換以降、中学生や高校生の教育経験や学習経験における生活指導の比重は微弱なものとなり、現在の中学生や高校生の大多数にとって、生活指導＝生徒指導は次のようなものとなっている。すなわち、中学校や高等学校では、非行対策として予防的・取締的生徒指導が行われ、その結果、彼／彼女らにとって生徒指導は、全校生徒に対する諸注意、校則をはじめとする諸規則の作成、それらの規則違反生徒に対する指導（保護者に対する指導）、学区内の教師

（や保護者）の巡回、外部の諸機関（ＰＴＡや警察）との連絡調整などの活動を意味するものとなり、何らかの問題が生じた際にかかわることはあっても、そうでなければほとんど意識しないものとなっている。

したがって、一九六〇年代以降、学校教育の分野において生活指導は、学問的には領域説が支配的となり、実践的には生徒指導に置換され、教科外領域で遂行されるものとなっている。

一方、本章で見てきたように、少年院の矯正教育では、生活指導という用語が使用され続け、前記『生活ガイド』が示唆しているように、少年たちの「健全なものの見方、考え方及び行動の仕方の育成」を目指す生活指導は、その指導領域単独で達成されるものとは把捉されず、複数の指導領域における諸教育活動が重層的に作用して院内生活全体で成し遂げられるものと認識されており、学校教育と比較すると、教育活動に占める生活指導の比重は大きなものとなっている。

本章では、少年院の生活指導を通じて少年が獲得し、性格の一部とすることが期待されている「生活観念」の内実の一端を、生活指導領域にのみ照準して分析し、それが何らかの規範意識を強化するものではないことを考察してきた。ただし、本章では、生活指導領域以外の指導領域に生活指導がどのように折り畳まれているのかという課題を分析していない。この残された課題については別の機会に取り組み、「生活観念」の内実に関する考察を展開していくこととしたい。

注

（1）『平成二二年版　犯罪白書』によれば、平成一七年に少年院を出院した五〇二三人の中で五年以内に再入した者は七七四人（一五・四％）であり、平成一七年に少年院最終出院者四二四九人の中で五年以内に刑事施設に入所した者は三六八人（八・七％）であった。本書第２章も参照。

文献

金子陽子、二〇〇六、「個別面接」『矯正教育の方法と展開——現場からの実践理論』矯正協会、一〇六―一二六頁

デューイ、J、二〇〇〇、「教育における道徳的原理」『デューイ＝ミード著作集　第八巻　明日の学校・子供とカリキュラム』河村望訳、人間の科学新社、二八七―三一六頁

バトラー、J、二〇〇八、『自分自身を説明すること——倫理的暴力の批判』佐藤嘉幸・清水知子訳、月曜社

第11章　教育実践の構造
——統制と解放の関係に着目して

高井良　健一

一　はじめに

少年院は非行少年の更生を目的とした矯正施設である。そのため、少年院という言葉を耳にすると、私たちはまずその教育方法の中心概念として「ディシプリン」という概念を連想する。「ディシプリン」とは、人々の身体を統制することによって、その内面の変容を企図する技術のことであり、『監獄の誕生』におけるフーコーの中心概念である。

たしかに、少年院では、就寝時間や起床時間の管理に始まって、服装や髪型の管理、挨拶や言葉遣いの指導、視線の向け方や話の聴き方などの細部に及ぶ立ち居振る舞いの指導に至るまで、さまざまな「ディシプリン」が少年の生活のあらゆる時間、空間にはりめぐらされている。そして、これらの「ディシプリン」は少年の身体を統制することによって、内面の変容を企図した馴致のための装置として機能している。

したがって、少年院の教育方法を理解するために、「ディシプリン」の概念が重要であることは間違いない。しかしながら、「ディシプリン」を職員から少年に向かって一方向的に加えられる権力であるとする見方では、現代日本の少年院における教育実践の構造を十分に理解することができないように思われる。

現代日本の少年院は非行少年の更生＝社会的適応を目的とした矯正施設としての機能をもつとともに、非行少年の学び直し、育ち直しを目的とした教育施設としても機能している。少年院の教育施設としての側面に注目すると き、「ディシプリン」は、少年の身体の統制と馴致を超えた複雑な機能を果たしていることに気づかされる。たとえば、女子少年院で行われている性教育や薬物指導をふくむ問題群別指導（巻末・用語解説参照）、さらには演劇や身体表現をふくむ表現教育などの教育実践は、少年の思考とコミュニケーション、自己表現を促進するかたちで行われている。そして、これらの授業場面では、しばしば少年たちの主体的な学びが実現しているのである。

それでは、なぜ「ディシプリン」を教育方法の中心概念に据えている少年院において、少年たちの主体的な学びが可能になっているのか。なぜ「ディシプリン」を遵守する教育方法によって、少年たちの自己表現や関係性の編み直しが実現しているのか。本章では、P女子少年院における職員と少年を対象としたインタビューの分析を通して、これらの課題を考察しながら、現代日本の少年院における教育実践の構造の一類型を明らかにすることを試みる。

二　女子少年院における「ディシプリン」の構造

P女子少年院は、日本の女子少年院の多くがそうであるように、比較的小規模な施設であり、収容定員は五五名である。われわれが二〇〇六年一一月に本格的なフィールドワークを始めたとき、収容されていた少年は二〇名であった。女子少年院は収容人数が少なく、「伝統的な女性らしさ」をその教育環境ならびに教育方法として用いているため、その教育の構造は、統制として機能する「ディシプリン」を、配慮として機能する「ケア」が包み込むという関係にある。

だが、女子少年院もまた、「法に基づいて非行少年の自由を奪い、拘禁する施設」（本書第４章参照）であり、そこでも少年の身体や生活を統制する「ディシプリン」がさまざまな教育活動の前提に据えられている。ここでまずＰ女子少年院における「ディシプリン」について具体的に見ていきたい。

少年院は、ゴッフマン（一九八四）のいう「全制的施設」であり、「多数の類似の境遇にある個々人が、一緒に、相当期間にわたって包括社会から遮断されて、閉鎖的で形式的に管理された日常生活を送る」（p. v）場所である。「全制的施設」には、さまざまな「ディシプリン」が張りめぐらされており、人々が自ら好んでそこに入ることはまずない。これは女子少年院も同じである。起床から就寝まで詳細なスケジュールが決められているうえ、三六五日、二四時間、生活は監視される。ここに来る少年たちは、家庭裁判所の決定に従い、否応なく女子少年院に入院させられている。そして、女子少年院の「ディシプリン」の洗礼を受け、多くの場合、それまでのものとは大きく異なる生活習慣に、自らの身体を適応させることを強いられる。

まず「ディシプリン」は、プライバシーの制限によって少年たちの身体、時間、空間を再構成する。女子少年院に入院する少年たちは、はじめに私物の持ち込みを制限される。携帯電話や携帯ゲーム機の持ち込みは、もちろん禁じられているし、持ち込んだ私物は、下着の一枚に至るまでチェックされ、出院時まで保管されることになる。また、服装、履き物、髪型、髪の色なども、厳格に規則にしたがうことが求められる。少年たちには制服が与えられており、指輪、イヤリング、ピアスなどの装飾品を身にまとうことは許されない。テレビやラジオの視聴も、規則で決められている。原則としてすべての少年が同じ番組――たとえば、ＮＨＫのニュース――を視聴することになっており、個人として視聴することは許されない。

このように見ていくと、少年院において、少年たちの自由意思は厳しく制限され、少年たちの主体性もまた剥奪されているかのように思われる。実際、少年たちは初めて女子少年院の門をくぐったときの印象を次のように語っている。

【インタビュー1】

（初めて少年院に来たときの印象について、少年へのインタビュー　二〇〇六年一一月）

N：来るはずじゃなかった……（略）……逃げたい……（略）……最初の、一ヶ月くらい、は、逃げたい、って思っていました。

O：楽しくはない。……（略）……大変です。……（略）……自由がないから、ちょっとつらいです。

P：広いな、て、思いました。鑑別所、は、やっぱり、ほとんど、あの、部屋に、こもりっきり、とかだったんで、こんなに、なんだろ、広い範囲で、んーと、移動、ていうか行動、できると思ってなくて、びっくりしました。……（略）……結構、嬉しい、ていうのもありました。

Q：入った頃は、なんか、すごい、い、嫌っていうのがあって……（略）……ちょっとつらい、つらかった。……（略）……一番は、なんか、お母さんと離れたのがつらい。……（略）……つらかった。

S：なんかテレビで、よく刑務所？　ドラマとか、見たことあって、そういう感じかな、て。……（略）……え、なんか、全然違った。学校みたいな感じで、予想してたのよりは、うーん、だいぶ違ったけど、なんか、違う意味で、すごい、つらい、ことが、あるんだなー、て。……（略）……うーん、対人面だったり、なんか、思ったよりも、することは、そんな、難しいことじゃないけど、それをずうーっと、一年間しててく、ていうことに対して、すごいつらくなったりします。

Ｔ：自分が、描いてた、少年院とは、ちょっと違くて、考えてたよりすごくきれいだし、なんか、結構なんかこう、やっぱりいろんな所から、来る、から、なんか結構危ない、人たち多いのかなあ、て思ったりとか、なんか、結構ピリピリした現場なのかなあ、て思ったら、そうでもなくて、みんな、すごい、明るいしー、なんか、普通にそこら辺の寮で、生活しているような感じだったので。……（略）……それが一番びっくりしました。

ここに挙げた六人の少年のうち、少年Ｐ・Ｓ・Ｔの三人が施設空間について言及している。これらの三人は、異口同音に少年院の施設空間を予期していたよりも居心地のいいものだと感じたと語っている。残りの三人と少年Ｓは、入院したときの自分自身の感情について語っており、そこでは拘禁されることへの嫌悪、自由を奪われることの苦しみ、これまでの親密な関係を断たれることの悲しみ、新たに望まない人間関係を強いられることの苦しみが語られている。

女子少年院の施設は、清潔であり、内装も白を基調として柔らかい色づかいがなされている。とりわけ、少年たちが寝泊まりする寮は、レースの敷きものやピンクの色づかいなどによって、いわゆる女性らしさをさりげなく表現した空間となっており、殺伐としたところはない。このことが施設空間に対する少年のポジティブな評価につながっている。

その一方で、管理、統制された生活については、ほとんどの少年が苦痛に感じている。多くの少年たちは、入院時、少年院の「ディシプリン」をこれまでの自由な生活を剥奪するものとして認識している。その中で、まず第一に挙げられるのが、時間についての統制である。Ｐ女子少年院で定められている、午前七時に起床して、午後九時に就寝する生活は、少年院に入院する前の少年の生活とはかけ離れたものである。少年院に送られてくる少年たちの中には、昼夜逆転の生活を送っていた者も多い。少年院の生活時間は、それだけで大きな変容を少年たちに強いるのである。午前七時に起床して、午後九時に就寝するという生活時間は、思春期の子どもたちのより、むしろ小学校の児童の生活時間に近い。職員の視点からすると、ここには育て直し（第4・8章参照）の配慮がこめられているのだが、少年たちからすると普段の生活とのギャップを大きく感じる部分である。

ところで、時間についての統制以上に少年たちが苦痛として感じているものが、人間関係についての統制である。少年Qのように家族との別離を苦痛に感じる例もあるが、少年たちの多くが苦痛に感じているのは、他の少年たちとの関係である。自らが選んだわけではない相手と二四時間生活をともにするのは、誰にとっても容易いことではない。のちに詳しく論じるが、P女子少年院では、日々の生活において協同（Cooperation）と協働（Collaboration）が求められながらも、他の少年たちとの私的なコミュニケーションは厳しく制限されている。友だちとなることが禁じられている少年たちと寝食をともにしながら共同生活を送らなくてはならないという少年院の特殊環境は、何よりも少年たちに大きなストレスを与えている。そもそも少年院に送られてくる少年たちの多くは、他者を尊重する作法などの、健全な人間関係を営むためのスキルを、十分に身につけてこなかった少年たちである。そうした少年たちのみが集まって、共同生活を送るわけだから、人間関係に軋轢が生じるのは免れられないところだろう。

このように少年院では、空間、時間、人間関係の三つの次元において、「ディシプリン」が機能して、少年たちの生活を統制している。そして、少年たちは、主に時間、人間関係において、「ディシプリン」による統制を苦痛に感じているのである。

ところで、少年たちは少年院での生活を送ることにより、これまでの自由を大幅に制限されることになったわけだが、これまでの自由とは少年にとって果たしてどのようなものであったのだろうか。たしかに自由の中で友だちを作り、そこで自分の居場所を見出していたというケースもある。だが、その自由が昼夜逆転の生活や非行仲間との不良交友などに転じたというケースもしばしば存在する。少年院に送られてくる女子少年の場合、その年齢にふさわしい保護やケアが与えられないで育ってきたケースも多い。そのような少年たちは、思春期に入って、寂しさを埋めるために、援助交際に走ったり、薬物に手を出したりすることもある。こうした場合、これまでの自由な生活は決して少年たちを幸せにはしてこなかったといえる。

とはいえ、人は誰しも年齢相応の自由を求めるものであるから、自由を奪われることには苦痛が伴うものである。ここで挙げた少年たちもまた、それまで曲がりなりにも享受してきた自由を奪われたことに、苦痛を感じている。そして、その苦痛こそが、少年たちの学び直し、育ち直しに向けての少年院の教育の出発点を形成している。

三　人間関係をめぐる統制

少年たちが最も苦痛を感じているのが人間関係における自由の喪失であった。少年院では少年同士の関係が厳しく統制されている。少年院における人間関係をめぐる統制が最も顕著にあらわれるのは、少年相互の私的交信（私的なコミュニケーション）の統制である。多くの少年院では、少年間の私的なコミュニケーションは、許されておらず、これを破ると規則違反となる。

少年院で私的なコミュニケーションが禁じられているのは、まず第一に、少年たちが出院後の連絡先を教え合い、このことがきっかけとなって再非行、再犯につながることを防止するためである。そして、この少年院における私的コミュニケーションの統制は、再犯防止にとどまらず、少年院内での少年たちの立ち居振る舞い、学びを枠づける重要な方法として機能している。

P女子少年院の寮生活においても、原則として少年たちの私的なコミュニケーションは禁止されている。したがって、少年たちの立ち居振る舞いは、一般的な家庭や学校での子どもたちの立ち居振る舞いとは大きく異なるものになっている。たとえば、食事中、少年同士がおしゃべりすることはなく、同じテーブルに整然と座りながら、ただ黙々と食事が進められる。掃除中も、少年同士がおしゃべりすることはなく、他の少年に何か言いたいことがあったら、まず少年は挙手して職員に発言の許可を求める。そうして許可が下りてから、「Sさん、終わったら、モップを貸して下さい」というような発言を行うことになる。

このような私的なコミュニケーションの最小化は、少年たちの生活、教育にどのような影響を及ぼしているのだろうか。まず考えられるのが、私語の統制により、少年たちのコミュニケーションの可視性が高まり、インフォーマルな文化の発生が抑制されるということである。インフォーマルな文化が抑制されることで、仲間に対して権力を使用することにたけている少年は権力の濫用を制限され、仲間から抑圧されることの多い少年は守られる。また、むやみに私語をしない、すなわち黙るということにより、自己内対話が促され、自己を育む機会が生まれる[1]。このほかにも、P女子少年院のA幹部教官[2]へのインタビューでは、「場の状況を見極めるとか、自分の衝動を抑える」といった能力を育てる教育効果が見込まれるということが語られている。私語を禁じられることで、少年たちは内省的に自分自身を見つめる機会を得ることになるというのである。

さらに、少年同士の私的コミュニケーションの統制は、少年の職員に対する依存度を高め、少年と職員との間に親密な関係性を生み出している。私的なコミュニケーションを禁じられているため、施設内で少年同士が親密な関係性を築くことは難しい。そのため、少年は、職員との面接などの場面において、自分自身を語るという欲求を満たすことになる。少年院では、うわべだけの変容は厳しく指弾されて、内面の変容が求められている。したがって、職員との面接では、内面を語ることが要求されるし、内面を語るという行為はそれだけで評価される。そのため、少年は、担任の職員に対して、自らの内面を語るようになり、そのことによって両者に親密感が生まれ、信頼感が醸成されやすくなる。

このように私的なコミュニケーションの統制は、少年院における少年の育ち直しを促すうえで、効果的な働きを担っているのだが、そこにはデメリットも存在する。まず私的なコミュニケーションの厳しい統制は、施設と現実の社会との隔たりを大きくすることが挙げられる。少年院を出院したあと、少年たちが生活を営んでいく現実の社会には、私的なコミュニケーションがあふれている。そこで、少年たちは職員のまなざしのない社会の中で、人々と私的なコミュニケーションを行いながら、ほどほど不快ではない人間関係を築き上げ、自分自身の居場所を確保するという課題に直面することが予想される。ところが、私的なコミュニケーションが厳しく統制されている環境では、このための準備教育の機会が少年たちに与えられないという問題が生じる。

さらには、私的なコミュニケーションの統制は、少年たちの自立を困難にする側面もある。一般的に、思春期の少年たちは親密な友だちを作ることによって、自分自身の育ちを相対化し、親離れの準備をするものである。だが、私的なコミュニケーションの統制は、少年の職員への依存度を高めてしまい、少年が自分自身で自律的に判断する機会の減少につながるおそれがある。

【インタビュー2】

（少年院を出てからの不安について、少年へのインタビュー　二〇〇六年一一月）

P：そう。こう、見られてる、って思ってるから、ここでは、なんか、なんか、何にも悪いこととか、考えなくて済むんですけど、社会、に戻ったらやっぱり、なんか、誘惑とか、なんだろ、誰か見てる、ていうのがなくなるじゃないですか。だから、ちょっと不安かな、って、思います。

少年院の教育は、多くの場合、施設への適応を通して、社会への適応を促すという方法をとっている。ここに挙げたPは、施設への適応を果たしていながらも、社会への適応について一抹の不安を抱いている例である。施設は、社会と比較すると格段に保護された空間である。少年たちの行動はすべて可視化されており、自由はないといえるが、道を踏み外す心配もない。生活のために厳しい労働の場に身をさらす必要もない。Pは施設がそのような場所であることを認識し、出院後の生活に不安を抱いているのである。

私的なコミュニケーションの統制は、このように両義性をもっている。そして、少年院の職員もまた、厳しい統制がどうしても必要であると考えているわけではなく、その時代、その施設に応じて、再考する余地のあるものとして捉えている。

【インタビュー3】

（少年院の私的なコミュニケーションの歴史的文脈について、A幹部教官へのインタビュー）

A：ゆるい時代があったけれども、いろんなことがあって、部屋のなかでお茶なんか、ちょっと和やかにお部屋のメンバーとお茶なんか飲んで話をするという時間があったのに、それがちょっと不正があったりすると、じゃあ制限だみたいな。

（中略）

A：私が十何年いた前の施設はもう少し、土曜の午後はテレビ観ている子もいたし、部屋に戻って雑誌を読んだりしていても、脚投げ出していてもよかったっていう時代だったので、違う時代の話ですので、くらべるのはどうかなと思いますけど。

ここでの語りから、幹部教官は、統制をあらかじめ決められた規則として扱うのではなく、一つの教育方法として自覚的に運営していることがうかがえる。私的なコミュニケーションに対する統制は、現代日本の矯正教育において一律に定められているわけではなく、また同じ施設においてもある幅をもっているのである。そして、われわれがフィールドワークを行った当時のP女子少年院は、ほかの矯正施設と比較しても、また同少年院の歴史の中でも、私的なコミュニケーションの統制が厳しい部類に入っていたことを押さえておく必要があるだろう。

当時のP女子少年院では、矯正教育の観点からのメリットとデメリットを考慮したうえで、私的なコミュニケーションの厳しい統制という方法が採用されていた。P女子少年院では、少年たちの入院期間は一一ヶ月程度というのが最も多い。一一ヶ月という限定された期間のことを考えると、一人ひとりが守られて、自分自身を見つめることができるという統制によるメリットが、社会との非連続というデメリットを上回るというのが、この時点でのP女子少年院の職員の判断であったといえる。

四 学習場面（授業場面）と生活場面における統制の違い

前節では、P女子少年院の寮生活における私的なコミュニケーションの統制について見てきたが、この寮生活における私的なコミュニケーションの統制は、学習場面（主に教育棟）における少年同士のコミュニケーションのありようと絡めて理解する必要があるように思われる[3]。P女子少年院では、寮での生活場面においては、私語は厳しく禁じられており、少年同士のコミュニケーションは最小化されているのだが、学習場面においては、もちろん私語は禁じられているものの、少年同士のコミュニケーションや学び合いはむしろ促進されているからである。もちろん、学習場面においても、「場面場面において「何が許され、何が許されない」かは厳しく決まって」（第4章）いるのだが、少年一人ひとりの思考や自己表現は尊重され、それらを相互に交流させることも奨励されているのである。そして、この二つの場面における統制の対照的なありようは、P女子少年院の教育活動における大きな特徴となっている。

一般的にいって、中学校、高校といった思春期段階の学校生活の中では、食事、掃除や休み時間など授業以外の生活場面では子どもたち同士の自由な会話が許されるが、授業場面では子どもたち同士の会話が制限されることが多い。たとえ授業場面において発言が許されていても、暗黙のうちに制限が設けられていることが通例である。もちろん、すべての学校がそうであるわけではなく、たとえば「学びの共同体」(4)づくりに取り組んでいる学校などの例外は存在するが、全体から見ると少数である。そして、多くの学校では、授業中は子どもたちは静かに座席についており、授業以外の生活場面になると子どもたちのコミュニケーションが活性化するという、おなじみの風景が出現する。

これに対して、P女子少年院では、寮での食事の時間、掃除の時間や休み時間には、少年たちは黙々と活動に取り組み、静かに過ごしている。このような生活場面では、少年同士のコミュニケーションはいわゆる「自然」なものではなく、職員が介在した、ややぎこちないものとなっている。対照的に、教育棟での授業場面では、職員が一方的に話すことはほとんどなく、少年たちは自分の意見や考えを求められる。そして、多くの場合、教室は少年たちの発言で賑わい、ときには笑いに満ちたものとなることがある。そのため、生活場面より授業場面で行われるコミュニケーションのほうが、むしろ「自然」であるような印象を受ける。

こうした授業場面でのコミュニケーションは、ここで学ぶ少年たちにはどのように受けとめられているのだろうか。

【インタビュー4】

(少年院の授業について、少年へのインタビュー　二〇〇六年一一月)

N：なんか、授業中、しゃべりたくなりませんか?……(略)……なんか、授業で、こう、言いたいことを、言わないと、なんか、気持ち悪くなる。……(略)……なぜか、ああいう、ああいう雰囲気が好き、授業で。

O：（少年院の授業は）好きです……（略）……わかりやすい。

Nの語りは、言いたいことを我慢しなくてはならない生活場面とは違って、授業場面においては言いたいことが言える雰囲気があることを伝えている。Oは、われわれが参観した授業においても、盛んに発言しており、授業を楽しんでいる様子がうかがえた。いずれにしても、少年たちにとって、少年院の授業とは、身体を硬くして受け身で聞くものではなく、身体を解放して主体的にかかわるものとして経験されている。

前節で論じたように、自由の統制は苦痛を生み出す。そして、この苦痛が少年たちの少年院での学び直し、育ち直しの出発点を形成している。すなわち、自由の統制から解放されたいという誰しもがもつ情動を、少年院では学びに向けさせているのである。寮生活では自由にコミュニケーションできないことで、少年たちはもどかしい思いをもつ。一緒に生活する仲間のことを知ることもできないことで、もやもやとした感情を抱える。少年院では、こうした統制によって作られる情動が、マグマのように少年たちの内面に蓄積されている。これが解放される場面が、授業場面であり、個別面接場面なのである。統制によって、自然ではない窮屈な状態を作り、そこから解放されたいという少年の情動を学びのエネルギーに転化させていると、読み解くことができるだろう。

ところで、学習場面において、職員たちが少年たちの情動の解放を許容しているとはいえ、そこにもある統制は存在している。たとえば少年たちには授業の中で比較的自由に発言することが許されていると論じてきたが、このことに関しても場面や段階に応じて、幅がある。次の二つの指導案を比較検討してみよう。

少年たちが少年院に来て初めて受ける「新入時教育」の指導案には、留意点として「疑問点や質問などあっても各々勝手に発言させない」と明記されている。新入期の少年たちは、まず自分自身を統制することを学ばされるのである。これに対して、中間期の少年たちが受ける問題群別指導のうち「薬物教育」の指導案には、授業展開の留意点として「どんな意見でも否定せず、話しやすい雰囲気を作る。他少年の意見について思っていること等も話させる」と書かれている。授業のまとめにおいても「様々な意見を取り上げ、全員で考えられるようにする」と記されている。場面や段階に応じて、きめこまやかな対応が準備されているのである。

少年院の授業においては、少年たちの解放された自由な発言を可能にするためのいくつかの規則も存在している。その一つは、学習場面で知りえた他の少年についての情報を生活場面に持ち込んではいけないというものである。生活場面と学習場面は、ともに少年の更生を目的としており、当然ながら、この二つの場面での教育は連続性をもっているのだが、同時に意識的に切断されている面もある。学習場面で知りえた仲間についての情報を生活場面に持ち込んではいけないというのは、こうした切断の一例をあらわしている。

さらに、前節で論じてきた生活場面における私的なコミュニケーションの統制は、学習場面における思考と自己表現を中心とした少年たちの学びを促進する機能を果たしているともいえる。私的なコミュニケーションは親密な関係性を生み出すが、同時に排他的な関係性も創り出す。親密性と排他性をないまぜにした少年たちのまなざしは、そこにいる少年が自らの内面を語ることを躊躇させることにつながりかねない。生活場面において私的なコミュニケーションが統制されることで、少年たちは学習場面において安心して自分自身を表出することが可能になっているという側面もあると思われるのである。

五　テンポラリーな生活、永続的な学習

次に、生活場面に焦点化して、少年院内での少年たちの人間関係について考察してみよう。少年たちの寮生活のことを考えると、少年院での少年たち相互の関係というのは、極めて特殊なものであることがわかる。「同じ釜の飯」という言葉があるように、寝食をともにするというのは、濃密な関係を生み出すものである。中学、高校、大

学時代、寄宿舎での生活から生涯の友人ができるというのもよく見聞きするところである。しかしながら、少年院ではそのような関係を作ることは許されておらず、関係はその場限りのものとなる。少年院での少年同士の人間関係を、少年、そして職員はどのように捉えているのだろうか。

【インタビュー5】

（少年院の人間関係について、少年へのインタビュー　二〇〇八年一月）

I：部屋の中で一緒に過ごしている少年たちは、自分にとってはどういう人って感じですか？

U：友だちではない。でも、人数が少ないんで、掃除のときとか、生活面で、協力しないとやっていけないというのがあるんで、なくてはならない存在ではありますね。

【インタビュー6】

（少年院の人間関係について、教官へのインタビュー　二〇〇八年一月）

B：私はすごい思うんですけど、一応、名前は知っているし、顔も知ってるけど、出身地も知らなければね、お互いのこと何も知らないね、でも同じ空間で生活しなきゃいけないし、協力しなさいとか言われたりして、奇妙な関係ですよね。

少年同士は、共同生活における必要性によって「協同」と「協働」の関係を築くことを求められるのだが、それはあくまでも少年院という時間と空間の枠内にとどまるものであって、それを超えてお互いの歴史を共有することは禁じられている。また、学校のように一斉に入学、卒業するのではなく、一人ひとりの少年がさみだれ式に入院し、また同じように出院するということが繰り返される少年院では、少年たちの入れ替わりも頻繁に生じる。したがって、少年同士の人間関係はテンポラリー（一時的）なものとなり、少年たちもこのことを意識しながら生活を行っている。

テンポラリーな人間関係は、少年院での少年の生活とも相似性をもっている。少年たちは、施設での生活への適応を求められるが、この適応は、あくまでも社会に適応するための一つの過程であり、テンポラリーな性格をもっている。そして、少年院で過ごしたことも、そこで同世代のほかの少年たちと寝食をともにしたことも、その場限りのものにすることが、少年たちの未来のためにも望ましいと考えられている。

一般的な私たちの日々の生活は、歴史性を帯びている。すなわち、昨日の生活のうえに今日の生活があり、今日の生活のうえに明日の生活があるというように、一日一日が積み重なり、現在は構成されている。さらに、未来への展望が、今日一日のありようを決めるというように、生活の歴史性は未来にもつながっている。これに対して、少年院において少年たちが送る生活は、これまでの過去の生活、人間関係から切り離されているとともに、少年院内での生活、人間関係が、出院後の生活にもちこされないという特殊性を帯びている。もちろん、少年院内での生活を通して学んだ生活のスキルや他者との「協同」と「協働」のありかたは、少年たちの出院後の生活につながっているのだが、これらは生活そのものというよりも生活を通した学習の成果と位置づけるほうが適切だろう。

このように少年院における生活がテンポラリーなものであるのに対して、少年院における学習は、少年たちにとって、より永続的なものとして経験されている。まず、少年院で学ばれる学習内容は、少年たちのニーズに適合したものが多い。自分自身の生き方を見つめ直す授業、「普通」の生き方とは何かを考える授業、社会的なスキルを身につける授業、自分自身の思いを表現する授業など、少年院の授業には、少年たちが更生し、新しい人生を生きていくために必要な教育内容が準備されており、少年たちはそこでの授業は自分のためになると感じている。そして、その結果として、出院後も、少年たちは、そこでの学びを身につけて、自分自身の新しい人生につなげていきたいと考えているのである。

【インタビュー7】

（少年院の授業と自分の未来について、出院準備期のV少年へのインタビュー　二〇〇八年一月）

V：（少年院での時間があっという間に過ぎ去ったことを振り返り、その理由について、少年院での学習の密度の濃さに触れたあと）これをやったら社会に出たら役に立つなと思って、どんどんと時間が経ってしまった……

（略）……

I：どのへんの勉強が特にそう感じるんですか？

V：SSTっていうのと問題群別（指導）っていうのをやってると、これは社会に出てからも役に立つなって思います。

Vは少年院における授業が自分の未来と直結していることを感じ、学習に対するモチベーションが高まり、少年院での時間があっという間に過ぎ去ったと語っている。Vが特にためになる授業として挙げたのは、SSTと問題群別指導であるが、これらは社会的スキルを身につけたり、自分自身の生き方を見つめたりする授業である。こうした授業を求めているのは、Vだけではない。

【インタビュー8】

（少年院の授業と自分の未来について、中間期のU少年へのインタビュー　二〇〇八年一月）

U：学校は、勉強とか教えてくれるんですけど、ここでは、なんだろ、ほんとに自分の性格とか、行動とか、家族のことまでいろいろ聞かれたりもするし、自分で考えていったりしなくちゃいけないし、それが、何でしなきゃいけないのかなって思ってたんだけど、それは、これから自分がちゃんと幸せに生きていくためなんだなと思って、こういう機会って、普通に生きていたらめったにないことだから、今、ここにいれるってことが幸せなことかなと思って。

Uもまた自分自身の生き方を見つめる授業を挙げて、こうした授業が自分の幸せな未来につながることを語っている。まもなく社会に出ることになる出院準備期の少年だけではなく、まだ少年院での生活が十分に残っている中間期の少年も、出院後の人生と絡めながら少年院における授業の意味を見出しているのである。UやVにとって、少年院での学習は決してテンポラリーなものではないことがうかがえる。

そして最後のエピソードとして、【インタビュー1】で「来るはずじゃなかった……（略）……逃げたい」と語ったNが、少年院における学習を通しての変容を語っているインタビューを紹介したい。

【インタビュー9】

（少年院の学習と自分の過去と未来について、少年へのインタビュー　二〇〇六年一一月）

N：ここに来る前に、仕事してたとこで、店長が、すっごい嫌いで、で、前までの自分は、嫌いな人とは絶対関わりたくない、て思ってて、で、なんか、なんだろ、その、前は、店長のことが、嫌いだったから、その人のことしか考えられなくて、で、なんか、折角、続けてたのも、全部、パーにしちゃって、で、ここに来ちゃって、だから、なんか、戻って、仕事する、時には、なんか、そういうことで、パーには、しないと、思う。

Nの語りには、少年院での学習が、過去の自己、そして未来の自己という歴史性の中で位置づけられ、少年自身がそこでの学習に永続的な意味を付与していることが見事にあらわれている。少年たちは、現在の学習を通して、過去の自分と対話をし、未来の自分を構築しているのである。

最後に、このような少年たちの学習を可能にしている条件として、少年たちのニーズに適合した教育内容に加えて、P女子少年院における教育内容と教育方法の質の高さがあることについて手短に論じたい。

少年院では、法務省矯正局からの通達をもとに教育課程を作成するのだが、具体的なカリキュラムの作成は各施設に委ねられている。P女子少年院では、教官たちが対話を繰り返し、施設の少年たちに合わせたカリキュラムを作成している。そして、カリキュラムは教育実践の反省をもとに毎年見直しが行われている。さらには、高い専門性が求められる授業においては、外部講師による授業（性教育など）を準備するなど、教育内容の質を高めるための継続的な取り組みが行われている。少年院におけるカリキュラムと教育内容の詳細な分析は、今後の研究課題としたい。

本節をまとめると、次のようになる。まず少年院における生活については、少年も、教官も、少年の人生にとって一時的なものであると認識している。そして、この認識があってはじめて、私的なコミュニケーションの統制は意味をもつものとなる。つまり、少年院における生活は、教育の手段であり、方法なのである。

これに対して、少年院における学習については、少なからぬ少年たちが、少年院内にとどまらず、社会に出てからも自分自身を支えるものとなると捉えている。少年たちは、少年院における学習を、自らの過去を振り返り、同じ過ちを繰り返さない未来につながるものと認識しているのである。

こうした意味ある学習を成り立たせているのは、絶えず見直しを行いながら、少年院の教育内容と教育方法を、入院する一人ひとりの少年たちにとって最適なものであるように更新している、職員たちの日々の教育活動である。

六　おわりに

本章では、少年へのインタビューと教官へのインタビューを主な資料として、P女子少年院において行われている教育実践の構造を、統制と解放の関係に注目しながら、教育方法学の観点から考察してきた。ここで明らかになったことは、少年たちの主体的な学習が、「ディシプリン」に関連する、次の三つのコミュニケーションの高度かつ的確な統制に支えられているということである。

まず、少年たちの学習に少年たちの内なる声を響かせるために、私的なコミュニケーションは統制されて、学習そのものに専心できるような仕組みが準備されていた。生活場面におけるコミュニケーションの抑制が、学習場面におけるコミュニケーションの渇望を生み出し、学習場面においてコミュニケーションの統制を緩和したとき、少年たちが他者の声に耳を澄まし、自分自身と向き合う学びが実現したのである。

続いて、学習場面が生活場面から切り離されたものであること、すなわち学習場面で見聞きしたことを生活場面に持ち込んではいけないという統制は、私語の禁止によって少年たちの内側に生まれてきたその内なる声を、教官やほかの少年たちといった他者に向けて発することを可能にしていた。

最後に、学習場面において少年たちが学ぶことになる教育内容は、少年と職員のコミュニケーション、職員同士のコミュニケーションを通して、毎年最適化されていた。そのため、教育内容は常に少年たちの関心や必要に関連性をもつように保たれている。そして、これらの教育内容は、少年たちによる自らの経験の語りとお互いの経験の共有という教育方法によって、少年たちの過去と未来に響き渡り、少年たちは学ぶことの意味を学んでいった。

以上の考察から、教育方法学的な観点から捉えると、現代日本の少年院における少年たちの学習は、生活場面におけるコミュニケーション
における私的コミュニケーションの統制、生活場面と学習場面の切断ならびに学習場面におけるコミュニケーション

の解放、学習場面における普遍的かつ歴史性のある学びという三つの側面からなる構造によって、支えられているといえる。

注

（1）少年院におけるインフォーマルな少年集団の問題性については、品川（二〇〇五、一七六―一八〇頁）を参照のこと。また、同書の中で、私語の制限が自己を育てる効果をもつことについて、「人の気持ちなどわからないし、興味もないと言ってはばからなかったタダシは、日常会話を制限されるという環境のなかで初めて、「相手の気持ちを考える」ことを学んだのである」（品川、二〇〇五、五九頁）という事例が紹介されている。

（2）少年院の職員（教官）は、施設長（院長、園長、寮長などの呼称で呼ばれる）、次長、首席、統括といった施設の運営にかかわる幹部職員と、少年の矯正に直接かかわる一般職員によって構成されている。

（3）教育・学習活動は主に教育棟で行われるが、寮で行われることもある。たとえば、われわれが参観した「一般常識」の授業は、夕食の後、寮で行われた。ここでも活発な発言と笑いが生まれていた。

（4）子どもたちの学び合いを授業の中心に据える試み。小学校のみならず、中学校、高校においても実践されている。「学びの共同体」の学校、授業の事例については、佐藤（二〇〇六）に詳しい。

文献

伊藤茂樹・高井良健一・仲野由佳理・越川葉子・鈴木舞・木村祐子・金子真理子、二〇〇七、「女子少年院のエスノグラフィー――非行少年への施設内処遇のダイナミクス」日本教育社会学会第五九回研究大会（茨城大学）要旨収録
魚住絹代、二〇〇三、『女子少年院』角川書店
生越達、二〇一一、「リストカットに隠された『同調』への抵抗――『存在の不安』の分析をとおして」『学ぶと教えるの現象学研究十四』宮城教育大学学校教育講座教育学研究室
木村敦、二〇〇五、「少年院における個別担任制の意義と課題」『刑政』第一一六巻五号
矯正協会編、二〇〇六、『矯正教育の方法と展開――現場からの実践理論』矯正協会
ゴッフマン、E、一九八四、『アサイラム――施設被収容者の日常世界』石黒毅訳、誠信書房

佐伯胖・藤田英典・佐藤学編、一九九五、『シリーズ学びと文化① 学びへの誘い』東京大学出版会
佐藤学、一九九六、『カリキュラムの批評――公共性の再構築へ』世織書房
佐藤学、一九九九、『学びの快楽――ダイアローグへ』世織書房
佐藤学、二〇〇六、『学校の挑戦――学びの共同体を創る』小学館
品川裕香、二〇〇五、『心からのごめんなさいへ――一人ひとりの個性に合わせた教育を導入した少年院の挑戦』中央法規出版
田中智志、二〇〇一、「矯正教育における少年の形象」藤田英典ほか編『教育学年報8』世織書房
中西新太郎、二〇〇〇、『思春期の危機を生きる子どもたち』はるか書房
中西新太郎、二〇〇四、『若者たちに何が起こっているのか』花伝社
中森孜郎・名執雅子編著、二〇〇八、『よみがえれ少年院の少女たち――青葉女子学園の表現教育二四年』かもがわ出版
広田照幸、二〇〇一、「〈青少年の凶悪化〉言説の再検討」藤田英典ほか編『教育学年報8』世織書房
フーコー、M、一九七七、『監獄の誕生――監視と処罰』田村俶訳、新潮社

第V部　評価の活用

第12章　成績評価の役割と機能
——教育的視点から

古賀正義

一　はじめに

本書でこれまで見てきたように少年院は、社会との直接的な関係を切断しつつ、復帰可能な社会的人格を再構築するという、見ようによってはアイロニカルな課題を抱えてきた。しかしながら、出院後の多くの「成り行き調査」が教えるように、限られた事例——過去五年以内でみれば、少年の二割ほどが再入院——を除けば、日本の少年矯正はこの課題を一定程度達成してきたといえる。

では、それはどのような施設内での教育指導の内容・方法・評価によって可能となってきたのか。従来実施されることが困難だった内部の観察研究によって、施設内で「経験知」として蓄積され充分には言語化されずにきた教育実践や評価の特殊性・構造性を理解すること、この課題の一端をＩＣレコーダーやビデオ等の反証可能なデータから実証的に解明することが、われわれの研究のねらいであった。

本章ではそのうち、少年が経験する教育過程の進展（進級プロセスの「時間軸」）と、教育指導と進級審査など評価の諸側面（指導実践の「領域軸」）とが交差する各時点で、個々の処遇目標の達成と総体的な教育指導・評価の実践とが、少年や教官によってどのように関連づけて語られるのかを分析してみることにしたい。具体的には、新入期直後の「二級下」から、成績評価による進級審査を経て、中間期の「二級上」「一級下」、出院準備期の「一級上」へとしだいに進級する過程において、時々に実践される教育プログラムが、少年や教官によってどのように「達成された」あるいは「達成されなかった」と認識・評価されるのかを、彼らの語りの中から探究していくことにする。本来そこには客観的な到達基準や裏づけ資料が常に存在するわけではなく、入院期間の長さと出来事の絶えざる観察との経験的な擦り合わせによって判断されていくものだからである。

二 「成績評価」への着目

本章でとりわけ注目するのは、「成績評価」である。「成績評価」は、少年院ばかりでなく、学校をはじめあらゆる教育機関が取り組まざるをえない課題である。言うまでもなく、指導の効果を測定することは、学習者の成長や変容を理解すると同時に、指導者の働きかけの有用性を確認する作業ともなっている。そのため、今日では成績評価の客観的な正当性を確保することがアカウンタビリティ（説明責任）としても絶えず要請され、評価結果に基づいて、進学や就職――あるいは少年院では出院――など将来の進路選択や決定も行われている。「成績評価」には、内申書に端的なように、常に選抜や進級などスクリーニングの方法という側面が付随している。

学校の場合、近年成績評価のあり方を見直す動きが顕著である。「相対評価」によって、テスト結果中心に正規分布に応じた配分にのみ従って評価することに世論の批判が集中したからである。そのため、「絶対評価」の導入が順次進められ、個々人の学力を客観的な基準から図る試みが行われてきた。

特に、新学力観が強調された二〇〇二年度から導入されたのは「観点別評価」であった。教科の達成目標を具体的に設定し、日頃の提出物や学習の意欲・態度、小テストの点数などの結果を総合的に判断する。「関心・意欲・態度」「思考・判断」「技能・表現」「知識・理解」などの各観点から評価する方法である。AからCの三段階評価が通常であり、学年末までの評価が蓄積されて、「学習指導要録」にも記載される。

観点別評価は、一面で、学校の日常生活に密着したきめ細かな評価が模索され、子どもの変化をより質的に記述していこうという試みだった。これに対して、現場からは評価の基準が曖昧になりやすく、評価のための資料収集に労力がかかるなどの批判も多い。つまり、「評価のための評価」に陥りやすいというのだ。

このような論議は、評価が現場に埋め込まれた活動であり、単に絶対的な基準を当てはめるだけの機械的な作業ではなく、現場の状況に応じて合目的的に達成されていく実践であることを教えている。

このように、「成績評価」は、教育指導の何をどのように重視して理解するのか、言い換えれば、実践で育てられるべき能力や育てる方法として何が有効だと現場で理解され語られているのかを示唆するものである。もちろん、学校では教科学習の比重が高く、少年院のように生活全般が評価されるわけではない。だが、対象はいかようであれ、評価行為と指導実践は分かちがたい表裏の関係として存在している。

三　成績評価を支える「コード」の語り

この関係は、教育社会学者バーンステインの言葉を借りれば、実践を評価するための「教育コード」が現場に通底し絶えず語られていることを示している（バーンステイン、二〇〇〇）。彼によれば、教育実践には制度的に課される外側からの評価の基準――分類（classification）――だけでなく、実際に指導によって知識や態度を形成し伝達する内側の基準――枠づけ（framing）――も存在する。実際の活動を通して指導者と子どもとは相互作用を行い、現実に評価される基準の意味を語り合い、枠づけを体得していく。それが翻って、指導実践のあり方を再帰的に構成し続けていくことになる。この点で、成績評価は重層的な教育実践を縮約して理解するための契機、すなわち少年院で言うところの「窓」だといえる。

かつてエスノメソドロジストのウィーダーは、刑務所での受刑者の研究から、暗黙のルールを守るための現場成員の語りを「受刑者コード」と名づけた(ウィーダー、一九八七)。彼によれば、所内での社会関係を維持し受刑者として逸脱しない態度を保持するために、格言や諺となっているような語りのスタンダードがあり、このコードを語れるように学習することが他者からの評価を獲得する方法になっていたという。言い換えれば、コードを理解し語ることによって、現場で受容される社会的態度を可能にする意味づけが生じ、評価の基準に合致する振る舞いが生成されていく社会資源となるのである。

このように現場に埋め込まれた評価の視点に立つならば、M少年院での成績評価はどのような特徴を持っているといえるのだろうか。いかなるコードとして語られてきたものなのだろうか。

少年院は、ある意味で、生活全般の指導に密着した緻密な「観点別評価」がいち早く導入されてきた場だともいえる。他の機関とは異なり、共通の評価項目と個々人の到達目標を具体的かつ詳細に設定し、一ヶ月単位で教官全員による組織的な成績評価が行われる。AからEの五段階評価を観点別に行うことによって、問題性の改善を読み取りながら、「二級下」から「一級上」に至る進級審査を繰り返し実施していくのである。

矯正教育のねらいが根本的に少年の社会的人格の再構築にあるとしても、実際に少年院の現場において成績評価の意図が当事者に教育的に理解されていなければ、このような労力のかかる根気のいる活動が継続されることはなかったであろう。その点で、成績評価の特徴は、一見規律統制による集団指導と見える指導実践に入れ子的に存在する個人対応によるきめ細かな個別指導のあり方(第9章参照)と、関連するものであると考えられる。

四　成績評価の現場理解と語られるコード

以下、成績評価の当事者である教官あるいは少年が、この活動を相互にどのように理解し教育実践に関わっていくのか、この点に着目してデータの分析を行う。

しかしながら、本章は評価の基準が語られる場面と語りの内容を把握するものであって、コードそのものの頻出の度合いや件数などを検証するものではない。例えば、「少年院生活全体が指導である」という語り方は、職業補導や体育クラブなどの活動を個別の活動ごとに把握するのでなく、一人の少年の多様な場面での行為や態度として連続的・包括的に理解することの必要性を説いている。この語りのコードは、院内での観察調査で、評価を論じる機会に繰り返し聞きとることができた当事者による意味づけの産物である。このように評価の基準が、教官あるいは少年から実践場面で格言のように語られ呈示されていく事実そのものにここでは注目する。

ここで取り上げる特徴的なコードは以下のようなものであり、いずれも観察場面での評価の意味づけを支えるものだった。もちろん、他にもさまざまなコードが存在しうるが、ここでは教官ら当事者に了解し納得できる代表的なもののみを挙げておくことにする。

① 院内生活の丸ごとすべてが指導であり、評価対象である
② 少年が犯した当該非行の問題性を確認し改善するために、指導はある
③ 出院後の生活設計を念頭に置いた評価・指導を行う
④ 院内でも、外部にある家族関係の改善を想定できる評価・指導を試みる
⑤ 教官間での、少年の評価の擦り合わせを重視する

⑥　少年の改善への契機・タイミングを逃さずに評価し指導する

では、こうしたコードはどのような経験知として活用されているのか。具体的な場面と語りを参照しながら以下で分析してみることにしよう。

五　生活全般に即した評価——ホリスティックな教育実践というコード

M少年院では、月ごとの成績評価の結果、教育過程が進み進級ができると、全体の進級式で進級者の名前が読み上げられる。また、その後の「個人面接」の際にも、成績評価の根拠が到達目標に即して詳細に説明されていく。この場面では、教官は進級することが指導の目標そのものではないこと、よりよい院内生活の結果として進級できたこと、さらに、まだまだ改善すべき点があることなどを伝えていく。

【教官と少年の対話1】

（N教官とA少年との、進級式直後の「個人面接」における対話）

N：この項目は「b」です。生活態度は「c」、責任感が「b」、学習態度の取り組みが「c」で、あとは持続性、計画性が「b」、総合が「B」です。詳しくは、個別担任の先生のほうからも説明してもらいたいと思うのですが、まずは「一級上」への進級、おめでとうございました。

A：ありがとうございます。

N：さきほど、進級式の場でも、「一級上」ともなれば立場が人を作るという話をしました。中間期寮で何ヶ月も生活してきた成果が実際の行動場面に出てこないといけないだろうと思います。その自覚をしっかり持ってやってもらいたい。

このごろの君の生活を見ていれば、頑張っているところは見られます。それは評価したい。自分自身が他の人たちの生活を見ていて、これはちょっと問題だなと思うところも、気づけるようになってきている。ただ、気づけるようになり、振り返って自分はどうなのかということを考えた場合、まだまだ細かいところで、不十分なところだとか配慮に欠けるところも残っている。そこを常に気をつけていかなければいけない。

周りの人も下級生の人たちも、当然あなたを「一級上生」という目で見ますし、それなりに寮内での立場であるとか、行動であるとか、生活であるとか、そういったものが要求されてくると思いますので、自覚をしっかり持って生活してください。

この会話は、進級時の成績評価で「一級上」となり、出院準備の過程に入った少年に対して、教官が進級の持つ院内生活での意味について説明している場面である。個別の評価項目の結果についての解説があり、いくつかの小項目で「やや優れた」とされる「b」評価がなされているものの、「普通」とされる「c」評価も多いことが指摘されている（ここで小項目の評価はアルファベットの小文字を、総合的な領域の評価は大文字を使っている）。この結果全体に即して、日常行動のあり方が問われ、出院準備期にあたる「一級上生」としての自覚が促されている。

ここで着目しておきたいのは、職業補導や問題群別指導など個別の実践の中で教官と少年との密着した関わりがあり、それを前提として、院内の「生活全般」が成績評価の対象となっていることである。「学習成果が実際の行動場面に出てこないといけない」や「寮内での立場にあった行動や生活が要求されている」といった語りでは、指導が生活の具体的な場面に活かされ、少年に体得されていく必要があることが強調されている。

「全制的施設」（ゴッフマン、一九八四）では、外部との関係が強く制約される分、院内生活の全体を通して矯正という目的を達成することが意識される。先の会話は、施設の丸ごとの日常が、明示的であれ暗示的であれ、教育的機能を持っており、同時に、そこで発露される行動や態度のすべてから、教育的効果が観察され事後的に読み取られていくべきことを示唆している。

他の場面でも、同様の指摘は多い。教官によれば、構えた指導場面での行動だけでなく、何気ない日常生活の世界にこそ教育の効果は現れ理解されるという。例えば、次に示す成績予備調整会議の会話は、「斜に構えた態度」の少年が、多くの仲間や教官との生活を通して内省をし始め、しだいに「自分で変えよう」という姿勢を獲得している様子が報告されている。その変化への教官の気づきが、「D」評価の成績を「C」評価にあげる根拠とされている。

【教官相互の対話1】

（成績予備調整会議における評価の判定をめぐるB教官とC教官、D教官の議論）

B：到達目標の二番に「周囲の人に配慮した言動がとれる」というものがあります。ぴったりの目標ですが、前回の成績評価、進級審査時に「d」評価で指導しております。この半月、生活点検の中であの子がいろいろと自分の、また、他人の気持ちをとらえなかったことに気づき、今までそういう指導を受けていても、結局、自分でその場に捨ててしまい活かせなかったと話しています。自分で変えようと実はしていなかったけれど、最近は「内省」が進んできたところがあるので、このような評価にしました。

C：それなりの理解は深まってきていると。

B：そうですね。少年が言うように、みんなの見ている前でよくない言動をとったり、「もう寮には戻らない……」と言ったことについては、行動様式としてはだめであると理解しています。それで、小項目で

「d」評価をしています。今回、いろいろありましたが、更生への措置も踏まえて、総合評定で「C」にさせてもらいました。

D：はい、わかりました。

C：限りなく「D」に近い「C」ということですね。

B：寮担任以外のいろいろな先生からも面接を受けて、他人の気持ちを考えるようになってきたのです。先生のコメントをあの子の中で大事にしようという。今までは「何だ、これ」というような斜に構えた見方しかできなかったのですけれど。あの子はここに来て本当に乗り越えるべき所に来ているのかなと思います。

C：よろしいですか。

D：はい。

ここでも、少年同士で出院後の連絡先を不正に教え合うなどの逸脱行為があった場合に行われる「生活点検」の結果や、日々の寮生活での他の少年や教官への「集団内での言動」など、生活全般からにじみ出る行動の特徴への理解が成績評価の根拠として語られている。生活の中で「内省」する語りができるようになり、他の少年や自分の気持ちを把握することができる言動が現れるようになってきたことが成績の評価にも反映される。

同様に、他の成績予備調整会議では、「B」の評価がついた優秀な少年の成績に対する疑義の声が出ている。他の教官から見て、問題性の改善が十分ではないという指摘である。まず、この場面では、「目つきが悪く」「自己中心的な考え方」の少年が、少しずつ反省している様子が語られている。これに対して、職業補導のような実科作業場面（電気など五科が設置されている）では、仲間集団の力学を感じ取り、「逃げ」を打っているように見えるという観察結果が別の教官から提起された。その場しのぎの「一所懸命」さであって、そこでのみ演じられる一過性の態度に過ぎないのではないかという疑問が出されたのだ。寮担任の教官は、決して満足なわけではないが、全般的な生活態度が改善されていると感じると報告している。

【教官相互の対話2】

(成績予備調整会議におけるE寮担任教官と、F教官、G教官、H教官の議論)

F:やはり私から見ると、(微笑しながら)すごく、気になる少年なのです。これまでだいぶ不良顕示的でした。とにかく自分が中心でなくてはならないという考え方がすごく強かった少年ですね。以前のそういう状況も含んで、今回、総合「B」としたのですね。

G:はい。

F:ちょっとびっくりしたのですが、日ごろの自分の生活を反省して、かなり深いところに気がついたのかなと思います。けれども、反省して考えたところを、「定着を図る」ということがなければならない。確かに職業補導で、配管科の仕事を見ても、一所懸命やっているのはいいところだとわかります。けれども、その作業を、「逃げ」の対人関係や力関係で考えてしまうという問題性については、大丈夫かなと心配です。

E:はい。そこは残された課題です。規律違反行為を犯した後、実際に生活をしてみても、まだ少し未完成です。生活態度はかなり変わったのですが、まだ荒削りなところがあります。

H:たしかに「きつい目つき」をずっとしていましたけれども、このごろ穏やかさが感じられる目つきになりました。これは、進級してからも引き続き指導をお願いしたいと思います。

ここでも、荒削りながら、少年に規律違反をした後の生活全般に改善の歩みが見られるという報告がなされており、それに各教官たちが同意する過程をたどっている。配管の実科など個別の指導場面における積極性だけを捉えるのではなく、集団から「逃げる」考え方の改善が必要だと指摘されている。言い換えれば、生活の指導全体に、その指導の経過全体に着目すること、また、それが生活場面にも態度や行動として現れているかをチェックすることが重要であるとされている。

これらを教育的な言葉で表せば、「ホリスティックな実践」すなわち施設内での包括的・総体的な実践や経験的な学びの全体を重んじる実践の理解にこそ、矯正を正しく評価する鍵があると語られているのである。

六　非行経験の特徴とその改善に即した評価――非行経過・原因の理解や改善というコード

他方で、少年が犯した非行経験の特質と先に述べた生活全般の成績評価とのつながりも繰り返し吟味されている。至極あたりまえのようであるが、過去に犯した非行内容の特質（例えば、窃盗なのか性犯罪なのかの違いや、仲間関係の力学からの非行か家庭環境からの非行かなどの違い）とその改善が、成績評価の局面でも問いかけられる。もちろん非行原因が複合的で理解し尽くせるものでない以上、いっそう非行に対する贖罪感の育成に結びつかなくては成績評価・進級審査が意味を持ちえないといえる。言い換えれば、院内の生活態度の改善のみに埋没してしまっては、評価が意味を持ちえなくなるのである。

以下の成績予備調整会議の会話は、非行原因の改善を意識化しようとする教官の理解がよく表れているものと言えよう。

【教官相互の対話3】

（成績予備調整会議におけるJ統括教官とK教官との議論）

J：少年の非行の内容が非常に悪い。

K：そうですね。

J：普通の窃盗とか、そんなレベルではない。強盗をやっているわけですね。

K：ちょっと顔見知りだった人のところに行って、とにかく、自暴自棄になってやってしまったということでした。

J：ハサミを持っていたり、包丁を使っているように、内容的に重い。住居侵入や建造物侵入から事件に発展していったわけでしょう。要は、その重さの部分は見つめたのですか。

K：少年の中では、自分一人でやってみたいという自負があり、東京で仕事についた。出会った人が悪かったと言うか、そこで暴力を受けたり、いろいろなことがあった。しかし、少年は辞められないと、しがみついてしまった。何ら解決策を見出せなくて、同じ職場の先輩から悪さをされ、そのうっ憤ばかりがたまってきました。

とにかく自分は被害者で、周りが悪いんだというような気持ちで、社会に対する当てつけみたいな感じがずっとあったようです。その中で、「もうどうでもいい」という気持ちでやってしまったと言っていました。

もちろん、被害を受けた方がどんな気持ちなのかということについても、課題作文や面接で考えさせてきました。被害を受けた方は、「二度と会いたくない」という気持ちを最初から言われていたのです。弁護士さんやお父さんから、被害者の気持ちを考えるようにと言われ、本人も意識して考えようとしております。

J：先生の言葉ではなくて、「本人の言葉」ですか。

K：はい、本人です。

J：本人の言葉。

K：はい、明日の個人面接で聞いていただければいいと思います。

J：大きい事件を起こしてしまったメカニズムであるとか、どの部分から発展したのかとか、あるいはストレスが要因だったとすれば、ストレスをどう処理するのかを学習したのかどうか確認したいです。

重篤な非行内容の経緯やそれに対する被害者の感情が、再び議論の俎上に上げられている。表面的にはきちんと振る舞っていても、ストレスを抱え込む性格があるのではないか、大きな事件を起こしても、贖罪感を醸成しない態度があるのではないか、などが再度吟味されている。時として、教官の言葉をただ型どおりにオウム返しすることも懸念としてあり、本当に非行原因の改善につながっているかが慎重に成績評価されるのである。

ここには、生活全般を見る眼差しが、院内の生活問題にとどまらず、過去の非行事実から切り離されないようにする努力が語られている。言い換えれば、生活に埋め込まれることなく、社会的主体として自己を確立していけるような「更生」の教育へと直結させる努力が見出される。

こうした「更生」への成績評価活動の関連づけは、他の場面でも幾度となく見られた。以下の「進級面接」は、少年がその必要性を自覚的に語っている典型的な事例である。

なお「本件非行」とは、今回少年院に入院することとなった自分が起こした非行の内容を指す言葉であり、教官との対話の中でよく使われている言葉でもある。

【少年のエピソード1】

（A少年による進級面接場面での被害者に関する語り）

A：はい。自分の身勝手、自己中心的な考えによって被害者の財産を奪い、そして精神的にも生活的にも不都合を与えてしまい、被害者の方にとって迷惑以外には考えられない。まだそのときは、自分のことしか考えてなく、一度ぐらいはいいやと思ってしまいました。自分だけがつらい思いしているのだからいいやと。そういう考えでした。落ち着いて考えてみると、普通の何も知らない平和な生活をしている人が、自分が起こした「本件非行」に巻き込まれ、被害に遭ったとしたら、とんでもない恐怖で、人生を変えることになってしまう。それだけの被害を思うと申し訳ないことをしてしまったと思います。

この進級面接の場面では、教官が少年に贖罪感が育っているかを問いかけている。これに対して、繰り返し、教官あるいは鑑別所職員とも語り合ってきた「贖罪への後悔の語り」が、少年からやや硬いオフィシャルな言葉として語られている。

修復的な司法を望む世論のあり方とも関連して、生活改善の中で被害者を意識すること、自分が犯した非行内容の固有な問題性（例えば、殺傷のような凶悪な加害）に自覚的であることが求められているのである。

生活全般への教育の作用を強調しながら、同時に、非行原因と生活改善との関連づけを求めるという成績評価の方法的な特異性がある。すなわち、院の内側にとどまらず、院の外側での、更生した生活への期待の表出としても成績評価の意味は読み込まれねばならない。

七　出院後の生活設計・社会復帰に即した評価――更生した社会生活への連動というコード

生活全般の評価実践が、少年院内部の成果にとどまらないための工夫は、「社会復帰」という出院の準備の点からも強調して語られる。院内で育成された真摯な社会的態度が社会で持続されるのか、あるいは持続されていくという期待をリアルに語っていけるのかが問われる。

以下に示すインタビューの少年は、一度少年院を出院しながら、再び職場内での窃盗でM少年院に再入院してきた者である。少年は、外の社会では院内で培われた態度形成が十分には役立たなかった理由を、「社会では犯罪以外は何をしてもいいと思ってしまったから」「単純な規則に思えたから」と説明し、社会復帰や生活設計につながらなかったことを反省的に語っている。

【少年へのインタビュー1】

（院内生活に関する新入期の再入院B少年に対するI調査者の聞き取り）

B：職業補導も、将来に役立つのでいいのですけれども、少年院ではどこでもやるので。生活訓練が基本なのはどこも同じです。前回の少年院は、厳しかったです。厳し過ぎたことが裏目に出て、自主性がなかったと自分では思います。一から十まで型が決まっていたので、自律的に生活していなくて、自分の問題点も考えることができませんでした。

I：前の少年院での教育は役に立ったのですか。

B：社会に出て役に立ったかと言えば、社会は、少年院とは同じ生活ではなかったです。間接的には、役立っているのかもしれないけれど、少年院は何をするか、何をしてはいけないかが決まっていますが、社会は違います。

I：どう違うの。

B：頼れる先生とかもいなかったし、一人でやらなくては、ダメでした。また、犯罪をしなければ何をしてもいいんだと思ってしまい、社会は、「単純な規則」なのだと思っていました。自分で、羽目をはずし過ぎてしまったのです。

この発言では厳しい規則と秩序統制による最初の少年院の生活が、教官による日々のチェックを伴うものであり、それがなく特別な規則への働きかけのない外部社会は「単純な規則」に見えたと述べている。ここに指摘されている「型が決まった細かな指導」は、少年にとっては、それに従うことだけを意識させ、他方で、自主的に判断することを意識させないことがあったと語る。

教官が懸念するのは、生活設計や社会適応への意思が不足し、その後の予期的社会化へのイメージを欠いた院内生活への適応である。生活設計や社会復帰のイメージのないまま、単に統制的な行動様式を踏襲し続けることである。とりわけ、専門的な職業補導を行い職業訓練校としての性格も持つM少年院では、この点への理解が指導上も非常に重んじられている。

以下に挙げる、夜の寮内ホームルームでの寮担任教官による「対人関係のあり方」についての話し合いでも、過去の社会での生活の実感と、これから先の心構えが議論されている。ここでも将来の職場の存在が大きな比重を占めて語られている。

【教官と少年の対話2】

（寮内の夜のホームルームにて、対人関係についての話し合いをするL教官とC少年）

L：はい。院生活に別に限定しなくたっていい。例えば、自分の今までのいろいろな友人関係でもいいし、親子関係でもいいし、あるいは仕事をしていた人だって結構いるわけですから、その職場関係でもいい。その中で、例えばクビになる人が、「何だ、その顔つき」とか「返事の仕方がだめ」とか「黙って休むな」と言われる。上司との対人関係でも、本当は自分なりに心がけていたけど、実践できないためにパーになったという経験も持っているでしょう。少年院の生活に限定しなくたっていいですよ。何かそういう例はありませんか。そこで何が原因だったのか。どんな実践の努力が足りなかったのかということを考えていこう。

C：クビにはならなかったけれど。夜、仕事を終わってから遊んでいたんですよ。

L：はい。

C：仕事しているよりも遊んだほうが楽しいじゃないですか。

L：はい。仕事が終わってから、帰ってきてから遊ぶわけだから。

C：いや、遊ぶのは、夜だけじゃなくて、もう昼間の仕事にも行かないで、そのまま夜からずっと遊んでいました。それで、会社に行って、「もう来るな」とか言われて、それでも職場の人よりも遊んでいる友だちのほうが自分は大事だと思っていたので、そっちを優先してしまいました。

この例では、職場の人間関係がうまくいかず、解雇されたり、あるいは説諭されたケースを挙げるように、教官が促している。これに対して、少年は、遊び友だちとの関係を維持するために、仕事関係の大人との関係をおろそかにしたと答えている。この答えは、教官の想定した特定の人間関係のねじれとは違うようで、やや戸惑いながらも、少年が職場で経験した実際の問題を読み取るようにと促していた。

「人間関係」というテーマ自体は、普遍的な課題を含んでいるが、ここではまずもって社会適応、とりわけ仕事への適応が強調されている。「生活設計」に関する成績評価の項目があるように、将来の生活に今の院内生活を結びつける努力が繰り返し強調されていく。今の内側の世界に適応するだけでは、将来の外の世界に備えられないという語り方である。

これに関連して、具体的な社会復帰の手順が職業補導の指導と直結して述べられていたケースを紹介しておこう。成績予備調整会議では、資格の取得や技能の習得、そのための自主学習の姿勢がよく取り上げられていた。職業補導は、直接的な社会復帰の技術の援助というよりは、どちらかと言えば、そうした訓練への関与による職業への動機づけが強調されやすい。

その一つの理由は、就職先の地域的な制約があり、受け入れ事業所の確保などが実際には非常に困難であるからだ。しかしもちろん、仮に思うような就職ができなくても、労働への意欲と真摯な姿勢を持って社会に復帰していかなければならない。

だが、以下の数少ない事例のように、比較的可能性がある職業資格として設定された「配管」の技術が、職場の確保に直結するケースもある。この場面の語りでは、この少年院の職業訓練校としての特質が明瞭に見えている。

【教官相互の対話４】

（成績予備調整会議におけるN寮担任教官とO教官との議論）

N：この少年は、配管科の少年です。今まで配管の仕事の経験はないのですが、出院後は義理の兄が配管の会社を分離・独立する形で立ち上げ、その会社に少年を引き取ってもらえるということです。実際に配管の仕事をやっていくという気持ちで実習のほうにも意欲的に取り組んでおります。

また、珠算（文化クラブ）につきましても前回一級、今回は段位合格しております。熱心な取り組みも継続しております。そこで、少年の成績評価の変更をお願いしたいと思います。学習態度を「a」として総合「B」でお願いできればと考えます。

O：少年は三ヶ月目ですけれど、二級上の課題に関してだいたい終わっていますか。

N：課題はやっております。被害者に関する課題の取り組みもよくやっていたと考えます。

O：では、総合的に判断して変更を。

社会復帰への展望は、実科へのモチベーションの高さと結びつき、高い成績評価を生み出していた。こうしたケースがむしろ非常に貴重なのは、キャリアへの「予期的社会化」の教育が、期待されるように進んでいるからであり、通常はその連関を模索する実践的な営みが繰り返し展開されているのである。成績評価は、得てして日々の学習への取り組みとしてしか見えない指導活動を、より広い社会の活動に接続させる契機であり、少年の決して順風ではない将来の生活に活かせる態度や技能の形成を考えさせていく重要な機会なのである。

八　家族との関係の変化を促す評価――見えない家族との関係を想定するコード

社会復帰と同様に、家族関係の変化を促すことも、成績評価の重要な教育的機能である。出院後の社会生活は家族との関係を抜きには語れない。とりわけ、複雑な家庭環境を抱え、本件非行によって家族関係が悪化する少年においては、社会復帰はいっそう困難になると理解される。

進級時の面接でも、直接の評価項目ではないのだが、評価項目と関連づけられる形で、家族との関係に触れる場面が散見される。以下は、贖罪の対象が、狭い意味で被害者に対するものだけではなく、広い意味では「家族でもある」と語る少年のケースである。

【教官と少年の対話3】

（進級面接時における、被害者についてのP教官とD少年との対話）

P：あなたが考える被害者とは誰ですか。

D：実際に被害を加えた被害者の方と、そして次にすぐ思い浮かんできたのが、やはり親でした。最近気づいたんですけど、今まで自分は親に対してしてもらったことはすべて忘れていて、されたことだけをずっと心に持ち続けていた。嫌なことだけを、その面しかずっと見ていなかった。でも最近になって、成人式もあって、親とも面談して、その後で話していて、ほんとに自分は親に迷惑かけたんだなという気がしました。被害者も、自分が直接罪を犯してしまった被害者の方だけでなく、自分の身の回りにもいるということに気づきました。

P：家族、お父さんとは話はできるようになったのかな。

D：かなりなりました。

P：手紙は出してる。

D：出してます。

この事例では、出院が近づいている少年が「嫌なことばかりされた」加害者としての親イメージから、「迷惑をかけた」被害者としての親イメージへの転換を図れたと述べている。更生を支える親の役割を考えるとき、こうした語りは重要となる。教官は、過去の成育歴への理解へとつなげて、「話はできるようになったかな」とすかさず問いかけている。成績評価は、日々の指導によって「被害者」のイメージを拡大することで、贖罪感を醸成し、少年と親との関係確認への媒体にもなっていくのである。言い換えれば、直接親と関わり合うことはできなくとも擬制的な関係を、毎日の生活から一旦切り離すことによって、想起させる効用がある。

以下のインタビューの事例でも、家族関係は社会との接点として極めて重要であることが読み取れる。母親との関係は、受容しにくい「知り合いの男性の方」を伴った「面会」から理解されている。こうした親との面会や手紙の交換は、進級や出院への動機づけや関係の改善として重視される。

【少年へのインタビュー2】

（家族の来訪に関する再入のE少年に対するR調査者の聞き取り）

R：今まで二ヶ月間で、親御さんかどなたかご家族の方とか来られましたか。

E：一回面会に来ました。

R：それはどなたでしょう。

E：母親と、あと母親の知り合いの男性の方。

R：そうですか。じゃあ手紙とかも書いたり。

E：そうですね。

R：手紙は今までどのぐらい書きましたか。

E：今四通です。一ヶ月に二回ぐらいのペースで書いてるんです。

R：そうですか。

直接、親と交流する機会は面会や行事などに限られている。しかしながら、出院後の生活の基盤をなす親（保護者）との関係は絶えず意識していかねばならない。外の世界を主体的に意識させる装置として、擬制的に見える互いの関係をよりリアルなものとして自律的に自覚させる機会として、成績評価は少年の主体化した関係への自覚を促す場を提供している。

九　職員間での評価の差異とその調整——評価の擦り合わせをするコード

このように成績評価とその結果としての進級審査は、日常の生活指導を通した非行の原因改善や態度形成に貢献するばかりでなく、同時に、家族や職場など院外の世界への適応という課題にも応えうるものとして理解され語られている。そうであればこそ、生活に密着したきめ細かな、ホリスティックな指導実践と成績評価との再帰的な一体化が模索されることになるのである。

そうは言っても、このように成績評価が包括的になればなるだけ、評価者による評価の違いも生じてくる。以下の事例では、珠算の級（技能資格）に合格したことが学習全般への真摯な「取り組み」の表れとみなせるのかが問われている。資格に関する結果主義による評価なのか、総合的な態度を読み取った評価なのかが論点となっているのである。

【教官相互の対話5】

（成績予備調整会議におけるQ寮担任教官とS教官、T教官との議論）

Q：珠算二級合格だから「A」評価ですか。

S：はい。

Q：合格したから、「A」ということではないでしょう。

S：それに向けた取り組みを、結果を残すだけの取り組みを評価して「A」評価でお願いしたいと思います。

Q：他の寮の生活指導でも同じ話になってしまうのですけれど、例えば段位に合格した人、一級合格した人もいるので、寮間の整合性がとれなくなるのではないかという気がするんです。

T：受かったとか受からないは、あくまでも資格としてもらっているものです。ここでは、その取り組みがどうだったかという評価ですから。
Q：当然、そういう取り組みをすれば、この表れが結果に結びついたとも考えられる。
T：そのバランスをとるのが成績の予備調整なのです。
Q：考えてみてください。珠算だけの問題ではないのです。
S：そうですね。電工関係の学習も成果があるわけですし、少年は自主的に学習もしております。また寮生活でも現在週番を勤めておりますが、よりよい集団にしようという気持ちで、責任を持ってその役割を果たしています。全般に自主性も良好だということで、「A」評価でお願いしたいと思います。
Q：具体的に「A」をつけるだけの自主性とはどういうことだったんですか。
S：特に、積極的に取り組んでいるというところで「A」評価でお願いしたい。
Q：他の寮と違って、上級生から教えてもらうとか、得意な科目について教わるというスタイルはとらないのですか。
S：とっていますね、夜間は。少年が他の少年を教えるという場面はなくて、むしろ教わるということはありました。
Q：教え合いができない状況の中で自主的に頑張っているのかなというふうに思ったので聞いてみたのです。例えばビデオを見ずに、延長学習を申し出て、頑張っている姿が見られるとか。
S：夜間の自己学習の時間も珠算練習等に取り組むということはあります。
Q：だから、好きな珠算をするだけだったら、「A」評価はつかないわけです。「A」評価をつけるからにはそれなりに説得できる材料で教えてください。

「A」という特別な高評価をつける基準には、このデータから見る限り、いくつかの条件がいると語られている。第一には、資格取得がそれ自体目的化しているという問題がないのかが問われる。目に見える成果は、非行改善の態度形成とつながってこそ意味がある。第二に、本当に少年が自分自身の意欲から自発的に取り組んだ成果なのかが問われる。教官の働きかけでやらされていることはないのか、あるいは仲間の援助が受けられない結果であることはないのかなどが議論されている。第三に、少年個人の嗜好にただ合っているだけということであってはならない。個人内の評価項目がバランスよく設定され達成されているのかが問われている。最後に、評価が寮間でばらつくことにならないかが問われる。寮ごとの評価である限り、一定の幅での評価でなくてはならず、「甘い寮」と「辛い寮」が出ることはあってはならないし、その根拠がまちまちになることは問題である。

こうした評価の実際的な運用基準の理解は、会議ばかりでなく、さまざまな場面での職員間の話し合い、社会学的な意味の「ネゴシエーション」(交渉)によって共有化されていくといえる。日々の少年に対する「行動観察の積み重ね」を前提にして、世代を超えた職員間での評価をめぐる話し合いが絶えず行われている。以下の語りは、寮担任職員へのインタビューの抜粋であるが、ここでも寮での成績評価の意味づけをめぐる議論や調整の過程がうかがえる。

【教官へのインタビュー1】

(教官相互の評価行為についてU教官へのI調査者の聞き取り)

I:自分は若いから、ベテランの先生たちの言うことを聞いて引いちゃうとか、そういうことはあまりないものですか。

U:もちろん、全部が全部ではないでしょうけれど、寮担任会議の前に、各先生の評価の欄、少年を評価するA、B、C、D、Eの欄に、豆印を押すところがある。私は担任の先生だからとか、ベテランの先生だからということなしに、自分の見た目で、違う欄に押したりしています。「ベテランにならえ」ということはありません。

I：皆さん独立して。

U：独立してやっています。むしろ、各職員の評価を基本に、「実はこうだ」、「でもこういうところがありますよ」とか、寮担任会議で話し合って決めています。

寮担任会議は、成績評価の意味を考える場になっており、そこで評価がすぐに決定されるわけではない。その後の成績予備調整会議、そして処遇審査会へと、次第に公的に評価が固まっていく（巻末・用語解説参照）。その最初にあたるこの会議では、食い違う評価の材料について具体的な話し合いが進められることになっている。「ベテランにならえということはない」という語りは、それぞれの教官の立場から見た成績評価を重要な資料として活用する意図を語ったものであり、評価の最終決定とは別に、評価をめぐる話し合いと擦り合わせをすることに意味があることを示している。

つまり、成績評価そのものを、さまざまな少年の言動や態度の総和として重層的なものにしていこうとする実践的作業がここにはある。少年は、生活のどの場面でも同じような態度を取るわけではない。その変化を見逃さず、少年院という場の中で、主体化した自己反省のある態度を取り続けられるかを確認していくのである。少年の安易な演技に成績評価が引きずられることなく、少年がどこでもいつでも他者の視線を取り込んで振る舞えるような「社会的主体」となることを求めている。

さらに、個別の少年の事例が評価されることと一体的に、教官相互での評価基準の確認が言語化されていくことにも注目したい。こうしたプロセスは院内ではごくあたりまえなものと受けとめられ、先の成績予備調整会議がそうであったように、外部からの観察者には慣用的に見える表現や言葉づかいなどが成績評価に合わせて構成されている。教官としての専門性の継承が進む場でもあると言えよう。

こうした少年に対する理解の一貫性や信頼性を保つ試みには、生活に密着した包括的な評価行為の難しさからくる、職員間における擦り合わせ評価の慣習的実践が連動しているといえるのである。

一〇　少年から見た成績評価の受けとめ方――変化の契機を活かす評価というコード

翻って、成績評価の決定が慎重に進められる背景には、少年たちにとって、評価が出院の時期を推し量る素材となるだけでなく、教官とのかかわりあいや自分自身が起こした問題性への理解も含むものとなるということがある。

以下に挙げるインタビューは、少年が生活点検で発見された問題行動を、成績評価や進級審査と結びつけて語っているところである。

【少年へのインタビュー3】

（寮内での規律違反に関する、中間期にある再入院F少年に対するR調査者の聞き取り）

F：違反にはランクがある。「生活点検」は別に規律違反行為にまではかからないようなものです。

R：規律違反ではない。

F：いろいろな事実が発覚して、先生から叱られることはあります。

R：「生活点検」自体は必ずしも罰則みたいなイメージではないということですよね。

F：そうですね。

R：訓戒とか謹慎とかは、はっきりとマイナス。
F：そうですね。はい。
R：成績に響いたりするのかな、それは。
F：響きました。
R：響く、それは。
F：進級が遅れたり。

ここでは、生活点検で発見された逸脱行動が、「叱られる」という軽いサンクションと結びついており、強い訓戒などを含まないですんだことが語られている。そうでありながら、この問題が進級の遅れに結びつくと少年には理解され、進級遅れを後悔する様子が読みとれる。

少年には、院内生活での問題は成績評価を通して具体的な影響を与えていくと理解されている。言い換えれば、成績評価を媒介に、少年の問題の特質が見えてくるのであり、この方法を通して少年にメッセージを伝えることは有効であるといえる。

これとは別に、他の少年院での経験がある少年は、前回、進級審査を意識してまじめに振る舞い出院したにもかかわらず、社会に適応できなかった経験の問題性を語っている。

【少年へのインタビュー4】
（進級に関する、中間期にある再入院G少年に対するI調査者の聞き取り）
I：進級の結果を、面接に呼ばれて成績評価を示されて、知らされるでしょう。どう思いますか。
G：そうですね。

Ｉ：早く進級したいとか。

Ｇ：自分はそういう夢はもっていない。進級が目標になっているとつまずくなって思うから。別に進級できなければできないで、それだけの経験ができるわけだから、たとえ早く出たとしても、自分たちよりは学べてないから。だから進級にはこだわってない。一回それで失敗していますから。前回の少年院で。だからこそ進級じゃなく、それよりは自分の問題点を改善しなければいけないなと。

Ｉ：今、素が出てきて、やっと自分の素がわかってきたということですか。

Ｇ：それまではよくわからなかった。やっと自分のことがわかってきた。

少年が進級をするために表面的に演じる態度をとってきたことが、評価にはつながったものの、本当の自分、「素」の自分を知ることにはつながらなかったと語られている。評価のまなざしとネガティブに結びついたという理解は、たぶんに過去への後悔を語るものになっているが、成績評価への過剰な適応の意識だけがあったことは容易に想像される。

このように、成績評価は少年にとっても重要な「主体化の契機」、すなわち自己を語り、反省し、自己と向き合う営みと認識されている。成績評価は、教官と少年が相互にかかわりあううえでの、行動を方向づける重要な社会資源ともなっている。

それだけに、成績評価をタイミングに合わせて教育的な指導と結びつけて提示しておくことは重要である。言葉で教官が表明しておくことで、相補的に、少年はその契機を語り出すことが可能になるのである。

例えば、以下の目標設定集会での少年の言葉は、成績評価のまなざしを感じとることで、自分を語らなくてはならなくなり、自己の問題性を処遇の観点から書き上げて発表しているものである。

【少年のエピソード2】

（目標設定集会での少年たちによる寮内での目標の発表）

（責任感に関する目標）前の集会で言った役割などでの他人任せなところを意識して、自分の役割、責任だけではなく、係全体の役割、責任を考えて生活していました。部活動の練習で集団に迷惑をかけてしまうときも、何も言わずにいて他人任せにするのではなく、他の寮生に代わりをお願いして、全体の迷惑にならないようにしていました。

（対人関係に関する目標）以前同様に、まわりに流されたりすることはありませんが、前回の集会で、相手への伝え方を受け入れやすいように考えてと言われ、伝え方を考えていると、相手に不快に思われるぐらいだったら、伝えないほうがいいやとか、伝えることをおっくうがってしまい、はっきりと言えないことが増えてきてしまいました。そのほうが対人関係は円滑になるし、私も自分のことを棚に上げてと言われることもないからと考えてしまいました。

これを読むと、成績評価の項目となる事項に沿って、自己の生活の反省的理解がなされている。言い換えれば、問題性を自覚することと、生活の指導から生じる成績評価とは切り離せない関係にあるといえる。こうした少年の語りを、この集会では、少年同士で話し合うのであるが、そこには単なる目標達成による動機づけを超えて、生活の再帰的理解が認められ、同時に、その問題を教官や少年同士が指摘し合う契機を活かすことが暗黙の前提にされているのである。

二　「経験知」を受け継ぐ成績評価の実践

このように、成績評価という実践は、決して機械的に目標の評価を行うようなものではなく、少年の行動を変容させる重層的な指導実践を理解する「窓」――ベテラン教官は契機のことをこう表現する――となっている。

では、成績評価を、日々の実践において理解させ継承させてきたものは何であったのだろうか。言い換えれば、こうした評価が、違和感なく実践的に遂行され教育的に活かされてきた認識のメカニズムはどのようなものなのだろうか。

一言で言えば、「行動観察の積み重ね」、あるいは、以下にあるような「客観的な理解の心がけ」と呼ばれるものに、十分な指導実践の裏づけがあったからだと思われる。単なる表面的な言葉ではなく、直感でもない、評価の視点や文脈を共有化する実践の試み――ここには、院内の日常生活で語られる矯正教育実践のコードが集約されている。最後に、その一端を見てみよう。

【教官へのインタビュー2】

（教官の評価行為のあり方について、V実科担当教官へのR調査者の聞き取り）

R：実科担当者から入ってくる情報は、当然、寮の主任の方々にも流れてくるわけですね。

V：公平な目で、周りから見てる状況が伝わってきます。狭い視野じゃなくて。こういうこと気をつけなきゃいけないということはあります。

寮で直接担当する職員と視点が違うということもあります。別の視点で見ていかなくてはいけないということです。例えば、A少年が、一所懸命自分の対人関係の未熟な点を問題視して生活し、寮担任もそのことを意識して少年と話をしていて、失敗もうまくいっていることも勉強ですから、前向きにやっていると認識していたところ、客観的に見たら、その対人関係の未熟な子が、他の少年の嫌がることを言っていたということもあるわけです。「客観的な目をあらためて持っていく」ということも必要です。

R：そういう点では、ちょっと中に入り過ぎてしまうこともあるので、周りの職員の報告が役に立つことも多いという。

V：そうですね。職員朝礼を見てわかると思うのですが、朝のミーティングの中で問題点が出てきて、客観的な視点で見ていこうと確認されますので、修正できますよね。

このインタビューで、教官は、自分の理解が完全に正確ではないことを認めている。むしろ、別な立場の人、それも寮担任だけでなく、他の担当職員の報告も含んで、いろいろな立場の人の話を聞く、それを聞いて再度見直す、という反省的な実践を繰り返していると述べている。

「客観的な目をあらためて持っていく」という信念は、ここでの理解の方法、言い換えれば、理解のために語られるコードをよく表している。少年の深浅・表裏を含んだ複雑な態度を理解することは一筋縄ではいかない。むしろ、いろいろな情報によって反省し、立場を変えて見ていき、再度「客観化」へ向かっていく。この往復運動こそが重要だというのである。

日本の矯正教育は世界的に見て低い水準の再犯率を誇ってきたが、その背後には、こうした成績評価のコードによって語られるような重要な「経験知」が生きており、それが活かされる職員間での施設内の関係性づくりや対話遂行があったものと思われる。

一二　おわりに――「社会的包摂」の実践に向けて

すでに第9章でも論じたように、かつてフーコーは刑務所の自己訓化作用を近代社会における規律統制的な自己の生成と理解した（フーコー、一九七七）。施設内で制度化された成績評価の基準とその運用はメンバーに周知され身体化されることによって、「教育される個人」（ここでは非行少年）を、逃れられない「自己の檻」へと閉じ込めていく。そこでは、自らを自らで監視し評価していく自己の姿が描かれた。

しかしながら、すでに見てきたように、院内の「成績評価」という仕掛けには少年が自らモチベーションを高め自ら教育活動に参入していくという以上の社会的な意味が存在していた。それは、少年個々について非行の生じた原因を問いただし、教育活動のタイミングに合わせて改善するという矯正の社会的な意図である。

矯正教育の過程に埋め込まれているために、概して自明視されやすいが、成績評価が少年個人の更生への変化と結びつけられ、事細かにかつ包括的に繰り返し吟味されているといえる。評価の実践において擬制的な親子関係の改善や生活設計までもが想定されるのは、評価が外部社会のシステムと重層的にリンクしていると考えているからにほかならない。逸脱的なコミュニティ内なら、少年がこのように判断や関係の主体として扱われる機会はほとんどなかったであろう（例えば、「それまではよくわからなかった。やっと自分のことがわかってきた」という少年の語り）。社会参加可能な立場性を有した個人の現れこそ「社会的自己」であるとするならば、排除されている限り、主体としての自己の存在証明は無用になってしまう（アーレントほか、二〇〇四）。

藤村正之は、より大きなリスクへの脅威を演出することからグローバリズムの進展が成立すると論じた後に、体感治安の悪化など社会問題に関するリスク認識が亢進すると、人々は「規律統制型の管理」から「保険技術型の管理」へ移行していくと述べている（藤村、二〇〇八）。

交渉的な個々人の人格的改善を意図する規律統制型に対して、保険技術型では人々を個人として認識するのではなくひとまとまりの集合体として理解する。それは、リスク要因となる人や事象が出てきた場合には母集団から排除することをいとわず、社会の格差の現れを前提として隔離による管理を達成する手法をもたらす。保険技術型であれば、矯正教育が施される必要性はほぼなくなってしまう。

この対比から言えば、観察してきた少年院の綿密な評価行為には、教育による主体化の可能性の模索という側面が依然として存在し続けている。院内での反復的な評価行為による「主体化」の再発見は、いかなる境遇や生い立ちの少年にも、再教育・再改善の可能性があると信じる「包摂の姿勢」から生じていると言えよう。

語られた評価のコードをもう一度眺めてみると、さまざまな教官が複眼的に非行少年の姿を非行原因という観点から吟味する過程――それは、完璧に了解できるという前提には与していない――そのものに力点が置かれていることがわかる。少年の技能資格の取得など、教育活動の功利的な成果自体が評価の対象とされないのも、両親へのお詫びの手紙など、贖罪教育の理念的な実践自体が評価において重視されるのも、社会的包摂につながる自己の改造が求められているからなのである。言い換えれば、個々の少年が新たなコミュニティでのリカバリー・ストーリーに挑むことが可能性として担保されているのだ。

このように見てくると、従来の、少年院での閉ざされた集団指導のステレオタイプなイメージを超えて、現場で行われている実践の内部組織・外部社会に向けられた多元的な評価の意味を読み解く意義はやはり大きいと言わねばならない（古賀、二〇〇七）。

文献

アーレント、H／ルッツ、W編、二〇〇四、『政治とは何か』岩波書店
ウィーダー、D・L、一九八七、「受刑者コード」ガーフィンケル、Hほか編『エスノメソドロジー――社会学的思考の解体』山田

富秋・好井裕明・山崎敬一編訳、せりか書房
古賀正義、二〇〇六、「問題の個人化を越えて——教育困難校と刑務所での改善指導研究を通して考えること」『刑政』第一一七巻一一号
古賀正義、二〇〇七、「『言葉の力』と少年院文化」『刑政』第一一八巻一二号
ゴッフマン、E、一九八四、『アサイラム——施設収容者の日常世界』石黒毅訳、誠信書房
バーンスティン、B、二〇〇〇、『〈教育〉の社会学理論——象徴統制、〈教育〉の言説、アイデンティティ』久冨善之ほか訳、法政大学出版局
フーコー、M、一九七七『監獄の誕生——監視と処罰』田村俶訳、新潮社
藤村正之、二〇〇八『〈生〉の社会学』東京大学出版会

第13章　成績評価における相互作用

――「変わった」確認ワークの分析から

南　保輔

一　矯正達成の測度としての成績評価

少年院は「矯正教育を授ける施設」（少年院法第一条）であり、少年が「矯正の目的を達したと認めるとき」には退院させる（同第一二条）ことになっている。では、「矯正の目的を達したと認めるとき」とはどのようなときなのだろうか。

「更生」がそれだが、本書第6章で稲葉が論じているように「本当に更生しているのか」という問いは「困難な問い」である。とりわけ、世間の耳目を集める事件を引き起こした少年について、退院させ、社会復帰させてよいのかという判断は困難なものだ。矯正プログラムの効果を調べる「処遇効果研究」においては、稲葉も言及しているように、「治療の成功・失敗を評価する指標として再犯率を用い」る（ブルほか、二〇一〇、一九七頁）。だが、「大ざっぱすぎて好ましい変化を検知できない」といった点など、再犯を指標とすることにはさまざまな難点があるともブルたちは述べている。

この困難な問いに対して、少年院は組織として対応している。少年院法第六条は、「在院者の処遇には段階を設け、その改善、進歩等の程度に応じて、順次に向上した取扱をしなければならない」とし、同第一二条二項では、「少年院の長は、在院者が処遇の最高段階に向上し、仮に退院を許すのが相当であると認めるときは、地方更生保護委員会に対し、仮退院の申請をしなければならない」としている。

M少年院の場合、新入時、中間期前期と後期、出院準備と四つの処遇段階を設けている。少年たちは処遇段階を進級するにつれて、「出院」へと近づいていく。[1] そして、「処遇の最高段階に向上し、仮に退院を許すのが相当であると認めるとき」とあるように、出院準備期に進級し、「一級上」生となることが、「矯正の目的を達したと認めるとき」なのである。

少年の成績評価は、それにもとづいて進級が決定される重要なものだ。「少年院成績評価基準について」という法務省の通達には、「一　成績評価の目的の（二）」として、「評価は、教育過程における段階の移行並びに退院又は仮退院の時期を定めるための資料となるよう運用するものとする」とある（矯教一二七六矯正局長通達）。要するに、成績評価は、矯正達成の測度のひとつと位置づけられている。

前章で述べられているように、少年院の成績評価は「観点別評価」である。評価項目は、個人別項目と共通項目に分かれている。個人別項目はM少年院では各少年にたいして三つ設定される。共通項目は、「規範意識」、「基本的生活態度」、「学習態度」、「対人関係」、および「生活設計」の五つであり、各処遇段階別に補助項目が定められている。評価は五段階でなされる。小文字のアルファベット「a」から「e」で表記され、「c」が「普通」である。そのうえで、個人別項目と共通項目の評価結果を総合して、総合評定が行われる。こちらも五段階だが、大文字のアルファベットの「A」から「E」で表記される。「C」は「目標を半ば達成している。または、達成は少しでも普通に努力している」ときにつけられるものだ。[2]

成績評価の役割と機能についても、前章で論じられている。具体的に、五段階のどれをつけるのかは、【教官相互の対話5】に垣間見られる。そこでは、成績予備調整会議において「学習態度」に「a」をつけることが妥当かどうかが議論されていた。「学習態度」評価項目は補助項目として「取組み」と「持続性」、「計画性」の三つがある。珠算二級合格を踏まえて「a」としたいという提案だが、その論拠として「結果を残すだけの取り組みを評価して」いる。

本章では、相互作用分析というアプローチから成績評価に迫る。最終的に進級を左右するのは総合評定である。これは、合計八つの評価項目の「評価結果を総合して」行われる。つまり、積み上げ式が想定されている。では、それは実際の運用においてどのようになされているのか。これが本章の主たる問いである。その際、総合評定において見られる、「変わった」確認ワークと呼ぶべきものに注目する。

成績評価システムが評価の客観性や信頼性の確保を重視する一方、教官が少年について持つ「変わった」という印象や実感は、このシステムの観点から見ると「主観的」であり、排除されるべきものだ。他方、第三節で取り上げるN少年のように、自分は変わったという実感を少年が持って出院していくことは大切なことだろう。[3] 本章は、このような複合的な要請に対応するために、少年院の教官たちが「変わった」確認ワークを活用している様子を記述することで、成績評価の客観性や信頼性の確保を行いつつも、教官自身が持つ生活経験や実感も成績評価、そして指導にも生かしていることを見ていきたい。

二　相互作用分析と「変わった」確認ワーク

本章では、相互作用（interaction）に照準するミクロな分析という意味で相互作用分析ということばを使う。相互作用を調査者が直接観察するものとして、ベイルズの『相互作用過程分析』（Bales, 1950）がある。これは、「行為」をコード化し数値に縮約すること（reduction）で量的分析を行うものだ。対照的に、本章の相互作用分析は、「いまここ（here and now）」の相互作用の自然主義的、個性記述的理解にこだわる点でベイルズたちのものとは異なる方向を目指している。

相互作用分析の立場では、成績評価は当事者によって達成されるものであり、成績評価制度は活動やワークの資源だと考える。(4) 少年院の教官や少年にとって、評価基準やつけられた評価は相互作用を行っていくうえでの道具であり、また、これを行わなければならないという意味で駆動力でもある。

相互作用分析の特徴のひとつに「いまここ」にこだわるということがある。ＩＣレコーダーやビデオカメラで記録することができるような現象と活動を中心的に取り上げるため、原理的には、相互作用分析は時点Ａと時点Ｂとを比較するような超越的な視点を取りにくいものである。

「いまここ」に照準すると、第6章の「更生」の接近不能性という指摘もよく理解できる。たとえば、少年院で少年を指導している教官にとっては、目の前にいる少年の「いまここ」の外見と言動しか見えない。彼が入院する原因となった非行事件も、出院してから生活している様子も見ることはできないのだ。他方、「更生」は「過去」の不適切な「状態」から適切な「状態」への変化を含意する。「更生」を考えるということは、「いまここ」で観察できない「過去」や「未来」といった複数の「状態」を比較してその異同を論じることが必要となる。

このような異同はふつう「変化」や「変容」と言われる。それに言及するときには「変わる」や「変わった」ということばが使われることが多い。他方、ある人の「状態」が、「いまここ」で観察可能な範囲で「変わる」ということもなくはない。美容場面の相互作用分析は、「いまここ」で観察可能な変化を主題としうる点で興味深いものだ（小濱、二〇〇一）。だが、「更生」や「矯正」といった「変化」は「いまここ」で観察可能なものではない。そうだとすると、「変容」はどのようにして問題とすることができるのだろうか。

第5章で仲野が一つの方向を示している。そこでは、教官が少年の小さな言動の変化に着目している点が取り上げられている。「だらしなかった少年がちゃんとサンダルをそろえる」ことや、「すごく反発ばかり揚げ足をとってくるような子がやけに素直に言って」くるといったことである。[5]「いまここ」に照準する相互作用分析の立場から見るならば、仲野が取り上げているのは「変容」そのものではなく、「変容」についての「語り」である。それを仲野は「ナラティヴ」と呼んでいる。

つまり、「過去」のある時点では、当該少年は「サンダルをそろえる」ようなことはしなかった。脱ぎ散らかしたままで「だらしなかった」。それが、変化後の最近の時点では、「サンダルをそろえる」ようになった。つまり、「いまここ」でなされているのは、変化前と変化後の状態を言語化し、語り、「報告」するという活動である。調査者とのインタビューという相互作用において行われているのは、「変容」の「報告」であり、「ナラティヴ」なのである。

南(二〇〇八)は、「変化」を語る語彙を整理している。薬物依存離脱指導プログラムの受講者にたいして、プログラムを受講したことを通じて薬物をやめるという「変化」を生み出していくことができそうかという問いかけをインタビューで行い、その回答を分析したものである。その結果、「変わる」という動詞のほかにも、さまざまな表現を使って「変化」が語られるということがわかった。変化を表現するほかの動詞、「違う」という動詞、あるいは変化前後の二つの状態を対比することなどである。

本章では、「変わる」や「変わった」ということを、「いまここ」において発話を通じて主張し確立していくワークを取り上げる。成績評価は、厳格で客観的な評価基準に則してなされている。なかでも総合評定は、評価項目ごとの評価を積み上げてなされる。その一方で、教官たちは少年が「変わった」ということを、いくつかの重要な場面で話題としていた。これは、他者を説得するためだけではなく、自分自身を納得させるためにも持ち出されているようであった。また、「変わった」と主張するのに必要な構成要素としては、「変化」前と「変化」後の様子にくわえてほかに二つ、合計で四つあるようだった。

これらを見ていくことで、教官が成績評価をどのように行っているかの一端を明らかにする。「接近不能」な

「更生」を判断するという困難に、成績評価基準と「変わった」実感とで対応している様子を描き出してみよう。

三　出院生あいさつの中の「変われない」

【断片1　出院生あいさつの中の「変われない」】
（出院式でのN少年のあいさつ　二〇〇八年一月）

わたしの、一年五ヶ月という少年院生活も、きょう終わろうとしています。入院当初は、一年は長いなあと、ここに来ても、変われないと思って、ただ、時間がすぎるのを待っているだけでした。そのあいだにも、たくさんの失敗をおかし、たくさんの人たちを傷つけ、迷惑をかけたりしましたが、わたしは、そんな数多くの失敗をとおし、いままで気づけなかった、ほんとうに大切なものに、気づくことができました。たくさんの大切なことに、気づき、身につけたこと、ここで長いあいだ学べたことで、それが成長にもつながったし、強くもなれました。しかし、わたしひとりの力ではここまでなれなかったし、すぐに弱音をはいていましたが、そんなわたしのことを、後ろから、見守り、ささえ、つねに声をかけ続けてくれた、多くの先生がたや、寮のみんながいたからこそ、最後までやることができたし、立ち向かうことができました。ほんとに、ありがとうございます。きょう、わたしは社会へ旅立ちますが、ここを一歩出たときから、わたしの新たなスタートが始まると同時に、ほんとうのたたかいが始まりますが、いまの自分に満足することなく、社会の厳しさや冷たさに、目をそむけたり、逃げずに立ち向かい、強くなっていきます。そして、最後になりますが、先生がたには、いままで、わたしと向き合い続けてくれて、ありがとうございました。そして、生活を共にした、寮のみんな、わたしのわがままばかりいって、迷惑をかけたり、困らせたり、困らせたりしてきたけど、いままでつきあい、最後までつきあい続けてくれて、ありがとうございます。この感謝の気持ちは一生忘れません。平成○○年○月○日。仮退院生、N。ほんとに、一年五ヶ月間、お世話になりました。さよなら。

真冬のある寒い朝、M少年院の体育館で二人の少年の出院式が行われた。【断片1】はそのうちの一人、N少年のあいさつ全文である。多くの少年が一年で出院していくM少年院において、「一年五ヶ月」の在院期間はかなり長い。院内の規則に違反して処分を受けたこともあり、長くなっている。他方、それゆえにというべきか、「たくさんの大切なこと」を学べたと述べている。二分以上にわたるあいさつだったが、このように立派なあいさつをしていく少年は多くないということである。

このあいさつでまず注目したいのが、「ここに来ても、変われないと思って」という部分だ（傍線）。この表現からは三つのことを読み取ることができる。まず第一に、少年院においては、入院した少年が「変わる」・少年を「変える」ことが期待されているということだ。非行を犯した少年が「変わる」、「ここ」（少年院）はそのための場所であるという認識が広く社会において持たれており、N少年もそれを知っていた。そのうえで、N少年自身は「ここに来ても、変われない」だろうと思っていたというのである。

第二に、少年院において生じるべきなにかを、「変わる」ということばで表現しているところに着目したい。少年院が「矯正教育」の場であるとするならば、矯正教育の「効果」として「ひとが変わる」ということが位置づけられているということである。一方、「変わった」というのは日常的な生活実感に根ざしたことばである。だれかが「前と変わった」という発話はよく聞かれる。われわれは日常的に、だれかが「変わった」と感じたり主張したりしている。

第三に、「変わった」と明示的には言っていない点が興味深い。具体的な変化の内容としては、「ほんとうに大切なものに、気づくことができた」、「たくさんの大切なことに、気づき、身につけた」、そして、「成長」し「強く」

なったと言っている。にもかかわらず、「変わった」と肯定形では言っていない。単なる偶然かもしれないが、「生まれ変わった」という表現があるように、「変わった」がかなり根本的な「変容」を含意するという意識があり、それを自分から主張するのに躊躇があるということかもしれない。[6]

他方、このように強い「変わった」感をもって出院していく少年はそれほど多くないようだ。N少年のようなあいさつをしていく少年が少ないという事実は、このことを示唆している。たとえば、N少年と同じ日に出院したO少年のあいさつは四五秒の短いものだった。「変わった」ことを主張するような表現はまったくなかった。その後のインタビューでなにか変わったところがないかと聞かれて、「あきらめたり投げ出したりすることってけっこう社会にいたころ多」かったが、「それは自分のために良くない」と考えるようになったことをようやく挙げている。

さて、少年が自分から「変わった」と言いにくいのかもしれないということを見たが、少年が「変わった」と教官が主張することが成績評価の重要場面において観察された。以下ではこれを詳しく検討していく。

四　M少年院における成績評価

少年の成績評価は、ふつう毎月一回行われる。在籍している処遇段階の標準期間をすぎると半月ごととなる。M少年院においては月末と月半ばが成績評価日となっている。少年は進級した日に応じて、どちらかで評価される。成績評価の原案は、少年の個別担任教官が作成する。これが寮の担任会議と予備調整会議において審議される。そして、進級予定者には面接が行われたうえで、処遇審査会に提案され最終決定される。

われわれが検討した事例は全体として多くはないが、予備調整会議に提案された成績評価が変更されることはそれほど多くはなかった。評価項目は数も多いために変更となることはあるが、総合評定が変更されたことはなかった。たとえば、ある予備調整会議においては中間期の少年一五人の成績が「調整」された。評価項目は八なので一五人で一二〇ということになる。さらに補助項目が一三あり、合計で一九五である。そのうち、補助項目が変更されたのが五（一九五中の約〇・三%）、その結果として評価項目が変更となったのは二（一二〇中の〇・二%）だった。そして、総合評定は一五だが、変更となったものはなかった。

もちろん、寮案については寮の代表から成績評価の根拠が丁寧に説明される。前章に見られたように質疑と応答があり、原案が変更となったりならなかったりしている。その中で、教官のあいだで、少年の問題性や寮内の行動についての情報を共有したり、評価の基準をすりあわせたりといったことがなされている。

処遇審査会においては、成績評価が変更されることはさらに少ない。合計三回の処遇審査会の結果を見ても、評価項目がひとつ変更されただけだった。また、次長や院長から疑義が出されたのも合計で五といった程度だった。のべにして約三六〇の評価項目が問題となっていることを考えると、これは驚くべきことである。「院内生活の丸ごとすべてが指導であり、評価対象である」わけだが、成績評価がぶれなく行われていることがここからもうかがえる。

予備調整会議と処遇審査会において話題となったり変更されたりした項目は、個人別項目の三番と「学習態度」項目が多かった。M少年院では、個人別項目の三番に、職業補導に関する目標が設定されている。これと「学習態度」とは、結果が目に見えやすく高評価をつけやすいものだ。担任教官としてはついつい甘く「b」としているところを、指摘を受けて「c」に変更されたという例が三つほどあった。特に、補助項目の「取組み」が「b」となっているのが「c」に変えられた例が複数回あった。その結果、「学習態度」も「b」から「c」に変更されるということになった。

だが、逆から言うと、個人別項目の一番と二番、そして、共通評価項目の「規範意識」や「基本的生活態度」、「対人関係」といったところで原案が変更されたことがないというのは特筆すべきだろう。これらは「更生」とより密接に結びついていると思われる項目である。その評価がいくつもの会議における議論の中で変更されていないということは、評価基準がかなり高度の一貫性のもとに適用されていることを示している。

五　寮担任会議における「変わった」確認ワーク

（1）「変わった」確認ワークの四要素とはたらき

予備調整会議や処遇審査会において成績評価がほとんど変更されないことを前節で確認した。では、それ以前の段階ではどうなのだろうか。個別担任が作成した案は寮担任会議で検討され、予備調整会議で提案される。M少年院の中間期は集団寮生活となっており、前期と後期あわせて一五人前後の少年がひとつの寮で生活している。寮担任は四人ほどで、ひとり四人前後の少年の個別担任として成績評価の原案を作成する。(7)

寮担任は、日常的に寮の少年と接しており、週に一度は当直もある。少年のことをいちばん身近に理解しているという自負もあるだろう。また、予備調整会議や処遇審査会は出席者が多く、教官や幹部職員あわせて一五人以上が出席しているのに対して、寮担任会議は小規模である。本節で取り上げるものは出席者が三人だった。寮の主任が進行役を務めるが、形式ばらないかたちで進んでいく。

【断片2　「だからこそ、担任はBつけるんだ」】

（A教官（寮主任）とB教官、C教官による寮担任会議　二〇〇七年六月）

01　A：……（略）……あからさまに不満そうな態度を示してみたりとかというようなこともちょっとあったけれども。

02

03　B：最近はまったくなくなったものね。
04　A：なくなりましたよ、それが。
05　B：だからこそ、担任はBつけるんだ（笑）。
06　A：そうですよね。
07　C：たしかに、そういうのは本当になくなったんですよね。本当になくなったんだよな。なんだろうな。
08　A：それで、ちょっと単独寮に、ちょっと行っちゃったじゃないですか。
09　C：ああ。
10　A：そのときに、あれがちょっとひとつのきっかけになったのかなって思いますね。……（略）……

この【断片2】は、P少年の成績評価を検討している部分である。P少年の個別担任であるD教官は非番で欠席し、三人の寮担任の教官が出席している。P少年は一級下生で、このときは三ヶ月目の成績評価である。個別担任は総合評定「B」をつけている。進級対象ではないので、ふつうはそれほど議論とはならないところだろう。だが、「B」はそれが2回続くと標準在籍期間の短縮という特別な段階移行の基盤となるものであり、この直前に鑑別所の技官による再鑑別面接で「問題」発言をしたために、時間をかけて議論されることとなった。

ここで、少年が「変わった」ことが語られるときには、以下の四つの要素が現れていることを確認しよう。

「変わった」確認ワークの四要素

0　「問題性」
1　「変化」前の言動
2　「変わった」または「変化」後の言動

3 「変化」の契機またはメカニズム

「変化」前の言動とは、【断片2】では「あからさまに不満そうな態度を示」す(01行)ようなことだ(要素1)。これが「なくなった」(03行)というのが「変化」後である(要素2)。変化前後の言動(要素1・2)を語るということは、第5章の例に見られたように「変わった」ことを述べるときによく見られるものである[8]。

「変化」前後の言動について確認できれば、「変わった」ということが生じたと主張するには十分のように思われる。だが、それを納得し確認しあうには、「変化」が生じた契機・メカニズムが了解される必要がある(要素3)。07行で「なんだろうな」とC教官が問いを発し、A教官がすぐに回答を提供しているが、この事実が、「変わった」と実感し納得するのに変化の契機の理解が必要であることを示している。

「単独寮」(08行)で少年が集中的に内省に取り組んだことが「きっかけ」だとA教官は述べている(10行)。そして「素直に生活するようになったらば気持ちも楽になった、生活も楽になったというところに気づくことができていましたので良かったのかなと思います」と「変化」の契機についての発話を締めくくっている。

つまり、二つの異なる言動が見られたとしても、その「変化」は偶然のものかもしれない。そうだとすると、それが、「更生」として安定し永続するものかどうかの見極めが必要となる。「変化」の契機がどんなものであるか、つまり、そのメカニズムが理解され納得できるときに、「変化」は本物だと確信されるということである(要素3)。

背後には、「変化」し「矯正」されるべき「問題性」が想定されている(要素0)。少年が少年院に入院することになったのは、そもそもこの「問題性」を改善するためである。それは少年の「内面」にあると考えられており(第6章。ただし、稲葉は「心」を問題のありかとしている)、少年についての個人記録である少年簿には心理検査の所見などとともに記載されている。個人別項目の一番と二番とは、この「問題性」の改善につながるものとして目標設定され、たとえばP少年の一番は「集団のなかで、あるいは相手に対して自分の考えや意見をはっきり述べる」こととなっている。そしてこの目標が達成できているかを五段階で評価するのはそれほど困難なことではないだろう。だが、「問題性」そのものは、教官にとってその存在は疑いないものの、特定するには漠然としたものだ。少年の「内面」にあるとされている以上、これは必然的で避けられないことである。[9] 他方、教官は少年が「変わった」かどうかについて実感を持っている。これをいろいろな機会に想起し、ほかの教官とすりあわせて確認しあっている。つまり、「問題性」という接近困難なものが「改善」されたかどうかを確かめるときに、この「変わった」確認ワークが使われているということをこの【断片2】のやりとりは示しているのである。

(2)「変わった」確認ワークの帰結

【断片2】について、さらにいくつか考察を加えておこう。

【断片2】で特徴的なのは、三人が協働して発言しているところだ。それぞれがP少年は「変わった」と感じていて、直前の発話に同意し展開するようなかたちで発話している。たとえば、【断片2】の直前のところで「変化」前のP少年についてA教官が「不器用」だったと言う。それにC教官が「まったくそのとおりですね」と同意する。また、「変化」後について「最近はまったくなくなったものね」(03行)と、B教官はA教官の発言を引き取るように発話している。これにA教官が次の発言で同意している(04行)。さらに、「変化」の契機について「なんだろうな」(07行)とC教官が自問したところで、A教官が回答を持ち出している(08行)といったところである。

他方、この「変わった」確認ワークは会議の結論としての成績評価にはなんら影響していない。総合評定「B」は不適切であるという意見を三人が変えることはなかった。だが、まったく意味がなかったわけではない。P少年の状況について三人の寮担任は「変わった」という共通認識を持っていることが確認された。そして、B教官が「だからこそ、担任はBつけるんだ(笑)」(05行)と、個別担任であるD教官への共感的理解も示している。「B」

評定をつける個別担任の気持ちもわかるとの明言があり、A教官はすぐに同意している（06行）。ここからは、「変化」を語ること・確認することが「B」という総合評定と密接な関係にあると教官自身も考えていることが読み取れる。

【断片2】では、「変わった」ということばは使われていない。だが、この後のところで、B教官は「こべ担（個別担任のこと）がいちばん彼が変わったなと思っているのは、きのうの再鑑別の場で出たような問題が、ずいぶん変わったなと思っていたんだね、ほんとうはね」と言って、すぐにA教官も同意している。つまり、【断片2】で話題となっているのは、P少年が「変わった」ということであると当事者も理解していることを確認しておきたい。

なにが「変わった」のかは、最初は特定されていないという点も興味深い。【断片2】では、「変化」前の好ましくない状態が述べられている。それが「なくなった」（03行）と言うことで「変わった」ことが表現されている。これと関係することだが、「変わった」のは良い方へのものだということが前提となっており、明示されることはない。N少年の出院式あいさつの「変われない」も、悪い状態から良い状態へ「変わる」ことを含意していた。【断片2】の「変わった」確認ワークも、少年の問題言動が「なくなった」、すなわち「変わった」ということを三人の教官のあいだで確認するものであった。

六　予備調整会議と処遇審査会における「変わった」確認ワーク

前節の【断片2】は、総合評定を「B」とするほどではないけれども、そう提案する個別担任の気持ちに共感できるほど少年は「変わった」と確認しあう場面であった。P少年は「変わった」、その「問題性」は改善されつつあるという点については、寮担任の三人は合意しており、それを確認するというワークが行われていた。ただ、それが総合評定「B」に値するものではないという点で、三人は個別担任の成績評価に同意しなかった。

本節では、「変わった」確認ワークが予備調整会議と処遇審査会で見られた例を取り上げる。これらの会議は寮担任会議に比べると出席者も多く、その地位役割もさまざまだ。予備調整会議は、M少年院に三つある中間期寮のうちの他の二つの寮との調整、そして、幹部職員によるチェックを目的とし、処遇審査会では、次長と院長の裁決を得るというかたちになっている。

【断片3】は、予備調整会議の最終責任者であり説得の対象であるF首席が、「変わった」確認ワークを発動している部分である。Q少年の成績評価として寮は総合評定「B」という提案をしている。これに対して他寮の教官から疑義が出され、その議論の中で次の二点が確認された。

一　問題性が改善されれば進級できる。

二　絶対評価で個別に判断する。

特に二点目は「調整」という観点から重要なものである。というのは、疑義を提起した他寮教官の懸念は、自分の指導する少年とQ少年と、これまでの成績が似たものであった。今回Q少年だけが進級となると、その違いを少年にうまく説明できない可能性があるというものだからだ。

そのような議論の流れの中で、寮担任のE教官は、Q少年が「ものすごく変わった」と「B」評定の適切さを主張した。

【断片3　「なんで変わったかな」】

（予備調整会議におけるE教官とF首席のやりとり　二〇〇六年一一月）

01　E：あいつはあのう、おもてうら使うやつじゃないんで、自分がそういう方向に向いていったことを、き
02　　ちっとこう出してですね。
03　F：いや、がんばってるのもわかるし、その、なんでさっきからずっと考えてたのに、なんで変わったか
04　　なってゆうことを考えてたわけですよ、彼が。まぁ職員の働きかけもあったとは思いますけども
05　　（笑）、なんで変わったかなぁって。でひとつはあれでしょ、職業訓練だよね。……（略）……

予備調整会議案は、教育部門を代表して首席が処遇審査会に提案するもので、その最終判断者は首席である。つまり、【断片3】は総合評定「B」という寮案を受け入れるかどうかを決断しようとしている場面である。

そこで、「なんで変わったかな」と変化の契機（要素3）についてF首席は自問する。しかも二度もこの問いをくり返している（03行と05行）のは特に注目に値する。最初の自問には「職員の働きかけ」（04行）という答えを挙げておきながら、それだけで納得することはない。「職業訓練」（05行）という二つ目を挙げる。続けて、F首席はその状況を自分で説明するように話し、さらに、出院後の仕事のめどがついたことにも言及する。ただ、「変化」が見られるとしてもそれは「ここ二週間なんだな」という留保をつけて発言を締めくくる。

これに応じて、寮代表のG教官が「変わった」契機を説明するような発言を続ける。最終的には寮案の「B」評定が承認されてQ少年は進級というはこびになった。つまり、【断片3】は、説得されるべき幹部職員自身がほぼ単独で「変わった」確認ワークの締めくくりをしている事例である。進級がかかった総合評定「B」というときには、評価項目を積み上げるだけでは不十分で、「変わった」実感をみんなで共有し確認するということがなされるということである。(10)

次に、処遇審査会において見られた「変わった」確認ワークを検討してみよう。施設を代表する院長や次長は日常的に直接少年と接するということは少ない。それが理由だろうか、「変わった」実感を再構築するようなかたちで確認ワークに参加することはなかった。だが、処遇審査会においても「変わった」言説は見られた。

【断片4】では、H次長が言動の「変化」の例を挙げるように求めている。「少しは、変わってきてる面もあるのかなと」（01―02行）と、疑問文ではなく自問するようなかたちで発話している。この問いに対するI教官の回答の前半は省略したが、そこでは「変化」前の様子が述べられた（要素1）のちに、「変化」後の状況（要素2）が対比的に語られる。これには、「寮の職員のみんなが感じている」という発言まではさまれる。つまり、「変化」を感じているのはI教官のみではなく寮の担任教官「みんな」であると、その客観性を主張している。

【断片4　「少しは、変わってきてる面もあるのかな」[11]】
（処遇審査会におけるH次長とI教官（寮代表）のやりとり　二〇〇七年二月）

H：……（略）……ま、C、C評価（総合評定のこと）と言いながら、少しは、変わってきてる面もあるの
かなと。
I：……（略）……そのへんがこうだいぶ大きな彼のなかの変化ぶりだと思うので、それがこう、けっこ
う大きい彼にとっての変化だと思いますね、ええ。（間）
［そのへんはだいぶ変わってきたと［思います。
H：［そうですね。　［そうですね。
そういう点が見られるというのはあのう、すごく、評価が、していいかなと思います。
I：はいわかりました。

この【断片4】は、総合評定「C」で一級上への進級が提案されている少年についてのやりとりである。最初のH次長の発言にたいして寮代表のI教官は、「けっこう大きい」「変化」を挙げている(03―04行)、それは「ほかの子のマイナス行動について、人のことだという感覚でしかとらえられていなかったが、それを問題視できるようになった」ということだと述べている。H次長もI教官の発言にオーバーラップするように「そうですね」と同意を二度も繰り返した上で、「そういう点が見られる」のは「すごく、評価」していい(07行)と「C」評定での進級に同意している。

予備調整会議のときの【断片3】と異なっているのは、H次長が「変わった」確認ワークの発動を促してはいるが、その構築に積極的には参加していない点だ。主要要素である「変化」前と「変化」後の言動については、いずれもI教官から語られている。

また、「変わった」契機(要素3)が話題になっていない点も特徴的だ。【断片3】では、「説得」されるべきF首席が「変化」の契機を問題にしたが、H次長はそうすることもなく受け入れている。

提案されている総合評定は「C」であり、【断片2】や【断片3】のような「B」というわけではない。だが、出院準備期への進級が提案されていることが関係しているのだろうか、H次長は「変わった」面を語るように求めている。これまでの成績から総合評定「C」で進級することにまったく問題はないのだけれども、「変わった」実感に基づく裏づけを求める心情が垣間見られる部分だろう。

成績評価は、個別担任の原案を寮担任会議、予備調整会議、処遇審査会と三回も検討する仕組みとなっているが、処遇審査会の決定はM少年院としての機関決定であり、慎重を期しているということである。少年との接触頻度がさまざまな立場の人間が成績評価に関与することで、より全体的で客観的な評価ができるということもあるだろう。特に、個別担任は担任している少年への思い入れが強く、ついつい甘い評価となりがちである。それを是正するということが、これらの会議に求められている。【断片2】や【断片3】はこのような事例であった。

他方、【断片4】のように、「説得」される側が、会議で語られていない良い面を語るように促すということも起こりうる。進級させるための根拠を強化したいという思いもあるのだろうが、良い面を積極的に評価するという少年院教官としての基本的な志向の現れともいえるかもしれない。

七　進級面接における「変わった」確認ワーク

ここまで、「変わった」言説を使った教官たちのワークを見てきた。少年が「変わった」ことを寮担任が協働で確立したり、「変わった」メカニズムを首席が予備調整会議において自分の見解を披瀝するかたちで確認したり、「C」評定での進級が提案されている少年について次長が「変わってきてる面」を特定する要請をしたりしていた。

本章の締めくくりとして、少年自身にも「変わった」と確認させるようなワークが行われているという例を見ておこう。進級面接において、少年は三人の統括と首席といった幹部職員から質問を受ける。【断片5】は最初に質問をしたJ統括と進級対象のS少年とのやりとりである。

【断片5　「どういうふうに君は変えられたと思う？　変わったと思う？」】
（進級面接におけるJ統括からS少年への問いかけ　二〇〇七年六月）

01　J：そのなかできみの心に残っていること、ひとつ教えてくれるかな。
02　S：はい。物事のとらえ方がしっかりできるようになれば、やはり被害者の方も作らないだろうし、自分
03　自身もしっかりと、悪いことでもしっかりと自分のためになるように考えられる、そういうことを主
04　張されました。

05　J：「とらえ方」という言葉を使ってくれたんだけど、じゃあ、物事のとらえ方をっていう、そのとらえ
06　方、どういうふうに君は変えられたと思う？　変わったと思う？
07　S：……（略）……いくら注意されているからといっても、それはやっぱり自分のためを思って言ってく
08　れているということに気づけたんで、そういう考え方を変えるっていう努力をしたし。……（略）
09　……そういう相手の意見に対して自分がどう思っているのかというのを悪い方向ではなく、よい方向
10　に考えられるようになりました。
11　J：はい、わかりました。先生の質問は以上です。

J統括は六つの質問をしたが、それらは少年院での教育と指導の流れを振り返るものとなっている。まず「失敗」ということばで少年院に入ることになった非行犯罪事案をたずねる。そして、入院してから「課題」作文として考えたこと、その中で気づいたことが問われる。それらを踏まえて、自身の「問題性」を「失敗の根本原因」として答えさせる。つまり、課題作文を通じて自分の抱えている「問題性」に気づくというのが、少年院においてこれまで起こったことだという認識を前提として、これをS少年にも確認させている。

五つ目の質問は、「教官からのアドバイスで心に残っていることをひとつ教えてください」というもので、問題性への対応策を引き出すものになっている。S少年の回答は、「物事のとらえ方がしっかりできるようになる」ということだが（02行）、これは逆に、「物事のとらえ方がしっかりできていなかった」ということが問題であったとも理解される。そこで、J統括はこの点を「どう変えられた」かをたずねている（05—06行）。

これにたいして、「考え方を変える努力をした」（08行）とS少年は回答している。その「変化」をひと言で言うと、注意されたことを自分のために言ってくれたものとして受けとめるというところだろうか。

このように、「改善」すべき「問題性」（要素0）を特定し、契機（要素3）である教官からのアドバイスを挙げ

させて、最後に「変化」後（要素2）を少年に答えさせている。少年院における「学び」の軌跡を「変化」の要素と対応させながら振り返らせているのであり、S少年も優等生的な回答でこれに応じている。そして、「問題性」を改善するように「変わった」と理解できる回答を受けてJ統括は自身の質問を結んでいる（11行）。「変わった」と言わせ、「変わった」ことを確認することで、なされるべきことがすんだ、というJ統括の理解を読み取ることができる[12]。

S少年はこの日の午後の処遇審査会で出院準備期への進級が決まった。進級面接でのやりとりは満足な出来だったということである。ただし、全体で三〇分以上の進級面接においてJ統括との質疑は約四分、【断片5】のやりとりは二分二〇秒ほどだったので、この部分の受け答えが進級の決め手となったということはないだろう。だが、「変化」要素を確認的に振り返るやりとりがS少年の「変わった」実感を作り上げるはたらきをすることは間違いないだろう。たしかにN少年のようなあいさつをS少年が出院式ですることになるかはわからない。しかし、「更生」・「矯正」の施設として「変わった」実感を重視し、少年にもそれを自覚させるということがM少年院では行われており、少なからぬ役割を果たしていると考えられるのである。

注

（1）少年院を出ることについて、「退院」と「出院」ということばがともに使われている。公式見解がどうなっているのかは不明だが、少年院の側から見れば「退院」だが、少年にとっては「出院」という、使い分けがあるように感じられる。

（2）通達には、「個人別項目及び共通項目の評価の結果は、処遇審査会においてこれを総合的に審査し、次の評定尺度に基づいて総合評定を行うものとする」とある（矯教一二七六）。

（3）ただし、N少年は「自分は変わった」と明示的には言っていない。それは間接的に読み取れるだけだ。この点は後述する。

（4）人々が行っていることを「活動（activity）」や「ワーク（work）」と呼ぶ。ワークはゴッフマンの用語である（Goffman, 1955）。

（5）本章では、断片も含めて発話を転写した部分については、省略や言い間違い、繰り返しなどは発話されたままにしている。その一方で、一部をのぞき、会話分析で標準的な詳細まで転写してはいない。
（6）「変わった」と言うときに、「変わった」主体は、自分のこと、相手のこと、そして第三者のことと分かれる。変化が良い・悪いという軸を含めると六パターンとなる。こういった点の議論は別の機会に取り上げることにしたい。
（7）聞くところによると、これにはかなりの時間とエネルギーを費やしているという。
（8）「態度」ということばには注意したい。というのは、相互作用分析においては、外部から観察可能なものであるか否かという区別が重要なものだからだ。社会心理学における「態度（attitude）」は外部からは直接観察できないものとして想定されている。それは、「態度」をたずねる質問紙（その多くは段階尺度を用いる）への回答でもって測定されるようなものである。「民主党を支持する」という「態度」は、外部からは観察できず当事者による報告によってのみ調べることができる。他方、その顕現である投票行動は観察可能なものだ。01行目で「不満そうな態度」とA教官が言っているが、これは、叱責にたいする応答が遅れたり、納得していない表情をしたりと、観察可能な言動を指していると思われる。「内面の心的なかまえ」としての「態度」とは区別されるべきものである。
（9）だからこそ、ここでは要素「ゼロ」としている。
（10）断っておくが、「変わった」確認ワークはそれほど多くは見られない。というよりも、かなり少ない。強調したいのは成績評価についての公式会議の場でこれがなされているということである。日常的な会話の中では「変わった」という実感を伝え合うことは頻繁になされていると思われるが、それが、成績評価の場でも行われているという事実が重要なのだ。
（11）05行と06行の［記号は、これらの発話が重なりはじめている時点を示している。
（12）「問題」ということばは、そもそも改善・変化されるべきものとしてなにかを定式化している。解決可能であり解決すべきだという含意が、なにかを「問題」と呼んだときにはある。「気づき」といったことばは問題の自覚を指している。少年院において、特に中間期教育期では、まず「問題」の「気づき」を促進し、それに対処させるといった論理的順序で指導が考えられているると指摘することもできよう。

文献

小濱智子、二〇〇一、「美容院における相互行為分析」樫田美雄編『現代社会の探究（平成一二年度徳島大学総合科学部樫田ゼミナールゼミ論集）』
ブル、Rほか、二〇一〇、『犯罪心理学　ビギナーズガイド――世界の捜査、裁判、矯正の現場から』仲真紀子監訳、有斐閣南保輔、二〇〇八、「教育効果特定の手がかりを求めて――薬物依存離脱指導の観察と受講者インタヴューから」『成城文藝』第二〇三号
Bales, R. F., 1950, *Interaction Process Analysis : A Method for the Study of Small Groups*, Addison-Wesley
Goffman, E., 1955, "On Face-Work : An Analysis of Ritual Elements in Social Interaction," *Psychiatry*, 18, pp. 213-231

終章　少年院教育の可能性と限界

広田照幸・平井秀幸

本章では、本書で考察してきたことを踏まえ、その知見を簡単に振り返るとともに、少年院教育の可能性と限界を考える中で、今後の研究の方向性についての簡単な展望を行いたい。

まず、本書の検討からみえてきた日本の少年矯正の姿を簡潔に素描する（第一節）。次に、そうした日本の少年矯正とエビデンス・ベースドな議論との関係性を考察する（第二節）。矯正処遇に対する実験デザインを採用した一次研究を蓄積し、それらを対象としたメタ分析によって効果が実証されたプログラムを実践に応用していくことを推奨するのが、エビデンス・ベースドな議論であるが、北米をはじめとする諸外国においては、こうしたエビデンス・ベースドな刑事政策が存在感を高めている。日本でもこうしたエビデンス・ベースドな議論を希求する声が高まりつつあるが、それをどう捉えればよいのか――。さらに、少年院の矯正教育それ自体がはらむ限界について考える（第三節）。少年院教育に関する学術研究は、矯正教育の限界を踏まえたものでなければならず、矯正教育に過度な期待を表明するものであってはならないが、同時に、矯正教育の限界を矯正教育研究の限界と受けとり、やるべき課題を放棄するものであってもならない（第四節）。

一　個人技と集団技の編物――本書を通してみえてきたこと

少年院の教官を経験したあと研究者となった宮古紀宏（二〇〇九、二〇一〇）は、欧米のエビデンス・ベースドな刑事政策の成果と限界とを整理し、日本の少年院教育の「実践知あるいは臨床知」と対比させている。彼の議論は、前者が手放しですぐれており後者はダメだ、というものではない。宮古が主張するひとつの方向は、現場で言語化されてこなかったものを、明らかにしていく方向である。

英語圏の国々による実証主義の知見と日本の矯正教育の経験則のどちらが有効な教育実践であるかを直ちに論じることはできないが、日本の矯正教育の経験則を活かしつつ、その実践を理論化、体系化していく研究は、今後重要になってくるものではないかと思われる。（宮古、二〇〇九、二四六頁）

本書は、まさにそれをしようとしてきた試みであった。そして、現場の職員や矯正実務に関わる人たちとは異なる視点から少年院教育の実践を見つめることで、さまざまな点を浮き彫りにすることができた。とはいえ、具体的な分析を行った第4～13章で、少年院教育の全体がカバーできているわけではない。まだ点描にとどまっている。もっと広く深い視点でもっと多様なトピックを扱い、「実践を理論化、体系化していく研究」が求められている。研究レベルでの本格的な体系化に向けて、本書がその足がかりになれば、とわれわれは考えている（今後の研究課題に関しては、第三節で述べる）。

各章の知見をあらためて述べることはしないが、それらの全体をながめてみていえそうなのは、日本の少年院の教育は、個々の職員の人格や力量に負うところは大きいものの、実際にはかなり標準化され集合化されており、個々の職員の恣意専断で動いているわけではない、ということである。

第一に、職務に関する組織のルールが細かく定められ、個々の裁量の余地は自ずと限定されている。第二に、綿密な報告や集団的な評価システムによって、かなり細かいところまで情報が共有されている。第三に、処遇技法のマニュアルがさまざまに整備され、一定の筋道で教育が展開している。こうしたことを通して、ともすれば個人的経験と信念のみでなされやすい教育実践が、少年院においてはかなり職員集団のチームに共有されたやり方で展開しているのである。本書第Ⅱ～Ⅴ部の各章でそれぞれ対象にしてきた教育の諸相は、単にある特定の少年院のある教官の個人的なやり方ではない。むしろ、どの少年院でも、どの教官でも、多かれ少なかれ共通にやっていることを描き出したのだと、われわれは考えている。

しかし、その一方で、職員は組織の駒として、没人格的、機械的に少年にかかわっているわけでなく、個々の裁量はもちろん、寮単位、職務単位でのチーム・ティーチングや相互行為的に構成されるダイナミックな評価システムを活用しながら処遇に携わっていることもまた、指摘できることであろう。職員の自律性は、現場の第一線職員の旺盛な研究心にも帰結しているように思われる。嶋谷宗泰は、米国と比較したときの日本の少年院の再犯率の低さを指摘しつつ、次のように述べている。

我が国の非行少年の施設内処遇が安定している基本的な理由の一つは職員の執務姿勢にある。米国の処遇実験の多くは、研究室で学者が考案した理論を、専門スタッフが中心となり実施し、一般職員は指示を受けて動くだけである。前述の応差的処遇がそうであるように、こうした研究は現場と遊離し、結局は失敗に終り、治療モデルの批判的材料を提供することとなりやすい。しかし、我が国の研究活動は現場が中心であり、職員の一人一人が主体的な研究者である。専門的レベルでは高いとは言えないが、臨床の場の中で一般職員がその必要性に応じて自ら治療や教育の研究者としての役割も持つことが処遇の安定の要点となっている。(嶋谷、一

九八八、六一頁）

「職員の一人一人が主体的な研究者」として日々の実践に向き合っているからこそ、洗練されたスキルやノウハウが、単にある職員の個人技としてではなく、他の施設や他の職員に広がっていき、共有されていくという回路を成立させている。全国から職員を集めて行われる矯正研修所での研修や、施設ごとの独自の取り組みの成果を職員が活発に研究発表している日本矯正教育学会などフォーマルな組織や活動もあるし、施設レベル・個人レベルで自主的になされている職員の研究・研修も盛んである。個々の職員の質の高さが、日本の少年院教育を土台で支えており、上述した標準的・集合的な指導を円滑に動かしているといえないだろうか。

さらに、そうした教育を受ける少年の側の意味付与プロセスを明らかにしたことも本書の特徴のひとつである。少年院に収容された少年たちは、徹底的に教育的規律の圧力に反発し、それから逃れようとする存在でもなければ、思考停止的に処遇に服従し、施設化していく存在でもない。本書が描き出したのは、処遇に携わる矯正職員との濃密なかかわりの中で、さまざまな情報を言語「資源」として活用しながら、自己物語の書き換えや役割取得／役割距離にかかわる諸活動に積極的に乗り出す少年たちの姿であった。少年院はその意味で、系統的かつ組織的な処遇構造を有しつつ、職員や少年のダイナミックな相互作用を許容し（というよりそれを積極的に利用し）作動する矯正教育共同体であるということができよう。

二　エビデンス希求をどう考えるか

こうした日本の少年矯正のあり方に関しては、しばしば、「十分なエビデンスに基づいていない」ことが批判されてきている。この「日本でもエビデンス・ベースドな知見に基づいた少年院処遇を」という性急な声に対しては、本書第2章においても懐疑的な見方が提示されている。そこでの議論をまとめれば、①矯正教育の効果に関して「証拠が示されていない」ということと、「効果がない」ということは別ものである。②ゆえに、「証拠が示された」教育方法のみを採用すればよいわけではなく、少年の状況や施設・寮の状態に応じて、「証拠が示されていない」方法が有効なケースがありうる。③諸外国で「証拠が示された」教育方法が、日本で同様に機能する保証はない、ということになろう。(1)

ここでは、もう少し違う角度から、エビデンスを希求する方向性が有する問題点を考えてみたい。キーワードは、「コストとリスク」「標準化と実践」「アウトカムと価値」である。

まず、「コストとリスク」に関して。宮古(二〇一〇)が述べるように、エビデンス・ベースドな議論のためには、実験デザインをとった一次研究の積み重ねが不可欠となる。しかし、少年矯正を舞台とした実験にはさまざまなコストとリスクが伴うことになろう。

たとえば、厳密な検証に耐えるようなエビデンスを求めるのであれば、他の条件を同一にした「統制群」の設定が不可欠になる。同質的な少年を二つの集団に分け、Aという処遇を受ける少年の集団と、そうではないまま放置された少年の集団を作る、ということである。「やれるけれど、やらない」群を作って比較をするわけだから、統制群に入れられた少年ではより低い成果が結果的に出てくる可能性がある。一人一人の少年に向き合って最善の結果を追求してきた日本の少年院で、それが許されるのか。少なくとも、ある程度の市民的合意がなければ不可能であろう。

あるいは、「実験」であるかぎり、実験の失敗も許容されねばならないだろう(というより、それこそが重要な一次研究の知見となる)。「やってみたけれど、統制群に比べて効果がなかった」ということもありうる。極端な場合には、プログラムの失敗によって混乱や不信感が生じ、「更生的風土」が損なわれるような結果になるかもしれない。少年院を出院した少年たちが「自分たちはある技法の効果がないことを証明するための「実験」材料にされた」という思いを抱くことになるかもしれない。ここでも、最低限「それでもかまわない」と考える一定数の社会内合意が必要である。(2)

また、厳密な条件のもとで実験を行うためには、法令や慣行を変えなければならない。上述したような意味で、実験への参加に関する少年の同意の問題への対処が必要となろう。また、臨機応変に個々の少年の状況に合わせて多様な手段を組み合わせて処遇する、現状のようなやり方は、実験群に対しては手控えられなければならない。日本の少年院は、これまで、経験則に基づきながら、目の前の個々の少年に最善のことをしようとして努力してきた。「最善の実践」という目標である。しかし、「実験」という論理は、まったく別の文脈を施設の日常に持ち込むことになる。被験者の層やトピックをいろいろと変えて効果の検証をするとなると、かなりの数の実験が全国の施設でなされることになる。少年院の雰囲気はずいぶんと変わってしまうかもしれない。本当にそれでよいのか、ということまで考える必要がある、ということなのである。

要するに、本気でエビデンス希求を受けとめるのなら、少年院の日常のあり方全体を見直す必要が出てくる。そして、そこには莫大なコストと甚大なリスクが潜んでいるかもしれず、それらとの比較考量を経ずにエビデンス・ベースドな知見を求める議論はあやうい、ということである。

第二に、「標準化と実践」について。「エビデンス」を絶対視するやり方が持つ難点については、宮古（二〇〇九、二〇一〇）も指摘している。その中でも重要なのは、「処遇の効果検証にアセスメントツールを多用しているが、これらのツールに信頼を置きすぎることは危うい。どのツールを用いても誤差はつきものであり、必ずしも客観的事実を正確に反映させるものではない。アセスメントツールに振り回されないよう、実務家の経験による専門的裁量の意義は、再度確認される必要があろう」（宮古、二〇〇九、二四五頁）という指摘である。(3)そもそも、エビデンスが希求された背景には、「エビデンスあり」ということを社会内に発信していくアカウンタビリティの要請が高まったことに加え、たとえば認知行動療法のように、プログラムがパッケージ化、標準化しやすいために、専門性がそれほど高くない実務家でも運用可能である、という利便性が存在していた（Pitts, 2007）。それに加えて、プログラムを標準化することは、効果測定のための前提条件であり、アカウンタビリティを実現していく基盤ともなったのである。

しかしながら、実践を標準化していくことには、大きな問題もある。宮古も述べるように「エビデンス・ベイスド思潮は、効果的な矯正教育を追求するあまり、処遇実践を統制し構造化することで、細密なマニュアルの作成を志向することになりがちで」（宮古、二〇〇九、二四五頁）あるが、標準化されたマニュアルに基づく処遇は、簡便な反面、日本の矯正実務家が保持してきた専門性、裁量性を掘り崩す可能性がある。イギリスにおいてはすでに進行していることであるが、「エビデンスのある」標準化されたプログラムが、職員の脱専門化や「プロレタリア化」（Pitts, 2007, pp. 17-18）を促進し、職員文化、処遇編成、教育課程等を含めた実践のあり方を大きく変容させていく、という副作用をもたらす危険性を考慮に入れておく必要があろう[4]。

第三に、「アウトカムと価値」について。最も重要なことは、エビデンス・ベースドな議論が依拠する「有効性」が本当に「望ましい」有効性なのかどうか、という規範的基準が、エビデンス・ベースドな実証的議論それ自体からは調達されえない、ということである。通常、メタ分析の対象となりうるような実験デザインの一次研究においては、ある説明変数（処遇プログラム）の効果は「アウトカム」に対するパフォーマンスによって判定される。矯正に関する研究では、管見の限りでは「アウトカム」は「再犯」、「再収容」、「再非行」等におかれることが通例であるように思われるが、そこでは「再犯」や「再非行」を減少させることは「善い」ことだとの前提が存在しよう。たしかに、それは自明のことかもしれない。しかし、原理的なレベルでは、酒井（二〇〇五）も述べるように、そこに絶対的な善性が存在するのかどうかについて議論の余地もある。

たとえば、「再犯」と「人間のＱＯＬ」[5]という二つのアウトカム変数を想定してみよう。ある処遇Ａが、「再犯」

を低減させる効果を持つと同時に、「人間のＱＯＬ」を低下させるような場合においては、処遇Ａ（説明変数）を操作し、少年に介入する、という営み自体を、正当性をもって開始することが困難である。そこでは、「人間のＱＯＬを増大させる」という価値と、「再犯を低減させる」という価値の相互葛藤という事態に対して、エビデンス・ベースドな議論とはまったく別個の観点から、規範的検討を行わなければならない。たしかに、津富（二〇〇五）も述べるように、複数の価値を統合するようなアウトカム変数を合成する、という手段も考えられる。たとえば、「人間のＱＯＬを高めつつ、再犯も低減させる」という新たなアウトカム変数を設定し、それに有意な正の効果を持つ処遇を探索するのである。しかし、たとえば「再非行（薬物の再使用）」を繰り返しつつ、回復に至っていくようなＱＯＬ[6]を考えた場合、こうした複数の価値を統合したアウトカムの設定は不可能となる。「再使用しつつ、再使用しない」という変数は、合成しようがない。

酒井（二〇〇五、九八頁）が指摘するように、「政策目的と政策手段との間の効果連関という事実的な要素に焦点を当てるＥＢＰ（引用者注：エビデンス・ベースド・ポリシー）は、少なくともそれが現実に適用される場面においては、有効性という要素に還元されない諸価値に関する規範的な議論を軽視する傾向を有することは否定できない」のであり、その問題をエビデンス・ベースドな議論それ自体の技術的な精緻化を通して克服することは不可能なのである。エビデンス・ベースドな議論をするのであれば、「どんな処遇プログラム（説明変数）が再非行（アウトカム）を低減させるのか」と問う前に、それに先立って「「その処遇プログラムを実施すること」や「再非行を低減させること」は、絶対的に望ましいことなのか」と問う必要がある。「エビデンスがあること」それ自体によって、その処遇プログラムの実施を正当化することがあってはならない。

三　少年院教育の限界

本書では主として、日本の少年院の教育がうまくいっているとしたら、それはどのようにしてなのか、という点に焦点を絞って検討してきた。しかしながら、少年院教育の限界についても論じておくべきだろう。教育を重視することは大切だが、教育万能主義に陥ってしまわないようにしなければならないからである。

第一に、少年院に入ってくる少年に必要なものは、教育だけではない、ということである。逆にいうと、すべてを教育で解決しようとしないことが求められる。

日本の少年院の処遇は、基本的には「教育」にウェイトを置いて組織されてきた。実務家として長く矯正教育の理論や研究を支えてきた保木正和は、一九八三年に、「少年の非行に対する教育についての以上の概観は、教育の過程、特に非行少年に対する教育における理解を「診断―治療」といういわゆる臨床医学的類推によって行うのではなく、教育機能に内在する訓育と教授の論理を基底におくものと解されるとともに、その目的とするところを教育基本法体系に求めており、したがって、人間形成における発達の論理、教育可能性を前提とした思想を原理とするものであると解される」（保木、一九八三、五二頁）と論じていた。この教育重視の姿勢はそれ以降も強まり、現在に至っている。少年院において行われる処遇の全てが広義の「教育」である、と考える見方も存在する。

しかしながら、知的障害や発達障害を持つ少年への十分な対応が、近年大きな課題になってきている。深刻な虐待経験やトラウマなど、心理的に重い問題を抱えている少年も少なくない。そうした少年たちに対して何ができるのかを考えたときには、特別支援教育の分野の知見を活用できる部分はあるけれども、むしろ、そうした少年たちに対しては医学や心理学を活用した医療的・ケア的なアプローチこそが必要で、それらの充実が望まれよう。

また、恵まれない家庭や厳しい生活状況の中で育った少年も少なくない。それは、入院に至る経緯の中の非行要因にもなっているし、出院後の立ち直りにとっての困難要因ともなっている。特に、女子少年院に収容されている者の多くは、生育環境による被害者という側面が強い。福祉的なアプローチでできることの可能性をさらに追求していく必要がある。

教育にできることは限られている。このことは、本書の前半でくり返し強調してきたことである。再非行・再犯防止の観点からみた場合、教育以外に何をどこまでできるのかは、これからの少年院にとって重要な課題であろう。

第二に、施設内で教育することの限界も見極める必要がある。

一般論としては、非行少年は社会内で処遇すべきだという議論があるけれども、少年院への収容にはメリットもある（河合、一九九五）。収容されている少年たちをみていると、社会から隔離されることによってはじめて冷静に自己を見つめたり、毎日をようやく安心して生活できるような状況の少年たちがいる。「隔離機能」が意味をもっているのである。

また、特に重大事犯や累犯の非行少年は、社会内処遇を許さない世論が広く存在している。だから、いったんは彼らを社会から隔離して、「教育・訓練を必要とする者」として適切な処遇を行う必要もある。それによってはじめて、彼らは「われわれ」の社会の一員として受容されていくことが可能になるといえる（広田・伊藤、二〇一二）。

しかしながら、施設内での教育は、影響が必ずしも永続するとは限らない。また、出院後の状況が厳しい場合には、せっかくの教育の成果がだいなしになってしまうこともよくあるようである。少年院での教育は、閉鎖空間でのそれであるだけに、濃密で影響力を与えやすいといえるが、だからこそ、少年が出院してまったく異なる空間に身を移したときに大きな落差が生じる。周囲の状況が、あらためて少年たちを再非行・再犯に追い込んでいく可能性がある。施設内での教育は、特殊な環境下での教育──学習であるだけに、施設外の厳しい状況の下では簡単にリセットされてしまいかねないのである。

二〇〇九年度の少年院出院者のうち、出院時に就職先が決まっていたのは、希望者のうちわずか三九・三％にすぎない（『平成二一年　矯正統計年報』）。就職先も決まらないまま出院後に不安定な生活を強いられている少年が大量にいるわけである。また、少年を取り巻く社会関係に問題がある場合も少なくない。「親や親族が引き取りを拒否したり、そもそも保護者がいないなどの原因で「適切な住居がない少年が少なからず存在する」という声もある。また、家族関係や交友関係に問題がある場合など、親元に帰ることがその少年の更生にとって最善ではないケースもあるとされ」ている（東京都青少年問題協議会、二〇〇六、一三頁）。

矯正協会中央研究所が行った興味深い調査結果がある（大川ほか、二〇〇〇）。少年院の再入少年（男女一一二人）を対象に、「前の少年院を出る頃の私は」「私は前の少年院の先生に」「私は前の少年院の他の生徒に」といった文章を示して、その後の文章を書かせたものである（文章完成法）。「前の少年院を出る頃の私は」という刺激文に対して、更生意欲や「過ちはくり返さない」など積極的な反応が五六・六％であったのに比して、「遊び」や「出ることだけ」を考えていたという消極的反応は一七・五％、自分は「変わっていない」「非行を考えていた」といった反発・反感を示す反応はわずか三・五％だった。どの程度率直に回答されたものなのかは疑ってかからねばならないにせよ、再入少年であっても、前の少年院を出るときにはかなりの割合で「もうやらない」と考えていたであろうことはうかがえる。[7]

生き方に関わる教育の効果は、周囲の状況によってリセットされやすい。だから、出院少年を受け入れる社会の側の受け皿が改善される必要がある。このことは、原則的には少年院処遇に過度に期待されるべき課題ではなかろう。しかしながら少年院の側が、この問題に対して何もできないというわけではない。少なくとも、更生保護諸活動との連携が引き続き強化されるべきだし、出院者の就職や就学への支援をより手厚いものにしていく必要がある。少年院出院者に対する世間の人たちの偏見や差別に関していえば、出院後を見すえた教育がさらに工夫・充実されていくべきであろう。

第三に、施設内教育のもつ危うさについても論じておこう。閉鎖的な施設で行われる教育であればこそ、少年の人格の尊厳を脅かさないよう、教育にも注意深く限界を設定しておく必要がある。

少年の人格の尊厳を脅かす結果になりがちな要因のひとつは、その教育の領域の確定しがたさにあるだろう。少年院の教育は、生活指導に最も重点が置かれている。「育て直し」という言葉もよく使われている。生活規律の習得が教育の主題となるために、少年の院内生活のあらゆる側面が統制の対象になっている。そのことが、職員にある種の全能感や無限のコントロールの欲望などを生みやすい。

少年たちのインフォーマルな集団と職員(集団)との力関係が、施設内の治安の根源にあるという点も重要であろう。教育のさまざまな技法以前に、少年たちが施設のルールや命令―服従関係を受け入れるかどうかのところで、綱引きのような闘いがあるわけである。

二〇〇九年春に広島少年院での不適正処遇の事案が明るみに出された。職員による少年の体罰・虐待事件である。この事件に関して、浜井浩一は次のように論じている。

少年院での教官による体罰や暴行はなぜ起きるのか?

答えは簡単である、少年をうまく指導できない、少年が自分の指示に従わないという教官の焦りと不安である。矯正施設で何よりも重要なことは、施設内の規律や秩序が保たれ、被収容者が職員の指示に従うことである。刑務所は、これを徹底した管理で行い、少年院は教育(信頼関係の構築)を通して行う。

ただし、俗っぽい言葉で表現すれば、矯正施設では「なめられたらおしまい」という意識が強い。これは学校などでも同じだろうが、生徒は内心馬鹿にしている教師の指示には従わない。教師にとって生徒からバカにされていると感じることほどつらいことはない。

矯正施設である少年院ではなおさらである。したがって、少年院において、少年が教官の指導に従わない態度を示すと、何とか言うことを聞かせようと、教官は不安と焦りからパニックになる。夜間の寮当直で、一人で少年の集団を指導しなくてはならない時には特にそうである。筆者の知人には、寮当直の際、逃走を図った少年たちに暴行された上に拘束された教官もいる。

指導がうまくいかない場合、一般的には、同僚や先輩、上司に相談しながら解決していくことになるが、職場内に何らかの対立や相談しにくい雰囲気などがあり、こうした支援が得られにくい場合には、ときに力で抑えつけようとすることが起きる。少年院は、教育機関であるため、刑務所のように夕食時から居室に鍵をかけるなどの物的戒護力が弱く、一人ひとりの教官の負担は大きい。

上記の新聞報道でも、起訴された教官が「少年らを屈服させ、素直な態度に改めさせようと思った」とか「(暴行の首謀者とされる)N被告はM容疑者の名を挙げ、「厳しい指導方法を見習って指導してきた」、「(M容疑者)が異動してから院内が荒れたので、少年に規律を守らせるために暴行した」などと説明しているという。」との記載がある。このことから考えると、今回の事件も、秩序を維持しようとする教官の焦りや不安が根底にあったことが推測できる。(浜井、二〇〇九)

事件に関する論評としては、最も適切なもののひとつであろう。「なめられたらおしまい」という意識が、結果的に職員による暴行を生んだわけである。ここで重要なことは、こうした違反や逸脱が、ややもすると教育的な熱意に支えられていることである。広島少年院の事案がどうだったのかはわからないが、少なくとも一般論として、「少年の教育のため」という論理が暴走をこっそりと正当化する機能を果たしてしまうことは起こりうる。

少年院では、教育を受け入れる以前に、施設の秩序そのものを受け入れない少年たちがいる。そうした少年たちがインフォーマルなグループを作り、彼らが規律を乱して少年院が「荒れ」てしまうかもしれない――職員が職務を逸脱しないでこの点への対処をするにはどうしたらよいのかは、悩ましい問題である。

今後の少年院のあり方を検討した「少年矯正を考える有識者会議」の提言書（二〇一〇年一二月）では、広島少年院の不適正処遇の問題を最重要視し、「少年の人格の尊厳を守る適正な処遇の展開」を、今後のあり方の筆頭の課題として掲げた。そこでは、「少年の人格の尊厳を守る適正な処遇を展開するため、以下の方策を実施する必要がある」として、次のような施策を提言している。

(1) 施設内の適正化機能の強化

ア 在院（所）者の権利・義務関係、職員の権限の明確化

イ 在院（所）者の不服申立制度等の整備

(2) 施設運営の透明性の確保

ア 第三者機関の設置

イ 地域社会との連携、広報の積極化

これらはおそらく、同種の事件の再発防止には一定程度の抑止効果があるだろう。しかし同時に、少年たちのインフォーマルな集団と職員（集団）との力関係の問題については、十分な解決を与えるものではない。改革による制度の作り方や運用の仕方次第では、こうした方針のもとでよかれと思ってなされる改革が、現場に過重な負担や要求などのしわ寄せを与えるおそれもなくはない（広田、二〇一一a）。

職員が最善を尽くしたとしても「荒れ」が起こることがある、というふうに考えられないだろうか。「荒れ」を起こさない努力や工夫は必要だが、非合法な手段を用いてまで抑止するべきことではない。「教育困難校」と呼ばれる高校などでは、どんなに優秀な教職員がそろっていても荒れるときは荒れる。そこでは、「荒れとつきあうこ

と」自体が教育なのである。教職員の責任ではなくて、入ってくる少年たちが抱える問題がそれだけ深く重いからだ、と考えれば、前向きにものを考えることができる。それと同じである。

この点は、当局や世間の理解も必要である。たとえば、もしも少年院で「荒れ」の責任が議論されるとしたら、「荒れ」の理由さがしをするのではなく、「荒れ」への対処の適切さのみが議論されるべきだ、というように、少年院の「荒れ」に対する外部からのまなざしも変わっていくことが必要だろう。

四　おわりに——今後の研究課題

第3章で述べたように、凶悪な事件を起こした少年がモンスター化されて報道されることが多い現代の日本では、ある意味で理不尽な視線が、少年院にむけて浴びせられている。非行少年を立ち直らせることに失敗したら、「少年院はきちんと教育して贖罪させろ！」と非難される。しかし、逆に少年を立ち直らせることに成功したら、「加害者を社会的に抹殺もせずに、ぬけぬけと社会に舞い戻らせて……」と非難されるのである。

本書の知見から示唆されるのは、この難しい状況の中にもかかわらず、現実の日本の少年院の教育は、たくさんの「ささやかな成功」を積み重ねてきた可能性がある、ということである。その教育の成功の物語は、メディアで騒がれる凶悪事件とは異なり、世間の耳目を集めることはない。明示されないが構造化された教育システムと、さまざまな形で専門化された個別／集団処遇や評価の中で、一人一人の少年が、少しずつ、だが確実に更生の自己物語を紡ぎあげ、やがて社会の中にひっそりと戻っていくという、人の目にさらされない物語なのである。世間のほとんどの人はその物語に関心を払わないが、当の少年にとっては、自分の人生を見つめ直し、描き直していく、ドラスティックな経験なのである。そのかけがえのない過程に寄り添っているのが、今の日本の少年院である、といったらいいすぎだろうか。

とはいえ、本書での考察は少年院に関する学術的研究としては、まだその端緒にすぎない。そこで、本書を閉じるにあたって、今後の研究課題の方向性を試論的に考えてみることにしたい。

前節では、少年院教育の限界を三点にまとめて論じた。第一に、少年院においては教育という手法がもつ可能性には限界があり、教育以外のアプローチも重要であること、第二に、施設内の教育には限界があり、施設の外の環境や制度の整備も重要であること、第三に、施設内の教育は非合法な手段を用いた秩序の創出と結びつきやすく、それへの配慮が必要であること、まとめればそのような主張になろう。実は、研究上の課題も、こうした少年院処遇の限界と関連させて論ずることができると思われる。

第一に、教育以外の心理・医療・福祉的アプローチ等と、既存の矯正教育アプローチとの関連性と実践上の連携のあり方を考察していくことが求められる。たとえば、新たに導入される処遇テクノロジーの中に潜在する教育的側面を析出して考察したり、新たなテクノロジーを導入することで矯正教育全体の構造や機能がどのように変化する／しないのか、を分析していくことが考えられる。その際には、すでにそうした試みを開始している諸外国・地域の事例との国際比較研究の視座や、他領域で新たなテクノロジーに関する知見を蓄積している研究との学際的連携をよりいっそう進めることが望ましい。加えて、矯正教育全体の歴史を掘り起こし、現在進行している実践上の変動をどう位置づけるかについての枠組みを手に入れることも急務であろう。国際比較、歴史、学際連携——こうしたことが今後の矯正教育研究のキーワードとなるかもしれない。

第二に、社会内の環境整備に関しては、前節で述べたように少年院の実践課題としては過重であるが、学術研究の課題としてはきわめて重要なものである。第3章でも述べたように、少年院についての学術研究が施設内処遇や矯正教育の枠内で自閉するとすれば、それは少年院の機能についてより根本的（ラディカル）な探究を困難にするだろう。社会的に排除された層が少年院に入所してくる現在においては、その処遇実践の（困難性を含めた）実態解明とあわせて、社会内での包摂／排除構造それ自体に関する批判的かつ規範的な考察を行っていくことが少年院の学術研究に求められている。少年院の矯正教育研究だからこそ、矯正教育とは一見遠い存在にみえる社会的包摂／排除をめぐる議論アリーナに貢献できることがあるはずだ。

パット・カレンとアン・ウォーラルは、女性受刑者の事例に関してではあるが、出所後の社会内の困難な環境それ自体の改善についてほとんど注意を払わない施設内処遇（や、それについての言説実践）を「公定犯罪学」（official criminology）と同定し、そうした言説実践の系譜学的検討の必要性を強調している（Carlen & Worrall, 2004）。少年院についての学術研究においても、たとえば少年院についての「公定犯罪学」的実践それ自体の来歴を批判的に描き出すとともに、それと同時に、少年が帰っていく社会をいかなる社会として構想するかについての規範的考察を展望することは可能である。そこでは、少年院処遇の歴史を通時的に繙いたうえで、それを（現代の社会的排除と密接な関係を持つ）社会構造の変動過程と結びつけて論ずること（社会理論との接合）、そして、施設内に留まらず社会内まで共時的に射程を拡げたうえで、非行少年に関する望ましい社会統制のビジョンを考察していくこと（規範理論との接合）が不可欠な問題意識となろう。

第三に、今後ますます少年の人権に配慮した教育が重要となってくる少年院においては、教育者側の研究、特に教育者の意味付与プロセスに注目した諸研究の蓄積が望まれる。本書は、ミクロなデータを用いた質的研究を中心に構成されているものの、残念ながら教育者を対象に据えた分析は相対的に手薄といわざるをえない。前節で述べた例に従えば、「荒れとつきあう」ことや「荒れに対処する」ことを個々の教育者がどのように達成しているのか、ということを丹念に記述し、そのバリエーションを多くの実務家たちと共有していく作業は、今だからこそ求められる学術的貢献でもある。広島少年院事件や「少年矯正を考える有識者会議」提言書以降、少年院職員に対する内部的／外部的まなざしは厳しさを増していくことが予想される。少年院収容少年に対する社会の無理解が、少年に対する悪魔化の視線を強化しかねないのと同様に、処遇への職員のひたむきな努力に対する無理解は、職員に対する圧力に転ずる恐れがある。職員に注がれるまなざしを、彼／彼女たちの自律性を萎縮させる方向に向かわせないためにも、職員の意味世界を学術的に分析し、矯正外部に対してアカウントしていくことが必要となろう。

少年院の教育には、施設や人員の限界や、前節で述べたような施設内教育がもっている／もつべき限界がある。しかしながら、従来「経験則」とか「現場職員の力量」とかといった言い方で語られてきたものが、それなりにきちんとした機能や構造をもったものであることは、本書の考察によってある程度明らかにしえたと思う。とはいえ、繰り返しになるが、本書の知見を矯正教育研究の決定版や、その到達点、などと理解してはならない。本書が取り扱わなかった、もしくは取り扱ったとしても詳細には論じられなかったトピックを丁寧かつ多方面から分析し、体系的な知見へと練り上げていく努力がひきつづき行われなければならない。本書の知見を肯定的／批判的にのりこえる形で、今後も矯正教育に関する学術的研究が継続的に蓄積されていくことを願わずにはいられない。

注

（1）もとより、われわれはエビデンス・ベースドな知見そのものの産出や、少年院処遇実践へのその応用すべてを否定するものではない。「エビデンスなきもの、処遇にあらず」といった原理主義とは距離をとるべきだと考えるが、エビデンス・ベースドな議論によって少しでも少年の未来に資するような処遇ができるとすれば、それ自体は望ましいことである。

（2）ただし、市民的合意が存在すればそれだけで正当化される、ということではない。後述する第三の論点「価値とアウトカム」の部分も参照。

（3）少年矯正の問題を直接論じたのではないが、ある時点での個人の能力を測定して、未来の成功／失敗の予測に使うことの方法論的な限界については、広田（二〇一一b）でも論じた。未来の達成を予言するための測定は、あくまでも統計的蓋然性を示すにすぎない。

（4）もちろん、津富（二〇〇五）も述べるように、エビデンス・ベースドなアプローチによって、職員の裁量性やモラルを維持したままで処遇効果を生み出すようなプログラムを探索することは可能である。しかし、裁量性を高めて複雑化したプログラムは――いくらそれがエビデンスを伴っていたとしても――、パッケージ化されたプログラムが有していた魅力の多くを失ってしまうだろう。Pitts（2007）が看破していたように、エビデンス希求は、エビデンスに基づく政策（有効な処遇を実践に導入する政策）それ自体が望ましいからもたらされたのではなく、コストパフォーマンスやアカウンタビリティといった政治的魅力によってもたらされたものでもあった。加えて、複雑化したプログラムは、「何について測っているのか？」という効果測定上の構成概念をあいまい化させるおそれがあり、緻密な測定の実施と測定結果の妥当性確保を困難にさせるかもしれない。いうまでもなく、こうしたエビデンスの果てしなき探索は、第一の「コストとリスク」の問題を再浮上させることになろう。

（5）前注とも関連するが、何を「QOL」として設定するのか、という課題自体が難問である。QOLが個人によって多様であると考えるならば、QOLを何らかの「アウトカム」へとスムーズに変数化すること自体がかなりの程度政治的な処理を伴うことはいうまでもない。

（6）こうしたライフスタイルにQOLを認めていく発想は薬物依存からの回復を目指す当事者の間ではよく知られたものである。たとえば、ロイ・アッセンハイマーは、「回復的再使用」（therapeutic slip）という概念を提示している（ダルク編集委員会編、二〇〇〇）。薬物依存者の回復にとっての再使用経験は望ましくないものではなくむしろ不可欠なものであるという理解は、当事者や支援者の間ではほぼ常識化している。

（7）ちなみに、同じ調査で出院時の初入少年（男女二四〇人）に対して、「私は少年院の先生に」という刺激文を提示して文章を完成させた結果は、「積極的な反応」が六七・二％、「消極的反応」が一一・九％、「反発・反感」を示す反応が〇・五％だった。

文献

大川力・長谷川宣志・淵上康幸・茂木善次郎・門本泉、二〇〇〇、「少年院を出院した少年に関する研究（その2）」『中央研究所紀要』第一〇号、矯正協会中央研究所
河合弘靖、一九九五、「施設内処遇の果たす役割」『刑政』第一〇六巻七号
酒井安行、二〇〇五、「EBPの意義と問題性に関する雑感」『犯罪社会学研究』第三〇号
嶋谷宗泰「非行少年の教育に関する研究動向——精神薄弱児・情緒的未成熟者の処遇について」『特殊教育学研究』第二五巻四号
ダルク編集委員会編、二〇〇〇、『なぜ、わたしたちはダルクにいるのか——ある民間薬物依存リハビリテーション・センターの記録』ダルク
津富宏、二〇〇五、「エビデンス・ベイスト・ポリシーにできること」『犯罪社会学研究』第三〇号
東京都青少年問題協議会、二〇〇六、『答申　少年院等を出た子どもたちの立ち直りを、地域で支援するための方策について』東京都

浜井浩一、二〇〇九、「少年院での職員による体罰・暴行はどうして起きるのか？」『刑事弁護』第五九号、日本弁護士連合会刑事弁護センター

広田照幸、二〇一一a、「今後の少年矯正に望むもの――教育社会学者の目から」『月刊　法律のひろば』二〇一一年三月号、ぎょうせい

広田照幸、二〇一一b、「能力にもとづく選抜のあいまいさと恣意性――メリトクラシーは到来していない」宮寺晃夫編『再検討　教育機会の平等』岩波書店

広田照幸・伊藤茂樹、二〇一一、「社会の変化と日本の少年矯正――教育社会学の立場から」『犯罪社会学研究』第三六号

宮古紀宏、二〇〇九、「日本と北米の矯正教育における実践理論に関する一考察――経験則と実証主義の相違に焦点を当てて」『早稲田大学大学院教育学研究科紀要』（別冊）第一六巻二号

宮古紀宏、二〇一〇、「効果的な矯正教育の原則に関する一考察――教育実践におけるエビデンスの探求」『早稲田大学大学院教職研究科紀要』第二号

保木正和、一九八三、「少年の非行と教育」『特殊教育学研究』第二一巻一号

Carlen, P. & A. Worrall, 2004, *Analysing Women's Imprisonment*, Willan Publishing

Pitts, J., 2007, "Who Cares What Works?," *Youth and Policy*, vol. 95

（1）教育の内容

生活指導：教育課程を構成する指導領域のひとつ。少年の問題性の改善と健全なものの見方、考え方、行動の仕方の育成を意図して行われる、矯正教育の根幹をなす領域。①非行に関わる意識、態度、行動、②資質や情緒、③情操、④基本的生活習慣や生活態度、対人関係、⑤保護環境、⑥進路選択や生活設計のそれぞれに関して指導が行われる。

職業補導：教育課程を構成する指導領域のひとつ。①職業意識、知識や技能に関する指導を行う職業指導、②関係法令に基づいて知識、技能、技術を習得させる職業訓練、③院外に委嘱して行う院外委嘱職業補導に分けられ、種目としては溶接、木工、土木建築、建設機械運転、農業、園芸、事務、介護サービスなどがある。

教科教育：教育課程を構成する指導領域のひとつ。義務教育、高校教育、補習教育（大学・高等専門学校に準じる教科、学習遅滞者と進学希望者に対して行う教科教育）、院外委嘱教科教育がある。

（2）教育プログラム

問題群別指導：共通の問題を持つ少年による集団を編成して行う指導。問題としては薬物乱用、交通、家族問題、不良交友、性非行、暴力団などがある。問題性別指導ともいう。

ＳＳＴ：ソーシャル・スキルズ・トレーニング。社会適応のために必要な対人関係上のスキルを習得させるために、ロールプレイなどの方法を用いて行うトレーニング。職場、家族、交友関係が主なテーマとなる。一九九〇年代後半から多くの少年院で導入され、出院準備期に行われることが多い。

内省：自分一人で静かに考えさせる指導法であり、通常、日課に組み込まれている。これとは別に、課題を与えて数日間単独室に入れて集中的に行わせる場合（計画内省）や、規律違反などを犯したときに行わせる場合もある。

ロール・レタリング：自分と他者との役割を交換した手紙（たとえば、自分から被害者へ、被害者から自分へ）を往復書簡のように書くことで、自己洞察と他者理解に導く指導法。一九八〇年頃に少年院で開発され、学校教育や心理臨床においても活用されるようになった。

アサーション・トレーニング：相手を尊重しながら適切な自己主張を行えるようになる（＝アサーティブになる）ためのトレーニングで、ＳＳＴと同様の方法で行われる。

院外委嘱教育：少年院を離れて、少年院長が委嘱した学校、事業所、学識経験者の指導により行う職業補導及び教科教育。事業所における職業補導が大部分を占める。

役割活動：寮における集団生活を円滑に遂行するために各少年に割り当てられる委員や係などの活動。清掃、図書、掲示、生物など多岐にわたり、自薦や教官からの指名のほか、互選によって選ばれることもある。

被害者の視点を取り入れた教育：非行の被害者の苦痛や心情への理解を深めさせるための教育。以前から行われてきたが、二〇〇五年からこの名称ですべての少年院において体系的に行われている。少年事件の被害者や支援団体の関係者などのゲストスピーカーを招くことも多い。

(3) 少年院の制度

教育課程/教育過程:教育課程とは、在院者の特性及び教育上の必要性に応じた教育内容を総合的に組織した標準的な教育計画、つまり矯正教育のカリキュラムを指す。一方、教育過程とは、入院から出院までの時間の経過に沿った段階で、新入時、中間期、出院準備に三分される。これらは処遇段階では、それぞれ二級下、二級上及び一級下、一級上に相当する。

収容期間と処遇区分:少年院に収容された者の収容期間は原則として二〇歳に達するまでであり、これは運用上長期処遇と短期処遇に分けられる。長期処遇は原則として二年以内であるが、多くの少年院は教育課程においておおむね一年程度の教育期間を標準としている。短期処遇はさらに一般短期と特修短期(開放処遇を行う)に分かれ、前者は六ヶ月以内が原則、後者は四ヶ月以内とされる。なお実際の平均在院期間は長期が三九六日、一般短期が一五二日、特修短期が八〇日である(平成二一年度)。

処遇課程:一般短期及び長期処遇において分けられる処遇のコース。一般短期は教科教育、職業指導、進路指導の三課程、長期は生活訓練、職業能力開発、教科教育、特殊教育、医療措置の五課程が置かれ、長期の五課程はさらに二~四つに細分される。

処遇段階と進級:在院者は処遇の段階として三級、二級下(新入時)、二級上、一級下(以上中間期)、一級上(出院準備)に分けられる。入院時は二級下から始まり、原則として一段階ずつ進級する。三級へは特に成績が悪くなったときに下げられる。

処遇審査会:処遇の適正を図るために院長及び職員によって開かれる会議で、少年院処遇規則により定められている。在院者の進級や賞罰、仮退院や退院などの重要事項の決定にあたって院長は処遇審査会の意見を聴かなければならない。

仮退院と出院：在院少年を保護観察に付することが更生のために相当と認められるとき、地方更生保護委員会の許可によって仮退院させることができる。出院者の九九・四％（平成二一年度）がこの形での出院である。出院の形としては他に期間満了と満齢（満二〇歳に達したとき）がある。

基本的処遇計画：各少年院が教育課程に沿って処遇課程別に作成し一覧表の形にまとめたもの。処遇の特色、教育目標、教育期間、教育過程別教育目標、教育内容及び方法などからなる。

個別的処遇計画：個々の少年ごとの教育計画であり、教育課程、基本的処遇計画をもとに作成される。個人別教育目標が本人にわかりやすい形で具体的に設定され、さらに教育過程ごとの段階別到達目標と、その達成のための教育内容及び方法が示される。在院中に必要に応じて修正、変更される。

篤志面接委員：在院者に面接して、精神的悩みや家族、職業、将来等について助言や指導を行ったり、教養、趣味に関する指導を行う民間の篤志家。全国の少年院で六三七人が委嘱されている（平成二一年末）。

処遇の個別化：個々の少年の非行の原因となっている問題性や性格、能力、心身の発達の程度、保護関係等の事情に応じて効果的な処遇を行うこと。一九七七年に発出された矯正局長通達「少年院の運営について」において収容期間の弾力化等とともに打ち出され、以後の処遇の基本方針となった。現行の処遇区分や処遇課程も、この方針に基づいて定められている。

（伊藤茂樹）

あとがき

本書では、少年院教育に関する初めてといってよい実証的な質的調査研究を紹介してきた。お読みになった方々は何を感じ、少年院あるいは矯正教育についてどのようなイメージを抱くことになったのか、著者たちには知りえないが、願わくは、「非行少年」というレッテルだけで社会的に排除される若者が減り、社会全体が矯正教育の当事者の視点から彼／彼女らの抱える問題を真摯に議論できる土台ができたならば、研究者として望外の幸せである。

思い起こせば、この研究がスタートしたのは六年前になる。矯正施設についての研究グループを組織しようとしていた広田からの、「少年院に興味ある？　調査やるんだけど」という一本の電話が始まりであった。私をはじめ、メンバーの多くが少年院を訪問することさえ初めてであり、その制度的、法律的な意味や施設内の専門用語などを理解するのに四苦八苦しつつも、「少年院」という場の教育学的な魅力に取りつかれていった。

一日の観察が終わると、データの点検・整理・保存と反省会。深夜に及ぶこともたびたびだった。新幹線で現場にやってきて、瞬く間に観察期間の数日が終わるという強行軍ではあったが、誰でも見られるわけではない教育実践の素顔を垣間見られたことは、研究者冥利に尽きるものだった。われわれを受け入れ調査を支援していただいた法務省矯正局と現場の職員の皆さんには、あらためて感謝の意を表したい。

今から数十年前にも少年院の院生を対象とした主に心理学的な調査研究が行われた時期があったとP少年院の職員の方からお聞きしたが、研究の意義を現場と共有できないまま沙汰やみになってしまったようだ。今回は、排除型社会が進展する状況下において、矯正教育の目的や方法が問いなおされる渦中（「少年矯正を考える有識者会議」の提言書（二〇一〇年一二月）も参照のこと）での研究であり、これまでになく現場に密着した臨床的な調査ができたと感じている。

そこで見出された知見についてはここで再び論じる必要はないだろう。終章にもあるように、現場で実践され伝承されていながら言語化できにくかった「経験知」「臨床知」に可能な限り接近するという目論見は、いくつかのトピックとして結実したといえる。職人的な個人技とみえた矯正の手練手管は、実は意見交換や観察・評価の手法など周到な方法論の共有による集団技だったと理解できた。第Ⅴ部で見た成績評価における外部社会を意識した技法の理解にしても、第Ⅳ部で検討した集団指導に遍在する個人指導の有効性にしても、第Ⅰ部や終章で論じられているような教育学研究の無関心や逆にＥＢ（エビデンス・ベースド）による研究への過剰な期待だけにとどめてはおけない重要な知見を含んでいる。

そして何といっても貴重な発見は、第Ⅲ部にあるように、入院している少年たちに、再び帰留する社会とつながれる可能性が現場の観察から指摘できたことだった。「所詮、演技しているだけだ」とか、「凶悪事件はなくなっていない」など、非行少年を悪魔化する言説が、裏付けなく語られがちな中にあって、少年に揺さぶりをかけながら「変化の手ごたえ」を感じ取り、共有していく多様な実践の仕掛けが矯正教育には埋め込まれているのである。それがきちんとしたデータから認識できたことは重要である。

もちろん、少年たちが退院した後の社会は彼らに甘くはない。再度の非行の誘惑にも事欠かないだろう。そうでありながら、それなりの「ささやかな成功」を矯正教育がおさめてきた一因には、少年院教育の実践過程の重層性と多元性があったといえる。その意味で、グローバル化による排除型社会を越えて困難を有する若者の包摂のシステムを検討するとき、現代日本の少年院教育は、たとえ特異な教育条件が残存している「ガラパゴス化」した事例にみえるとしても、ひとつの重要なモデルになりうると思う。

不確実性を抱える現代の教育は、法や労働、福祉、政治などの状況と切り離して論じることはできず、少年院教育もあらためて子どもの人権や自立支援などと関連づけて論じられねばならない時代になっていることもたしかである。そのためにもまずもって今必要なことは、「矯正教育の可能性と限界」を正確に見極めるべく研究の力を発揮していくことであると思う。とりわけ、インタビューや観察などフィールドワークを用いた質的な研究、いいかえれば現場の当事者の視線に寄り添った研究は、政策科学や実証研究の進展のためにも不可欠であると考える。

今後、少年たちと同様、われわれの研究にも「セカンドチャンス」が訪れ、より深く多彩なトピックがいま一度調査分析されること、またそれによって、専門家ばかりでなく多くの市民が矯正教育に関心を寄せてくれるようになることを望んでやまない。

最後になったが、本書は既発表論文を元に加筆した章と今回新たに書き下ろされた章から構成されている。詳しくは初出一覧を参照してほしい。学会発表についても代表的な調査チームとしてのものを掲げておいた。また、研究資金の助成を日本学術振興会（二〇〇五年度科学研究費補助金・萌芽研究「刑務所及び少年院における教育の実態と機能に関する教育学的分析」研究代表・広田照幸、二〇〇九年度科学研究費補助金・基盤研究(C)「少年院及び刑務所における矯正教育の構造と過程に関する教育学的研究」研究代表・高井良健一）とサントリー文化財団（二〇〇五年度研究助成「矯正施設における教育的処遇のあり方に関する学際的研究」研究代表・広田照幸）からいただいている。出版にあたっては日本学術振興会（平成二四年度科学研究費補助金・研究成果公開促進費「学術図書」）の助成をいただいた。記して謝意を表したい。

二〇一二年五月

編者を代表して　古賀正義

初出一覧

第1章　広田照幸、二〇〇九、「教育学研究と矯正教育」『矯正教育研究』第五四巻、日本矯正教育学会（大幅に改稿）
第2章　書き下ろし
第3章　広田照幸・平井秀幸、二〇〇七、「少年院処遇に期待するもの」『犯罪と非行』第一五三号
第4章　伊藤茂樹、二〇〇八、「女子少年院における矯正教育の構造・序論」『駒澤大学教育学研究論集』第二四号
補　論　書き下ろし
第5章　仲野由佳理、二〇〇八、「女子少年院における少年の「変容」へのナラティヴ・アプローチ——語りのリソースとプロットの変化に着目して」『犯罪社会学研究』第三三号、犯罪社会学会
第6章　稲葉浩一、二〇〇九、「少年院における「更生」の構造——非行少年の語る「自己」と「社会」に着目して」『教育社会学研究』第八五集、東洋館
第7章　書き下ろし
第8章　書き下ろし
第9章　広田照幸・古賀正義・村山拓・齋藤智哉、二〇〇九、「少年院における集団指導と個別指導の関係——フィールド調査を通して」日本大学『教育学雑誌』（文理学部紀要）第四四号
第10章　書き下ろし
第11章　書き下ろし
第12章　古賀正義、二〇〇九、「男子少年院における「成績評価」の役割と機能に関する質的調査研究」『中央大学教育学論集』第五一集
第13章　書き下ろし
終　章　書き下ろし

主な学会発表

① 伊藤茂樹・高井良健一・仲野由佳理・越川葉子・鈴木舞・木村祐子・金子真理子、二〇〇七、「女子少年院のエスノグ

ラフィー——非行少年への施設内処遇のダイナミクス」日本教育社会学会第五九回大会（茨城大学）

② 古賀正義・南保輔・岩田一正・村山拓・齋藤智哉・稲葉浩一、二〇〇七、「男子少年院における教育の実態と機能に関する教育学的研究」日本教育学会第六六回大会（慶応義塾大学）

③ 伊藤茂樹・高井良健一・仲野由佳理・越川葉子・鈴木舞・木村祐子・金子真理子、二〇〇八、「非行少年の変容とは何か——変化／変容／更生のプロセス」日本教育社会学会第六〇回大会（上越教育大学）

④ 古賀正義・南保輔・岩田一正・村山拓・齋藤智哉・稲葉浩一、二〇〇八、「男子少年院における教育の実態と機能に関する実証的研究」日本教育社会学会第六〇回大会（上越教育大学）

執筆者一覧（執筆順）

後藤《ごとう》 弘子《ひろこ》（千葉大学大学院専門法務研究科教授）

広田《ひろた》 照幸《てるゆき》（編者，日本大学文理学部教授）

平井《ひらい》 秀幸《ひでゆき》（四天王寺大学人文社会学部准教授）

伊藤《いとう》 茂樹《しげき》（編者，駒澤大学総合教育研究部教授）

古賀《こが》 正義《まさよし》（編者，中央大学文学部教授）

仲野《なかの》由佳理《ゆかり》（日本映画大学非常勤講師）

稲葉《いなば》 浩一《こういち》（相模女子大学非常勤講師）

山口《やまぐち》 毅《たかし》（帝京大学文学部講師）

越川《こしかわ》 葉子《ようこ》（秋草学園短期大学講師）

村山《むらやま》 拓《たく》（東京学芸大学教育学部講師）

齋藤《さいとう》 智哉《としや》（國學院大學文学部准教授）

岩田《いわた》 一正《かずまさ》（成城大学文芸学部准教授）

高井良《たかいら》健一《けんいち》（東京経済大学経営学部教授）

南《みなみ》 保輔《やすすけ》（成城大学文芸学部教授）

索　引

＊太字は用語解説にある項目。

ア　行

カ　行

サ　行

タ　行

ナ　行

ハ　行

マ　行

ヤ　行

ラ　行

《編者紹介》

広田《ひろた》 照幸《てるゆき》

1959 年生。東京大学大学院教育学研究科博士課程修了
南山大学助教授，東京大学大学院教育学研究科教授などを経て
現　在　日本大学文理学部教授
著　書　『教育言説の歴史社会学』（名古屋大学出版会），『日本人のしつけは衰退したか』（講談社），『教育には何ができないか』（春秋社），『教育』（岩波書店）他

古賀《こが》 正義《まさよし》

1957 年生。筑波大学大学院教育学研究科修了
宮城教育大学助教授などを経て
現　在　中央大学文学部教授
著　書　『学校のエスノグラフィー』（編著，嵯峨野書院），『質的調査法を学ぶ人のために』（共編，世界思想社）他

伊藤《いとう》 茂樹《しげき》

1963 年生。東京大学大学院教育学研究科博士課程修了
聖徳学園岐阜教育大学講師などを経て
現　在　駒澤大学総合教育研究部教授
著　書　『教育問題はなぜまちがって語られるのか？』（共著，日本図書センター），『電子メディアのある日常』（共編著，学事出版）他

現代日本の少年院教育

2012 年 9 月 20 日　初版第 1 刷発行
2014 年 7 月 20 日　初版第 2 刷発行

定価はカバーに
表示しています

編　者　広　田　照　幸
　　　　古　賀　正　義
　　　　伊　藤　茂　樹

発行者　石　井　三　記

発行所　一般財団法人　名古屋大学出版会
〒 464-0814　名古屋市千種区不老町 1 名古屋大学構内
電話(052)781-5027／FAX(052)781-0697

印刷・製本 ㈱クイックス　ISBN978-4-8158-0705-4
乱丁・落丁はお取替えいたします。